舆情·传播 丛书

THE PRACTICE OF PUBLIC OPINION RESPONSE

政务舆情回应实务

张 磊 著

中国传媒大学出版社
·北京·

图书在版编目(CIP)数据

政务舆情回应实务 / 张磊著. -- 北京：中国传媒大学出版社，2020.9（2023.9 重印）
（舆情 · 传播丛书）
ISBN 978-7-5657-2772-6

Ⅰ. ①政… Ⅱ. ①张… Ⅲ. ①电子政务—舆论—研究—中国
Ⅳ. ①D63-39

中国版本图书馆 CIP 数据核字(2020)第 168690 号

政务舆情回应实务
ZHENGWU YUQING HUIYING SHIWU

著　　者	张　磊		
策划编辑	蒋　倩		
责任编辑	蒋　倩		
责任印制	李志鹏		
封扉设计	拓美设计		
出版发行	中国传媒大学出版社		
社　　址	北京市朝阳区定福庄东街 1 号	**邮　　编**	100024
电　　话	86-10-65450528　65450532	**传　　真**	65779405
网　　址	http://cucp.cuc.edu.cn		
经　　销	全国新华书店		
印　　刷	北京中科印刷有限公司		
开　　本	787mm×1092mm　1/16		
印　　张	13		
字　　数	217 千字		
版　　次	2020 年 9 月第 1 版		
印　　次	2023 年 9 月第 3 次印刷		
书　　号	ISBN 978-7-5657-2772-6/D · 2772	**定　　价**	56.00 元

本社法律顾问：北京嘉润律师事务所　郭建平

目 录

前　言

从公共管理的角度看,政务舆情回应一直与公共管理形影相随,只不过是在不同传播条件下,政务舆情形成的机理和政务舆情回应的要求各异。在新媒体形式日益多样化和普及化的趋势下,政务舆情对政务部门的影响越来越大,对政务舆情回应的要求也越来越高。

2016 年 2 月,中共中央办公厅、国务院办公厅印发了《关于全面推进政务公开工作的意见》(以下简称《意见》),要求"回应社会关切。建立健全政务舆情收集、研判、处置和回应机制,加强重大政务舆情回应督办工作,开展效果评估。对涉及本地区本部门的重要政务舆情、媒体关切、突发事件等热点问题,要按程序及时发布权威信息,讲清事实真相、政策措施以及处置结果等,认真回应关切。依法依规明确回应主体,落实责任,确保在应对重大突发事件及社会热点事件时不失声、不缺位"。这是中央层面站在回应社会关切的角度,第一次明确提出基于政务公开的政务舆情回应要求。归纳来看,《意见》对政务舆情公开的总体要求包括四个方面:第一,基本宗旨——保障"四权",即"保障人民群众知情权、参与权、表达权、监督权"。第二,指导思想——平衡常态与例外,即"以公开为常态、不公开为例外"。第三,基本原则——"三促",即"以公开促落实,以公开促规范,以公开促服务"。第四,工作目标——"三个赢得",即"用政府更加公开透明赢得人民群众更多理解、信任和支持"。

为落实和细化中央要求,2016 年 7 月 30 日,国务院办公厅印发了《关于在政务公开工作中进一步做好政务舆情回应的通知》(以下简称《通知》)。这是国务院迄今为止第一个,也是唯一一个专门要求做好政务舆情回应工作的通知。该通知明确了各级政府及其部门政务舆情回应的责任,确定了需要重点回应的政务舆情标准,提出了提高政务舆情回应实效的要求,并要求加强督促检查和业务培训,建立政务舆情回应激励约束机制。

在《通知》的基础上,国务院办公厅又于2016年11月10日印发并实施了《〈关于全面推进政务公开工作的意见〉实施细则》(以下简称《实施细则》),进一步明确了政务舆情回应的责任,突出舆情信息收集作用,强调做好研判与处置工作的重要性,提出了提升回应效果的措施。

《通知》和《实施细则》对基于政务公开的政务舆情回应的要求进行了细化,并建立了政务舆情回应的流程与机制性框架(见图0-1),包括七大内容。

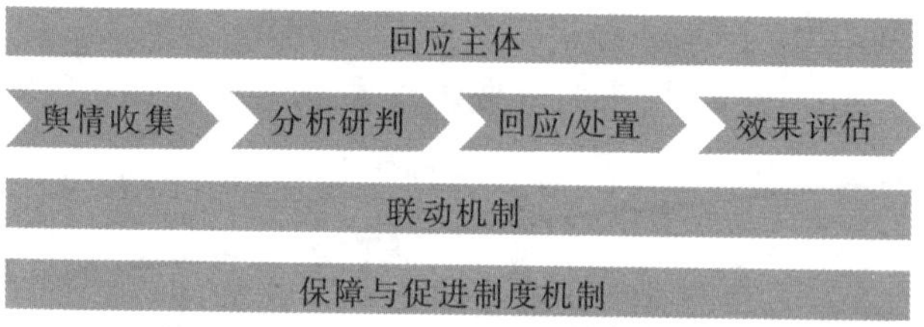

图0-1　政务舆情回应流程与机制框架

第一,回应主体及权责关系。《通知》和《实施细则》规定了政务舆情回应的三大责任原则,即"属地管理、分级负责、谁主管谁负责"。属地管理针对的是政务舆情类别中的一般性舆情,分类负责强调的是基于政务舆情影响性的管理责任,谁主管谁负责则是总体性要求各相关主体履责。这三大原则实际上把政务舆情类别、舆情管理责任和舆情管理主体这三大要素进行了权责匹配(见图0-2)。首先,政务舆情类别。根据《通知》和《实施细则》,政务舆情被划分为四大类别:一般性舆情、涉及多地方的舆情、涉及多部门的舆情以及特别重大政务舆情。其次,舆情管理责任。包括第一责任、组织协调责任和领导责任三个层次。最后,舆情管理主体。《通知》和《实施细则》要求不同政务主体基于舆情类别和舆情影响来分别响应与履责。

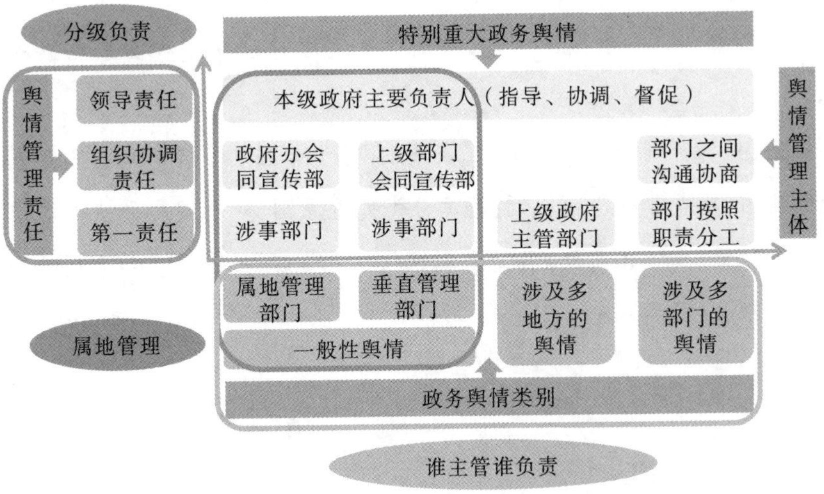

图 0-2　政务舆情管理权责与回应主体

在上述原则要求下,对于不同政务主体在政务舆情回应中的职责,《通知》规定,“对涉及国务院重大政策、重要决策部署的政务舆情,国务院相关部门是第一责任主体。对涉及地方的政务舆情,按照属地管理、分级负责、谁主管谁负责的原则进行回应,涉事责任部门是第一责任主体的,本级政府办公厅(室)会同宣传部门做好组织协调工作;涉事责任部门实行垂直管理的,上级部门办公厅(室)会同宣传部门做好组织协调工作。对涉及多个地方的政务舆情,上级政府主管部门是舆情回应的第一责任主体,相关地方按照属地管理原则进行回应。对涉及多个部门的政务舆情,相关部门按照职责分工做好回应工作,部门之间应加强沟通协商,确保回应的信息准确一致,本级政府办公厅(室)会同宣传部门做好组织协调、督促指导工作,必要时可确定牵头部门;对特别重大的政务舆情,本级政府主要负责同志要切实负起领导责任,指导、协调、督促相关部门做好舆情回应工作”。《实施细则》对此也做了同样的要求。

第二,政务舆情收集的重点。《实施细则》明确了需要重点搜集的范围,包括六大领域:一是涉及党中央国务院重要决策部署、政府常务会议和国务院部门部务会议议定事项的政务舆情信息;二是涉及公众切身利益且可能产生较大影响的媒体报道;三是引发媒体和公众关切、可能影响政府形象和公信力的舆情信息；四是涉及重大突发事件处置和自然灾害应对的舆情信息；五是严重冲击社会道德底线的民生舆情信息；六是严重危害社会秩序和国家利益的不实信息。

第三，分析研判措施与机制。《实施细则》十分强调分析研判在政务舆情回应中的作用，要求建立会商机制，根据分类处置原则，对不同类别的舆情信息加以研判和处置。《实施细则》将政务舆情信息大体归为六大类，并分别赋予了相应的处置措施（见图0-3）。

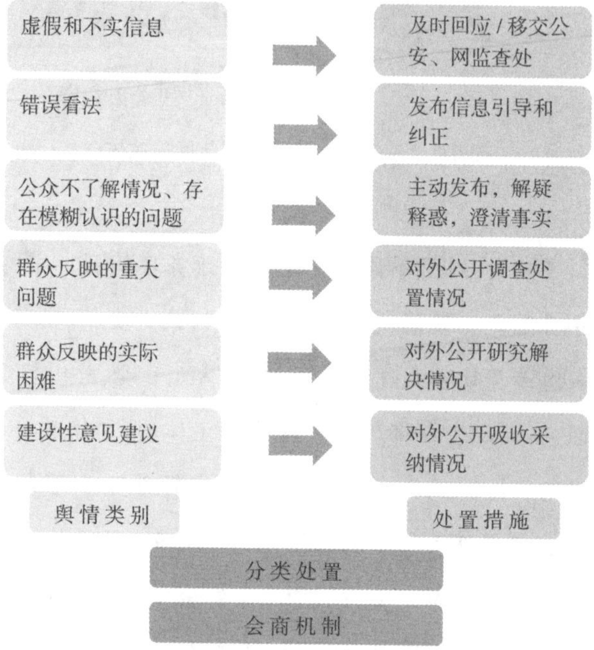

图0-3 基于研判的政务舆情信息类别与处置措施

第四，政务舆情回应的机制。《通知》和《实施细则》较为详细地规定了政务舆情回应与处置的机制，主要有五个方面（见图0-4）：一是回应重点。一般情况下，政务舆情回应的重点领域与政务舆情收集的重点领域相同。除此之外，《实施细则》还规定了需要专项回应的重点领域，包括“两会”、经济数据发布和经济形势、重大改革举措、重大督查活动、重大突发事件等。二是回应时限。对回应时限的要求，《通知》和《实施细则》区分了重特大突发事件和其他政务舆情，要求“对涉及特别重大、重大突发事件的政务舆情，要快速反应，最迟要在5

小时内发布权威信息，在24小时内举行新闻发布会，并根据工作进展情况，持续发布权威信息，有关地方和部门主要负责人要带头主动发声”。“对其他政务舆情应在48小时内予以回应，并根据工作进展情况，持续发布权威信息。”三是回应形式。“区别不同情况，进行分类处理，并通过发布权威信息、召开新闻发布会或吹风会、接受媒体采访等方式进行回应。”四是回应内容。“回应内容应围绕舆论关注的焦点、热点和关键问题，实事求是、言之有据、有的放矢。”五是回应渠道。要求适应新媒体发展形势，采取分众化、多渠道传播策略。“各地区各部门要适应传播对象化、分众化趋势，进一步提高政务微博、微信和客户端的开通率，充分利用新兴媒体平等交流、互动传播的特点和政府网站的互动功能，提升回应信息的到达率。”

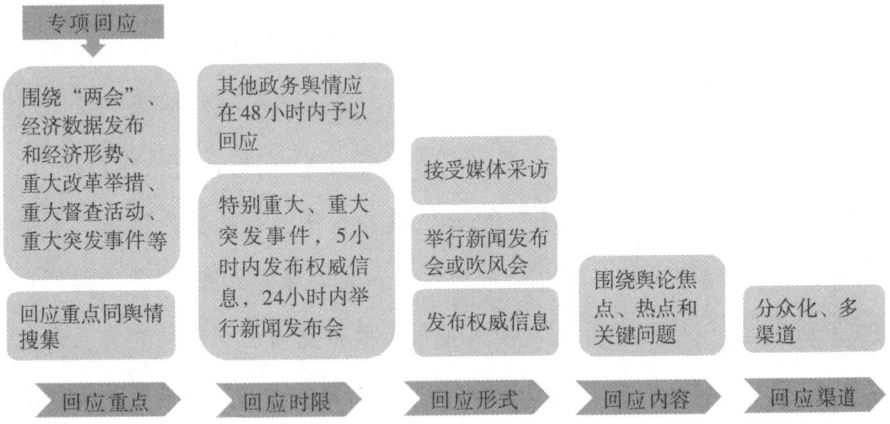

图 0-4　政务舆情回应机制

第五，舆情回应的效果评估。和政务舆情回应是在政务公开的框架下相同，对政务舆情回应的效果评估也纳入政务公开绩效考核的范畴（见图0-5）。《实施细则》要求“建立健全科学、合理、有效的量化评估指标体系，适时通过第三方评估、民意调查等方式，加强对信息公开、政策解读、回应关切、媒体参与等方面的评估，并根据评

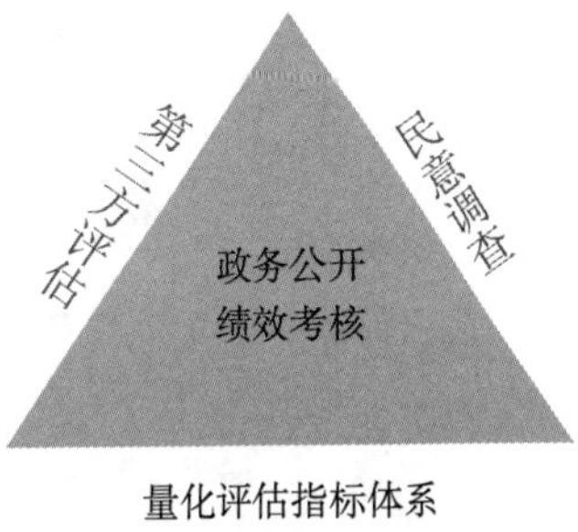

图 0-5　基于政务公开的政务舆情效果评估机制

估结果不断调整优化政务公开的方式方法”。

第六，舆情回应的联动机制。《通知》和《实施细则》要求建立政务舆情回应的协调联动机制。“建立与宣传、网信等部门的快速反应和协调联动机制，加强与有关新闻媒体和网站的沟通联系，着力提高回应的及时性、针对性、有效性。”这一规定实际上要求在政务舆情中，特别是重大政务舆情中，涉事部门不能单打独斗，而是要与宣传部门、网信部门、媒体，以及舆情涉及的其他衍生部门一起进行联动处置与回应舆情（见图0-6）。

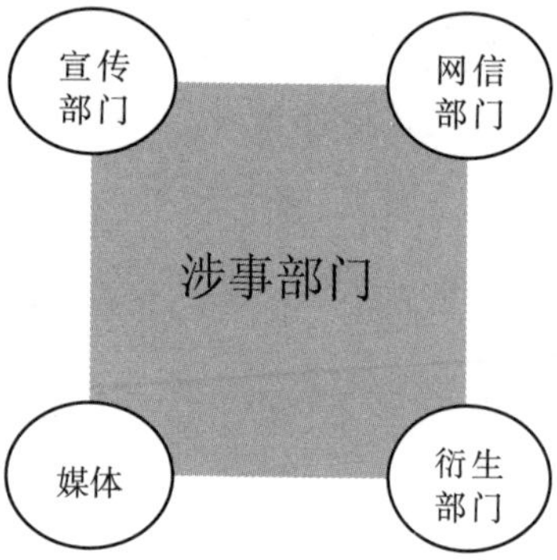

图0-6 政务舆情处置与回应的部门联动

第七，相关保障与促进制度。为使政务舆情回应相关机制和规定得以有效落实，《通知》和《实施细则》还制定了相关保障与促进制度，主要包括五个方面（见图0-7）。一是购买服务制度。这是为了促进政务舆情回应专业化而制定的一项制度，“通过购买服务、完善大数据技术支撑等方式，用好专业力量，提高舆情分析处置的信息化水平”。二是业务培训制度。《通知》要求，进一步加大业务培训力度，国务院新闻办牵头对各省（区、市）人民政府、国务院各部门分管负责同志和新闻发言人进行轮训，各省（区、市）新闻办牵头对省直部门、市县两级政府的分管负责同志和新闻发言人进行轮训，切实增强公开意识，转变理念，提高发布信息、解读政策、回应关切的能力。三是考核机制。《实施细则》把政务舆情回应作为政务公开的一个组成部分统一考核，“各地区各部门要将信息公开、政策解读、回应关切、媒体

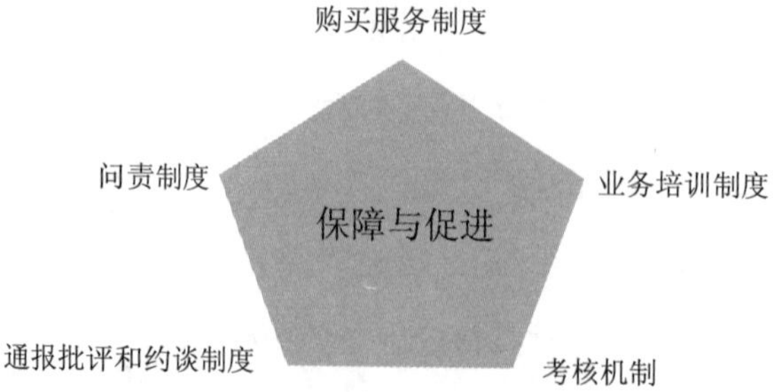

图0-7 政务舆情回应的保障与促进制度

参与等方面情况作为政务公开的重要内容纳入绩效考核体系,政务公开工作分值权重不应低于4%”。四是通报批评和约谈制度。“要建立政务舆情回应通报批评和约谈制度,定期对舆情回应工作情况进行通报,对工作消极、不作为且整改不到位的单位和个人进行约谈;对不按照规定公开政务,侵犯群众知情权且情节较重的,会同监察机关依法依规严肃追究责任。”五是问责制度。“对重要信息不发布、重大政策不解读、热点回应不及时的,要严肃批评、公开通报;对弄虚作假、隐瞒实情、欺骗公众,造成严重社会影响的,要依纪依法追究相关单位和人员的责任。”

虽然《意见》《通知》和《实施细则》对政务舆情回应的必要性、程序性和约束性提出了具体的要求,但无论是在实践层面,还是在研究层面,似乎都没有得到应有的反应。

在实践层面,现今已经没有哪个政务部门、哪个领导干部敢说不重视舆情,然而,现实案例却表现为越重视越容易犯错误,如本书第4章所阐述但不仅限于此的一些常见的错误。这表明,一方面,《意见》《通知》和《实施细则》的相关要求并未抵达所有政务部门,以致一些部门并不知道这些要求,或者未能有效重视和落实这些要求;另一方面,政务部门不知道如何贯彻落实《意见》《通知》和《实施细则》的要求,不知道如何有效回应舆情,对政务舆情回应的理论、知识和方法充满渴望。

在实践界对政务舆情回应的理论、知识和方法充满着渴望的同时,研究界却反应迟钝。迄今,关于网络舆情引导的研究汗牛充栋,却没有一部讨论政务舆情回应的专著,甚至连学术文章都寥寥无几。

正是为了满足实践层面对政务舆情回应的知识性要求,同时弥补研究层面的不足,本书应运而生。

本书包含三个层次的内容,共分为八章:一是认知层,分析影响政务舆情形成的环境变化因素和媒体格局因素,体现在第一章和第二章。二是经验层,提炼政务舆情动员方式和舆情回应中的行为禁区,包括第三章和第四章。三是实操层,具体阐释如何开展监测与预警、分析和研判、回应过程有序性管理、保障性机制建设等政务舆情回应核心工作。这个层次的内容是本书的重点,基于

《意见》《通知》和《实施细则》的框架性要求，共用四章，即第五至八章来进行讨论。

具体而言，八章的内容分别为：

第一章，当前形势：形成政务舆情的效应。该章结合现实案例，在理论上介绍现阶段形成政务舆情的四种重要效应，包括“蝴蝶效应”“晕轮效应”“塔西佗效应”和“公地悲剧效应”。

第二章，媒体格局：公共舆情传播哪家强。该章分析新媒体出现、发展和普及之后，各类媒体对公共舆情的形成与发展所产生的影响，把不同媒体归类为主流官方媒体、市场化媒体、传统网络媒体和新型网络媒体，并分别展开分析。

第三章，动员方式：公众情绪如何被激发。该章探讨的是政务舆情形成中的公众情绪因素，归纳了常见型、激进型和极端型三大类共计 19 种舆情动员方式。

第四章，行为禁区：有些错误是不能犯的。该章通过具体案例归纳总结政务舆情回应中的常见错误行为，包括观念滞后型、能力不足型、权力任性型三大类共计 19 种。

第五章，监测预警：没有速度就难有实效。该章阐述如何开展政务舆情监测和预警工作，介绍政务舆情监测的各种方式和重点内容，以及如何建立舆情预警机制。

第六章，分析研判：舆情回应需有据可依。该章以现实案例为分析对象，具体介绍政务舆情分析研判的流程，包括“定性—定量—定调—定位”四个环节以及各环节的工作重心和要点。

第七章，回应过程：忙而不乱提升有序性。该章讨论政务舆情回应过程中如何提高有序性，结合现实案例，从初期舆情、回应立场、回应支撑和回应内容四个层面探讨如何把握回应的度。

第八章，机制建设：既定程序比人更靠谱。该章阐述保障和促进政务舆情程序化的相关机制，包括常态政务舆情回应机制、突发事件信息发布机制、跨辖权舆情的联动机制、借助外脑支持决策机制等。

第一章　当前形势：形成政务舆情的效应

随着新媒体的不断发展、演化和普及，公共管理机构与公众在不同媒体中的相互作用也在不断变化并影响着政务舆情形势的发展。经过多年的互动，政务舆情的形势变得日益复杂，在当前呈现出“蝴蝶效应”“晕轮效应”“塔西佗效应”“公地悲剧效应”等多种现象。

一、蝴蝶效应：新媒体环境下谁都有可能“躺枪”

“蝴蝶效应”最初是由美国气象学家爱德华·罗伦兹（Edward Lorenz）于1963年在提交给纽约科学院的一篇论文中提出来的，通俗地解释为：一只蝴蝶在亚马孙河流域的热带雨林轻拍翅膀，很有可能在两周后引发美国得克萨斯州的一场龙卷风。这种前后事件发生关联性的原因是：蝴蝶翅膀的运动引起其身边空气系统发生变化，产生微弱气流，微弱气流会导致其周边空气或其他系统相应变化，因而引发连锁效应，最终使其他系统发生极大变化。[①]

自提出以来，蝴蝶效应已被广泛应用于各个领域的研究和对类似现象的解释中。目前，广义的蝴蝶效应指的是：在一个地方发生的小事件或者毫不相干的事件，可能引发其他地方发生一个重大的事件并造成极大的破坏性。

① MURPHY P.Chaos theory as a model for managing issues and crises[J].Public relations review，1996，22(2)：95-113.

自进入新媒体时代以来，在政务舆情领域出现的蝴蝶效应现象比比皆是，公众耳熟能详的诸如：2011 年 3 月 11 日在日本本岛海域发生的地震，在数天之后引发了中国多地出现“抢盐”风波，一些城市食盐被抢脱销。① 2011 年 6 月 21 日，新浪微博上一个名叫“郭美美 baby”的账号发的一条炫富信息所引发的关注和由此牵出的一些“没有被证实的网络事件”，用“三天”就把“一个有着 107 年历史的红十字会”“打得稀里哗啦的”。② 2012 年 8 月 26 日，在陕西延安发生的一起特大交通事故中，陕西省安监局局长在事故现场的一个看似微笑的表情，引发了一场持续数月的舆论关注，甚至波及整个安监系统的形象，可谓一个微笑引发的舆论“惨案”，而对引发该起特大交通事故的原因的关注则寥寥无几。

关于政务舆情的蝴蝶效应，近年来理论界的研究颇为丰富。例如，王朝霞等学者分析了在群体事件网络舆情发展的不同阶段中，蝴蝶效应形成的影响因素，并提出蝴蝶效应在群体事件网络舆情中的内驱力主要源自网民生态理性的作用、网民群体极化效应、沉默的螺旋效应、可能产生的社会流瀑效应等。③ 实际上，王朝霞等学者的分析不但对政务舆情蝴蝶效应的影响因素和内驱力进行了归纳，也在理论和模型上对政务舆情的一般性演化过程进行了抽象概括（见图 1-1）。

类似于蝴蝶效应最初提出者所设定的研究背景，即在一个动力系统里进行研究，新媒体环境下的舆论场实际上也类似于一个生态系统，包含着事件与舆情、主体与客体、线上和线下、新型媒体与传统媒体四对关系。④ 这个生态系统由网络、事件、网民、情感、传播、影响等不同要素构成，每个要素既相对独立又互为依存，各有自己的发展特性，共同构建起体量巨大、纷繁复杂的网络舆论生态。⑤ 政务舆情的蝴蝶效应正是在这一系统中产生和发挥作用的。从近几年的实践

---

① 正义网舆情工作室．“无盐”的结局——“抢盐风波”舆情观察［EB/OL］．（2011-03-28）［2018-10-30］．http://www.jcrb.com/yqjc/201103/t20110328_518798.html.

② 李妍．红十字会副会长：郭美美事件三天毁掉红会一百年［EB/OL］．（2011-11-15）［2018-10-30］．http://politics.people.com.cn/GB/1026/16246971.html.

③ 王朝霞，姜军，高红梅，等．网络舆情“蝴蝶效应”的预警机制研究——以群体性突发事件为例［J］．新闻界，2015（16）：61-62.

④ 张磊．网络舆情管理关键要素研究：基于典型案例的深度分析［M］．北京：国家行政学院出版社，2017：39-49.

⑤ 东鸟．当前我国网络舆论生态的主要特征和发展趋势［J］．中国党政干部论坛，2016（2）：109.

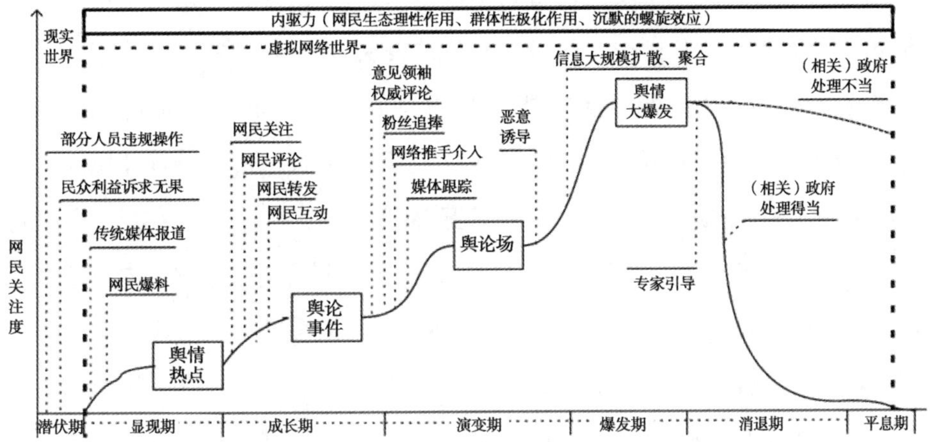

图 1-1　政务舆情的演化过程①

表现来看,政务舆情在新媒体环境下出现的蝴蝶效应主要受五个方面因素的影响。

1.舆情伊始的混沌性

混沌现象是指发生在确定性系统中的貌似随机的不规则运动,也就是说,一个确定性理论描述的系统,其行为却表现为不确定性,即不可重复、不可预测。在新媒体环境下,多数政务舆情的伊始状态往往表现出混沌现象。一方面,初始政务舆情信息真伪难辨,致使公共讨论一开始就陷入混沌状态。其常常以突发性发布或报道的形式出现,发布主体和平台呈现出多元化状态,有些媒体的报道经过了调查,而有些非媒体发布的内容则表现为“网络举报”。例如,2017 年 10 月 30 日,一个叫“钛媒体”的网络平台发布了一篇长达 1.5 万字的长文《创始人离奇被捕,深圳赛龙突死之谜》②,悉数了江西省共青城市政府与共青城市赛龙通信技术有限责任公司之间的纷扰,认为当地政府欲争夺公司股权而导致了该公司的破产。该文所选取的证据均来自企业一方,政府一方几

① 王朝霞,姜军,高红梅,等.网络舆情“蝴蝶效应”的预警机制研究——以群体性突发事件为例[J].新闻界,2015(16):61-62.

② 李非凡.创始人离奇被捕,深圳赛龙突死之谜[EB/OL].(2017-10-30)[2018-11-01].https://mp.weixin.qq.com/s/XrVTm-vCFP1tAE5F2_qLcg.

无发声。一方面,文中所使用的材料不少是原始性的,存在一定可信度。另一方面,舆情指涉的政务机构在舆情初期时常表现为茫然失措,甚至因草率回应而漏洞百出,加剧了舆情伊始的混沌性。《创始人离奇被捕,深圳赛龙突死之谜》一文发出之后,网络舆论哗然,媒体纷纷跟进,共青城市的投资环境问题成了舆论深入讨论的焦点。共青城市政府显然感受到了舆论压力,在第二天进行了首次公开回应,披露"共青赛龙已停产四年,截止到目前仅江西省内负债7.36亿元,严重资不抵债,资产负债率超过200%"①。然而,共青城市政府的首次回应却表现得茫然失措,抓不住重点。有分析认为,"这个回应犯了几个低级错误:第一,把钛媒体的地位拔高到与正规媒体一样,这直接导致公众产生错误判断,先入为主地认为钛媒体具有与传统媒体一样的地位;第二,学习了钛媒体的做法,只讲赛龙方的问题,一概不提政府的问题,增加了公众从心理上对政府的厌恶和不信任,从被钛媒体间接指出当地政府恶意打压掏空招商引资名企,变成了自己直接证明确实如此,得不偿失;第三,只考虑处置舆情对当地政府形象不利的影响,没考量信息战的外延对整个江西政府乃至全国的不良影响;第四,不顺应中央新型政商关系的定调,把自己定格成了这一大基调、大环境的第一丑闻发源地"②。

2.交互式无中心传播

和传统媒体时代的单向传播模式不同,在新媒体时代,网络信息传播模式是交互式的,即参与传播的单位可以互为主客体,随时转换,信息、观点、意见等在主客体动态交互过程中以无中心的方式出现、形成和传播。这种传播模式在信息供给、传播主体、舆论话题和观点呈现等方面为政务舆情的蝴蝶效应形成提供了有利环境。

一是信息供给的碎片化。信息供给的碎片化是新媒体时代区别于传统媒体时代的首要特征。这意味着,一方面,某一个事件或议题的信息供给可以在

---

① 张阳.共青城回应:赛龙已停产四年 仅江西负债7.36亿[EB/OL].(2017-10-31)[2018-11-01].http://tech.huanqiu.com/original/2017-10/11343145.html.

② 网眼八分斋.赛龙死了,共青城哭了,钛媒体笑了! 这样的信息战你遇上了该咋办?[EB/OL].(2017-10-31)[2018-11-01].http://weibo.com/ttarticle/p/show? id=2309404168899619894707#_0.

瞬间几何式增长；另一方面，没有任何一个信息传播参与主体可以在一个事件或议题上获取全部信息。

二是传播主体的无主导性。在传统媒体时期，议程设置主要是通过影响力大的关键媒体进行。在新媒体时代，由于媒体形态的多元化，公众依赖特定媒体的程度很低，获取信息的渠道多元化，因而几乎没有一个媒体可以垄断或主导信息传播，因此也就无法独立设置议程和形成主导意见。

三是舆论话题的欠聚焦性。由于信息传播、获取的碎片化和传播主体的无主导性，不同媒体从不同角度挖掘和披露的信息，不同舆情参与主体凭借不同情感和兴趣提供的评论，都可能对一个公共事件的舆论话题产生影响，从而使公共事件的舆论焦点变得多元而欠聚焦。例如，在2014年12月31日发生的上海外滩拥挤踩踏事件中，网络舆论的焦点持续发生变化，从最初的事件发生和真相追问，到末期的救助抚慰标准等，出现了十几个舆论话题，[①]即便有相对核心的焦点，但仍然表现为欠聚焦状态。

四是观点呈现的分化式。与舆论话题的欠聚焦性相似，在一个舆论话题下，不同参与主体基于不同立场所述的评论和观点也常常出现分化，甚至对立。这种观点的分化式呈现既与参与主体自身的背景、经历、阶层等有关系，也与新媒体的信息供给权威缺位有关。一方面，分化式观点呈现和理性争论表明公共舆论空间的不同参与主体趋于平等化，每个主体都有同样的表达意见的权利；另一方面，观点的对抗性则可能导致非理性网络行为的出现。

3.利益驱动推波助澜

利益无处不在，在公共舆论空间中也不乏利益驱动的踪迹。在多重利益的交织作用下，公共舆论空间变得错综复杂，政务舆情也可能在此过程中不断改变轨道、进行演化。在政务舆情的参与中，驱动相关主体参与的利益可以分为具体利益和抽象利益两类：具体利益指的是由特定公共事件或公共政策所致的影响；抽象利益则是指非受特定公共事件或公共政策影响，但在对公共事件或公共政策讨论过程中一些观点触及了参与主体的情感、心理或价值观等。

---

① 钟开斌.公共场所人群聚集安全管理——外滩拥挤踩踏事件案例研究[M].北京：社会科学文献出版社，2016：149-167.

按照距离利益的远近分类,驱动参与舆情的利益又可以划分为微观利益、中观利益和宏观利益。这三种利益伴随着舆情演进的广度和深度而不断向外扩散(见图 1-2)。由于这三种利益的存在,自然衍生出政务舆情参与的三种利益相关者:微观利益相关者、中观利益相关者和宏观利益相关者。三者在现实之中的表现载体、利益诉求和行为方式依据其利益距离而各不相同(见表 1-1)。

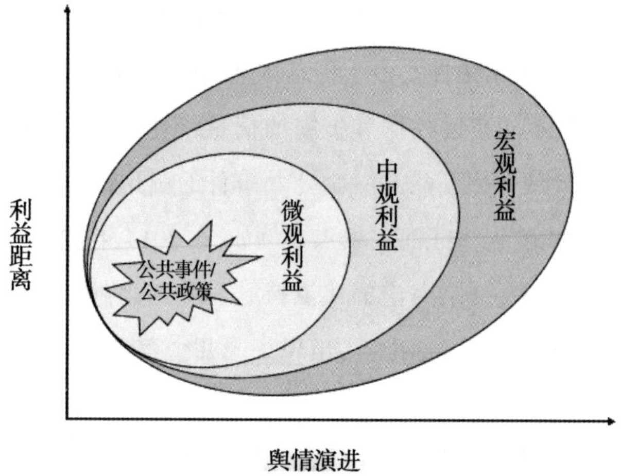

图 1-2 驱动参与舆情的利益距离与类别

表 1-1 不同利益相关者及其相关的表现形式

利益相关者类别	行为体形式	现实载体	利益诉求	行为方式
微观利益相关者	当事者	舆情涉及主体	权益保障	任何可能的形式
	次级当事者	舆情涉及主体的亲戚、朋友、同学、老乡等	情绪宣泄	扩大事态以引起关注
中观利益相关者	搭便车者	有与舆情承载问题相近经历的群体	情感表达	深入评论,同类信息推送与叠加
	信息加工与扩散可获益者	网络写手	提升自身平台知名度并以此获益	蹭热点
	信息搜集与中转者	大众传媒	保障公众知晓权,稳定与扩大受众范围	采访报道 新闻挖掘 新闻评论
宏观利益相关者	意见引导者	知名人士或网络知名账号	获得观念认同并引导公众	评论、解读与引导
	围观者	关心舆情承载问题的普通大众	社会和谐	转发、评论

微观利益相关者是与舆情问题有直接利益关系的群体,包括舆情承载事件的当事者和次级当事者。当事者的利益诉求是保障其权益,因而其行为方式有多种,既有理性的发声,又有激进的行为表达。次级当事者在现实中则常常以舆情涉及主体的亲戚、朋友、同学、老乡等身份出现,其利益诉求是情绪得到宣泄,行为方式是扩大事态以引起舆论更大的关注,因而这一群体相对而言在舆情参与过程中是较为容易编发不实或偏颇的信息的。

中观利益相关者与舆情承载问题的利益距离相较于微观利益相关者更远,包括搭便车者、信息加工与扩散可获益者以及信息搜集与中转者三类行为主体。在现实中,搭便车者往往是有与舆情承载问题相似经历的群体,其利益诉求是在舆情参与中表达情感,例如同情、不满、愤怒等,行为方式是以自身经历深入评论舆情涉及的问题、推送同类问题的信息以形成舆情的叠加效应。信息加工与扩散可获益者在现实中主要以网络写手、微信公众号撰文者的形式出现,其利益诉求是希望提升自身平台知名度并以此获益,行为方式主要表现为蹭热点,即积极以某一个"独特"视角参与评论热点话题或事件。信息搜集与中转者主要是大众传媒,其利益诉求是保障公众知晓权,稳定与扩大受众范围,行为方式是采访报道、新闻挖掘、新闻评论等。

宏观利益相关者是距离舆情承载问题最远的利益相关者,包括意见引导者和围观者,其利益主要体现在价值观方面。意见引导者在现实中主要表现为知名人士或网络知名账号,利益诉求是获得公众对自身观念的认同并引导公众,行为方式是评论、解读或引导舆论话题,形成公共意见。围观者则是对舆情承载问题的围观者,也是政务舆情参与中的绝大多数群体,其利益诉求是希望社会和谐,不希望今天发生在其他人身上的事件明天会发生在自己身上,所以行为方式是转发评论,以期通过舆情围观来减少类似事件的发生。

4.公众情绪痛点共振

从字面上来看,舆情可以理解为"舆论+情绪"。在现实的政务舆情事件中,公众情绪的宣泄、交汇与摩擦,极大程度地加剧了舆情演化的复杂性。正如有评论所点出的,"如今的舆论场景已是,在诸多公共事件中,情绪太多,事实太少;在不少舆情传播中,动辄出现讹传与反转;在时下的舆论空间里,有太多主观先行、立场站队下的对撕互怼。话语与话语碰撞，情绪与情绪纠缠，真正的真相又是什么，答案来得并不及时或澄明”①。

在公共空间，一些热点事件中的敏感议题容易刺痛公众的神经，激发公众情绪，形成舆论与情绪共振的演化局面。一般而言，在公共舆情事件中，有八类议题，亦可曰“八涉”②议题，即：涉官员或权力、涉富人或金钱、涉警员或警力、涉腐败、涉情色、涉暴力、涉造假、涉弱势群体，是常见的、容易激发公众情绪的议题。“八涉”类别议题在已经发生的现实舆情事件中都有具体的表现与承载（见图 1-3）。

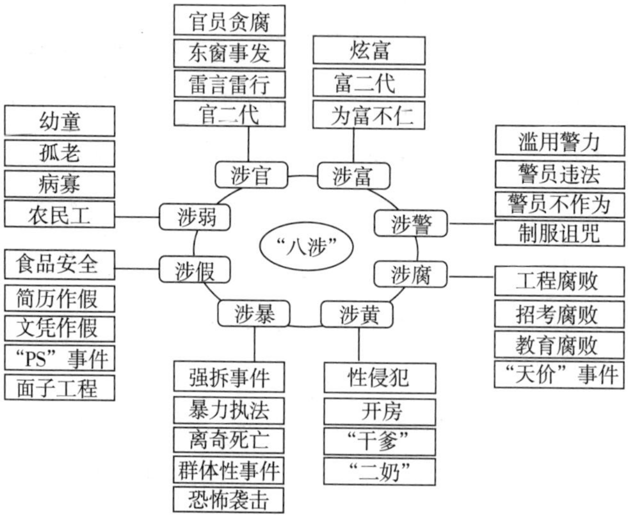

图 1-3　易激发公众情绪的“八涉”议题及其现实表现

公众情绪与舆论的共振程度取决于公共议题的敏感性以及其所涉及的公共福祉性两个维度。

议题的敏感性越高，激发公众情绪共振的可能性越高。议题的敏感性主要由事件触及敏感领域的深度或多类敏感议题的交织性决定。敏感领域涉及的问题越深，议题交织类别越多，敏感性则越高，反之则越低。

议题涉及的公共福祉性指的是事件对公众影响的范围广度，影响范围越

① 辛平.记者多些，“新闻反转”就会少些[N].新京报，2017-11-08.

② 张磊.“八涉”：网络舆情事件的风险源[N].学习时报，2013-04-29.

广，意味着公共福祉性越高，参与舆情的公众越多，激发公众情绪共振的可能性也越高。

议题敏感性和公共福祉性两个维度的共同作用可以在理论上将公共事件中的公众情绪和公众在舆论中的行为表现划分为四类（见图 1-4）：(1)激愤—深度挖掘。由于这类事件的议题敏感性高，涉及的公共福祉性也高，公众在这类事件中的情绪会变得激愤，采取各种手段对事件进行深度挖掘，全方位、深层次地参与舆情。(2)厌恶—集体围观。此类事件的议题敏感性低，但涉及的公共福祉性高，公众表现出厌恶情绪。与此同时，监管部门的调控可能性较低，因而公众选择的行为方式常常是集体围观。(3)焦虑—舆论搭车。这类事件的议题敏感性高，但涉及的公共福祉性低，因其对部分群体有重大利益关联，该部分群体会表现出较为明显的焦虑情绪，在舆情参与上所采取的行为可能会是舆论搭车，通过借助一些其他事件的舆情来引发公众对本事件的关注。(4)冷漠—视而不见。此类事件的议题敏感性和公共福祉性都低，是最常见的舆情类型。我们几乎每天都可以在网络上看到该类舆情，因而公众神经处于“冻结”状态，大多保持冷漠情绪，不太关注和参与此类舆情。

公共福祉性 \ 议题敏感性	高	低
高	(1) 激愤—深度挖掘	(2) 厌恶—集体围观
低	(3) 焦虑—舆论搭车	(4) 冷漠—视而不见

图 1-4　公众情绪—舆论共振矩阵

需要指出的是，上述四类公众情绪和公众在舆论中的行为表现具有相对性，并非一成不变，不同类别之间可能会随着舆论的发展而互相演变，这取决于事件发生时的公共舆论环境、涉事主体的反应和监管主体的调控。

在现实中,随着舆情的纵深发展,一个简单的公共福祉性低的议题的福祉性常常不断提高;又或者出现多类敏感议题的交织,从而提高了议题的敏感性。这使得公众情绪和舆论发展呈现出相互影响的态势。例如,在2017年11月初被网络爆出的上海携程商务公司亲子园虐童事件发生之初,仅仅涉及被托管儿童及其家长的福祉,因其与“涉弱”和“涉暴”舆情类别交织,议题敏感性一开始就非常高。此后,随着舆论的发展,媒体经过挖掘发现,该亲子园的所属机构没有资质,系上海市妇联下属单位,且是在不允许此前携程公司自营的无资质亲子园经营之后引入的,这就又产生了涉及公权力的舆情,即与“涉官”类别交织,进一步提高了议题敏感性。随之,借助舆论高温,有公众继续爆料,其他地区也曾发生过幼儿园虐童事件,“虐童”成了该时间段的热词,提高了同类事件的公共福祉性,引发了更大的舆论关注。

5.线上、线下互动挖掘

新媒体传播的交互性特征,赋予普通大众参与公共议题讨论的可能性。在公共舆情中,促进蝴蝶效应生成的另一因素是线上和线下互动,它们共同挖掘事件的更深层次的信息,提供公众参与讨论的内容和焦点增量,在时间和空间上滋生蝴蝶效应的环境。

从现实案例来看,媒体与公众在不同事件、事件不同阶段所采取的线上和线下互动挖掘的方式有多种(见图1-5)。各种方式挖掘出来的内容即时地以动态的、交互式的、无中心的传播模式汇聚舆论焦点,分化观点群体并形成对话或交锋,从而促发舆情的生成。

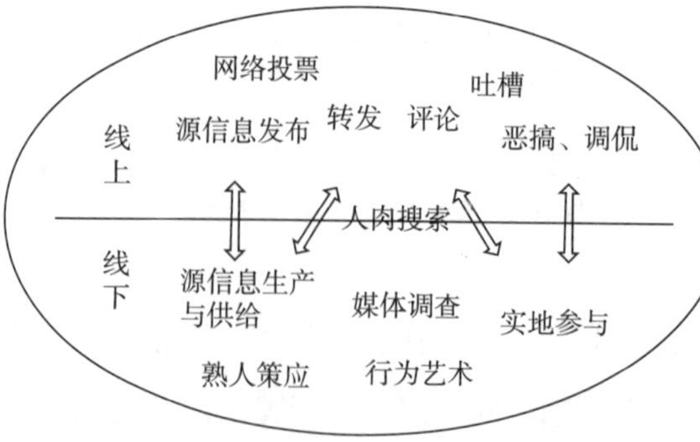

图1-5 公共舆情的线上、线下互动挖掘

二、晕轮效应：政务舆情中对公权力的有罪推论

2017年4月1日，四川省泸州市泸县太伏镇中学八年级学生赵某在校内死亡。网上传播的该学生死亡现场的图片，引发了网络对于这一起校园内学生非正常死亡事件的关注。次日，泸县县委宣传部微信公众号"泸县发布"公布公告："经公安机关现场勘验、尸表检验和调查走访，赵某损伤符合高坠伤特征，现有证据排除他人加害死亡，具体死亡原因需依法按程序待家属同意后尸体检验确认。"①然而，公众对于"高坠伤""排除他人加害"这些结论并不接受。网络舆情在骤然增温的同时，各种关于事件发生原因和过程的未被证实或证伪的信息在网络上大量传播。"网上流传的视频证实，孩子母亲冲进殡仪馆，剪开孩子衣衫，发现孩子后背有大面积青紫，手部、肘部有伤痕。旁人一边摇头叹息，一边拍照上传。""几乎就在同时，有人在微信圈中转发，说赵姓男孩被学校5个校霸活活打死，校霸向赵某勒索1万元后无果，把人打死扔下楼。之后，赵姓男孩的爷爷奶奶报警，但派出所的人登记了就没管。更有传言指出，欺凌赵某的5名校霸学生，有县长的儿子、镇长的儿子、校长的儿子和镇派出所领导的子女。为了息事宁人，校霸家长一家愿意赔偿20万元，总计100万元来平息事件……"②由此，泸县当地的政治生态、社会治安、警察作为、官员形象等诸多问题在网络上被质疑，该起事件被认为是官方有预谋地试图掩盖真相。

再往后，由于谣言的传播，当地群众情绪被激化，一些当地网民从网上走到网下，甚至引发了群体性事件。

从事件后来的发展情况来看，无论是尸检结果，还是媒体调查结论，都表明"泸县发布"4月2日通报所下的结论是基本正确的。然而，结论正确的通报却无法平息舆情，相反，舆情还愈演愈烈。从舆情的角度观察，在泸县这起初中生非正常死亡事件中，舆论对当地政府存在着有罪推论，认为当地政府或官员出

---

① 关于泸县太伏中学一学生死亡事件的通报[EB/OL].(2017-04-02)[2018-04-02].https://mp.weixin.qq.com/s/clgQrlkl4fEpfwJQgNGsHQ.

② 巴山夜雨.四川泸县中学生坠亡事件 一堂值得深思的公开课[EB/OL].(2017-04-08)[2018-11-28].https://mp.weixin.qq.com/s/SG3OGIfv7-6y00UhAxWJlg.

于某种特殊的原因需要掩盖真相,这属于政务舆情中典型的“晕轮效应”。

“晕轮效应”由美国心理学家桑戴克于20世纪20年代提出。他认为,人们对人的认知和判断往往只从局部出发,经过扩散而得出整体印象,即常常以偏概全。当一个人被认为是个好人的时候,人们就会用一种肯定积极的态度来对待他,并认为这个人具有一切优良的品质;如果一个人被认为是个坏人,人们就会以一种消极否定的态度看待他,并认为这个人身上几乎没什么好的品质。这种现象就像是阴雨天气前一晚上“月亮周围出现的月晕,据此,桑戴克称这一心理现象为‘晕轮效应’,也可称为‘光环效应’或者‘泛化效应’”。“晕轮效应”具有弥散性、表面性、遮掩性等特征。①

政务舆情中的“晕轮效应”主要表现为公众对涉事政务主体的有“罪”心理预设和有“罪”推论,认为公权力都是不愿意全面公开信息、不愿意接受公众和舆论监督的,认为相关政务主体利用各种行政资源和手段引导公众接受其给出的结论和意见。

政务舆情中“晕轮效应”的出现有其必然性,也有偶然因素。其必然性源自政治学中政府起源学说的理论假定以及公权力在公共事件中对关键信息的占有优势。偶然因素则主要体现为在一些事件中公众的群体极化现象以及相关公权力主体在工作导向上的舍本逐末。

1.政府起源学说的理论假定

简要而言,按照现代政治学的政府起源学说,政府产生的意义在于结束“人与人之间陷入战争”的自然状态。为此,作为个体的人让渡一些权力而形成公权力,政府则是执行公权力的机构。基于人性本恶的理论假设,论述政府起源的政治学者们认为政府和公权力本性上也是恶的,因而需要通过设计各种制度对公权力进行约束,“把权力关进制度的笼子”,让公权力在法律框架下运行,在法理上体现为“法无授权不可为”。

作为约束公权力的一个组成部分,让权力在阳光下运行,媒体监督和舆论监督则成为在立法、司法和行政监督之外的第四种机制。

---

① 李振粉.“晕轮效应”对品牌拓展的意义[J].东南传播,2012(6):129.

政务舆情中公众“晕轮效应”的产生与政府起源学说关于公权力本性恶的理论假定具有相似的逻辑。在复杂、多元、无序的各类传播平台和舆情信息动态相互作用的过程中,当相关涉事主体对舆情反映问题的信息披露无法及时满足公众的需求时,公众在思维定式上会倾向于认为政府不愿意让公众了解全面信息,进而推导出其背后是否存在着某些不可告人的秘密。

与此同时,在现实中,一些公权力机构滥用权力的做法,在“验证”公权力本性恶之余,也强化了公众的“晕轮”印象,加剧了“晕轮效应”的形成。当类似的案例再发生时,公众基于公权力机构此前的滥用权力经历,会在思维上自然地认为是该机构的故伎重演。例如,2013 年 7 月 4 日发生在山东省青岛市平度市的一起征地拆迁事件,促生了公众对平度市“违法强拆”的印象;在 2014 年 3 月 21 日平度市发生的一起最开始被定性为火灾但最后被认定为纵火的案件中,公众很容易就联想起前一年的征地拆迁事件,并在心理上对平度市政府秉持着怀疑态度,甚至因此形成了网络舆论对当地政府的“报复”性局面。[①]

2.公权力的信息占有优势

在纷扰的政务舆情事件中,信息的有效供给与可信度可直接决定舆情的走势。政务舆情中“晕轮效应”的形成源于公权力机构对于舆情承载事件信息的占有优势,甚至是垄断地位。

首先,作为当事方的公权力主体是信息源的一方。不少政务舆情直接指涉公权力主体,公权力在舆情中或者存在着涉事责任,或者担负着监管责任。无论是何种责任,与事件有关的公权力主体都自然成为事件中的当事方,按照信息公开要求有义务披露相关信息,因而其自然构成舆情信息中的一种信息源。

其次,公权力在公共争议中拥有垄断性的调查权。在公共事件中,公众对一些问题存在质疑是常见现象,也是公众所拥有的权利。对于因质疑而产生的争议需要由对事件情况掌握并具有权威的主体予以澄清。公权力在公共事件调查中享有排他性的垄断权力。这种调查权的垄断性是公权力权威性的来源之一。

---

① 张磊.网络舆情管理关键要素研究:基于典型案例的深度分析[M].北京:国家行政学院出版社,2017:49-70.

最后,公权力对公共事件的信息披露具有选择权。在政务舆情中,公权力对所指涉的公共事件的回应所采用的信息在任何时候都是有选择性的。这种选择性既有客观因素,也有主观因素。客观因素主要是政务舆情的主要焦点;主观因素则是回应主体对于舆情的研判,研判结果影响信息的采用。如何使用信息披露的选择权,在某种程度上直接关系政务舆情的走向,而且也直接影响着所披露信息的可信度,即信息披露主体的公信力。

权力与责任如影相随。正是由于公权力在舆情事件中占有信息优势,公众对公权力在舆情事件中的信息披露充满了期待。涉事公权力主体是否回应以及如何回应舆情,公权力在垄断性调查权的使用过程中是否保持中立,公权力对公共事件信息选择性披露中的价值取向如何,都直接影响着公权力的公信力。如若公权力在信息的强大需求下和在信息披露过程中给公众留下回避、敷衍、官僚作风等印象,"晕轮效应"就会产生。

3.权威缺位下的群体极化

群体极化(group polarization)最初由美国麻省理工学院教授詹尼斯·斯托纳(Janis Stoner)在1961年提出,指在群体决策情境中,个体的意见或决定往往会受群体间讨论的影响,从而产生群体一致性的结果,并且这些结果通常比个体先前的个别意见或决定更具风险性。① 芝加哥大学法学教授桑斯坦(Sunstein)在对十几个国家进行了实证研究后,提出了经典的群体极化定义:"团体成员一开始即有某些偏向,在商议后,人们朝偏向的方向继续移动,最后形成极端的观点。"②

群体极化描述的是个体意见在群体讨论过程中产生的变异现象,个体在参与群体讨论后产生了违反理性的意见,违背了个体参与所讨论事件的初衷。群体极化下所产生的群体意见不时充斥着偏见,乃至极端意见。这进一步为"晕轮效应"的产生提供了土壤。

在政务舆情事件中,群体极化现象十分普遍。导致群体极化现象出现的原

① STONER J.A Comparison of individual and group decisions involving risk[D].Cambridge:Massachusetts Institute of Technology,1961.

② 桑斯坦.网络共和国:网络社会中的民主问题[M].黄维明,译.上海:上海人民出版社,2003:50-80.

因有多种，包括舆情初始的混沌状态、利益相关群体的极端行为、非利益相关群体的价值取向定式、涉事公权力主体的不当回应等。

如果说上述原因是政务舆情中群体极化现象产生的一般性原因，那么当前群体极化现象多发的特殊原因则是信息供给权威的缺位。

第一，公权力权威主体介入的不及时。作为政务舆情回应的第一责任主体，涉事公权力主体有义务第一时间发布信息，这也是建立其信息权威性的必要方式。当然，由于是涉事主体，其所发布的信息可能会遭到公众质疑，此时更高层级的监管主体作为权威主体则应及时介入。但现实的情况受制于主客观因素，更高层级的监管主体往往未能及时介入并披露信息，公众个体在此过程中则不断改变意见。

第二，主流官方媒体的权威性被分解。在新媒体出现以前，主流官方媒体，特别是中央官方媒体具有较强的信息渠道权威性。新媒体出现后，媒体类型变得多元化，不同类型媒体之间对于信息获取和发布的竞争日益激烈。谁能用最快的速度获取和发布信息，谁能获取和发布更深度的信息，谁的信息渠道权威性就能得以建立。在这种激烈竞争的过程中，主流官方媒体的信息权威性被分解，公众在获取权威信息和形成意见时不再依赖和诉诸主流官方媒体。

第三，事件还原性新闻调查举步维艰。公众在纷扰的舆情信息中渴望真相。除了公权力主体的信息发布之外，媒体对于舆情承载事件的还原性调查及报道是最大限度趋于真相的。然而，或者出于“家丑不可外扬”的心态，或者由于回应媒体的能力不足，又或指定的新闻发言人在现阶段存在“高危”性，回避媒体或干预正常采访的现象时有发生，还原性的新闻调查变得较为困难，真相难以通过正常渠道传播，常常是被谣言所倒逼。

第四，中立第三方澄清声音日渐消减。在政务舆情中，作为涉事公权力机构和公众之间的缓冲主体，第三方机构或个人的存在十分重要，这有助于在技术层面或知情范围内中立地澄清事实，局部地还原事件真相。在 2013 年之前，中立第三方在公共事件中发挥了较好的澄清性作用。第三方主体有三种类型：一是具有公职身份的微博实名认证用户。微博上不乏实名认证的公职人员，他们当中的一些在 2013 年之前还十分活跃，粉丝量及影响力也不小。由于本身公职身份的背书,这些公职人员在网络上拥有一定的公信力,而且在一些公共事件中还有可能拥有获取信息的渠道,因而在政务舆情中适当发声,可以在一定范围内影响公众个体意见的形成。二是拥有专业技术的能力者,包括专业技术机构及其从业人员或者对某个领域有深度研究的人士。在公共争议涉及技术问题时,拥有专业技能的第三方主体的中立性、技术性澄清较之于公权力主体可以更加清晰并具备权威性。三是本身拥有社会知名度的人士。社会知名人士的知名度是其公信力的基础,其在政务舆情中的中立发声在很大程度上可影响公众意见的形成。2013 年以前,不少社会知名人士积极在网络中参与公共舆情,发表意见以及转发和澄清事实,而如今则几乎消失殆尽。中立第三方澄清声音日渐削减的结果是群体极化现象愈发严重,"晕轮效应"更容易产生。

4.公权力主体工作导向上的舍本逐末

公权力主体在政务舆情回应工作上的能力不足也是"晕轮效应"产生的重要原因之一,最典型的表现就是工作导向上的舍本逐末。在政务舆情工作中,"本"是舆情所承载的问题,"末"则是舆情信息及传播。现实中令人遗憾的现象是政务舆情的涉事主体往往不去关注舆情所反映的问题,对其加以纠正并通过机制建设避免同类舆情再次发生,而是付诸过多精力在应对舆情上,以致舆情所承载的问题得不到根本性解决。当同类舆情再次发生时,公众对涉事主体的"晕轮效应"就不再是先入为主的了。

更有甚者,为了尽快平息舆情,一些公权力主体有时会选择极其简单粗暴的工作方式。如前文所述的四川泸县太伏中学初中生非正常死亡事件中,在"泸县发布"4 月 2 日的第一次通报未得到认同之后,网络谣言和线下激愤开始出现。然而,在群情激愤的情况下,泸县当局并没有从舆情本源入手,对事件本身做调查和处置,而是希望通过强势威慑的方式来阻止舆情的蔓延。4 月 3 日,"泸县发布"专门公告:"个别网民不经查证,肆意通过互联网、QQ 群、微信公众号等平台,编造发布'五名学生打死同学,其中一人已自杀''孩子已经离开,全身被打得瘀青死血,手脚被打断'等不实信息,造谣生事,煽动群众聚集滋事,严重扰乱了社会治安秩序。目前查实唐某、李某、姚某、郑某等人在网上造谣、传谣的违法事实，公安机关将对上述人员依法进行处罚。”①然而，这一做法的结果却事与愿违。“这个发布，没有公布事实细节，也没有澄清事实真相，却以惩治谣言为目标，激发了新一轮热议。网络谣言也应声而起，比如，有打人的学生因为害怕追责而自杀，拍摄现场状况的婚纱店老板被黑社会追打，而当地为了封锁消息，让群众签字领封口费，死者的爷爷奶奶则被关进了警局……”②

如果说不去查清舆情所反映的问题是泸县当局的能力不足的话，那么随后发生的百般阻挠媒体采访则属于极其粗暴的行为。为还原事件真相，新华社记者前往泸县。然而，“新华社记者在采访泸县事件过程中，其严密防范让记者感觉到无形压力，所到之处都有人‘陪同’。当记者提出采访死者母亲时，县政法委书记李盛春表示找不到人，问手机、问地址皆不知。记者好不容易突破制约跑了 20 多公里村道前去采访死者的爷爷奶奶和同学时，被跟随的镇村干部进行各种暗示威胁干扰，迫使采访对象不敢说真话。而当地的种种电话骚扰则更让记者到了无法忍受的地步”③。

愤怒之后，新华社随后发文《拿出澄清谣言的事实需要多久——三问四川泸县校园死亡事件》，严厉质问当地政府：“一问：孩子究竟是自杀还是他杀？”“二问：究竟有没有霸凌现象？”“三问：当地到底在紧张什么？”④泸县政府在此文刊发之后公信力丧失无遗。有研究对此总结道：“由于当地政府对民众诉求的漠视，导致其应对思路的错误，因而产生了‘捂盖子’的心态，对案件情况遮遮掩掩，迟迟不对民众公开信息。这一做法不仅没有使舆情平息下来，反而推波助澜，扩大了舆情的发展。并且，在当地政府遮掩事实的过程中，事件的矛盾正在发生转移，民众已然将矛头指向政府，而当地政府仍未意识到这一点，最终一步步走进舆情应对的死胡同。”⑤

---

① 泸县公安局.关于严厉打击网上造谣、传谣违法行为的通告[EB/OL].(2017-04-03)[2018-04-03]. https://mp.weixin.qq.com/s/k_hw9vpFSCHbAhrTQmiGw.

②③ 巴山夜雨.四川泸县中学生坠亡事件 一堂值得深思的公开课[EB/OL].(2017-04-08)[2018-11-28].https://mp.weixin.qq.com/s/SGbOGEfv7-6y00UhAxWJlg.

④ 吕庆福，谢佼.拿出澄清谣言的事实需要多久——三问四川泸县校园死亡事件[N].新华社，2017-04-04.

⑤ 泸县太伏中学学生死亡事件是如何一步步失去控制的？[EB/OL].(2017-04-06)[2018-12-04]. http://blog.sina.com.cn/s/blog_bcc009090102wtv5.html.

三、塔西佗效应：政务舆情回应中的公信力困境

“塔西佗效应”也被称为“塔西佗陷阱”，由古罗马历史学家塔西佗(Tacitus)提出，是其在评价一位罗马皇帝时所说的话：“一旦皇帝成了人们憎恨的对象，他做的好事和坏事就同样会引起人们对他的厌恶。”①这句话如今被演绎为“当一个人、一个组织或一个政府失去公信力时，无论其说的是真话还是假话，做的是好事还是坏事，都会被认为是说假话、做坏事。”习近平总书记2014年3月18日在河南省兰考县委常委扩大会议上讲话时也提到“塔西佗陷阱”，并提出“我们当然没有走到这一步，但存在的问题也不谓不严重，必须下大气力加以解决。如果真的到了那一天，就会危及党执政基础和执政地位”②。

尽管尚不能用“塔西佗陷阱”来形容公权力的公信力现状，然而，“塔西佗效应”在现实案例中的呈现却不能不引起重视。2016年4月17日下午，中央电视台报道了一则新闻调查《记者调查：不该建的学校》③，该调查直指江苏常州外国语学校存在污染问题，随即引爆舆情。国务院教育督导委员会专项督导组、环保部和江苏省政府调查组、国家卫计委和江苏省卫计委医疗卫生专家组，展开了为期3个多月的调查。调查结论最终确定为：“常州外国语学校的环境是安全的。”④实际上，在这起事件中，江苏常州市政府及相关部门不可谓不重视，所做的工作不可谓不多，所披露的信息不可谓不透明。自2016年1月初起，当地政府就一直在开展环境监测、公众沟通、媒体沟通、信息发布等多项工作。然而，公众和媒体并未接受其相关工作的真实性，直至4月17日中央电视台的报道及中央相关部门的介入。而中央相关调查组的调查结论与常州市此前所发布的调查结论实际上是一致的。这表明，常州市政府在此事件中的公信力遭到了质疑，无论其怎么解释，媒体和公众都不会接受。当然，这种不信任感的产生

---

① 塔西佗.历史[M].王以铸，崔妙因，译.北京：商务印书馆，1981：7.

② 学习小组.习近平在兰考县委常委扩大会上的讲话[EB/OL].(2015-09-08)[2018-12-04].http://news.xinhuanet.com/politics/2015-09/08/c_128206459.htm.

③ 记者调查：不该建的学校[EB/OL].(2016-04-17)[2018-12-04].http://tv.cctv.com/2016/04/17/VIDEH1Anxd2qtiQKEDIvNpA9160417.shtml.

④ 李灿，秦华江.“常外事件”调查结果：校园环境是安全的[N].新华社，2016-08-26.

与此事件中的舆情风险治理问题有关。[①]

无独有偶,公权力主体在政务舆情回应中出现公信力困境的现象并非个案。2017 年 11 月 22 日晚开始,有十余名幼儿家长反映北京市朝阳区管庄红黄蓝幼儿园(新天地分园)国际小二班的幼儿受到老师扎针、喂不明白色药片等行为的伤害,并提供孩子身上多个针眼的照片。朝阳区警方迅即介入事件调查。[②]在调查过程中,朝阳区警方查处了个别造谣者。

经过数日的调查,11 月 28 日晚上,朝阳区警方通过其官方微博"平安朝阳"通报了调查情况。[③] 该通报试图通过提高事件披露透明度获得公众的接受,公布了许多细节,对此前舆论所关注和讨论的焦点问题进行了一一回应,包括幼儿园老师如何扎针、有无男性单独接触儿童、幼儿园药物管理、监控视频如何损坏、相关谣言如何产生等。这一通报引发了海量关注,截至 2017 年 12 月 5 日,该条微博的转发量为 220,842 条、评论量 12,367 条、点赞量 115,450 次(见图 1-6)。换句话说,排除人为性遴选评论因素,该内容的单条传播量为 348,659次。

图 1-6　北京朝阳区警方官方微博通报红黄蓝事件传播量

---

① 张磊.网络舆情管理关键要素研究:基于典型案例的深度分析[M].北京:国家行政学院出版社,2017:79-113.

② 刘洋,左燕燕.朝阳一红黄蓝幼儿园多名幼儿身上现针眼 警方介入调查[N].新京报,2017-11-23.

③ 左燕燕,刘洋.北京警方再次通报"红黄蓝"幼儿园虐童事件:未发现有人对儿童实施侵害[N].新京报,2017-11-28.

从通报效果上来看,朝阳区警方所获得的认可度未能与其传播量形成正比,反而受到了多重质疑。质疑度最高的内容是其通报所称的"经调取涉事班级监控视频存储硬盘,发现已有损坏。经专业公司技术检测,系多次强制断电所致。"有网友为此从网络问答平台"知乎"中找出了关于硬盘损坏的技术帖,在技术上质疑该内容的可信性。此外,对于通报所称的家长编造女儿被脱光衣物检查身体的内容,也有不少网友质疑其违反常识。

从基本的常识出发,朝阳区政府及相关部门没有理由、也没有必要为一家企业背书,特别是在舆论高度关注的背景下。朝阳区警方的通报在初衷上是希望以透明度换取认可,结果却事与愿违,以至于 11 月 29 日北京市发布了对红黄蓝事件中的相关责任人进行问责的内容,①也难以得到公众认可。这不能不说是"塔西佗效应"在现实中的反映。"塔西佗陷阱"这一概念也在朝阳区警方通报所产生的舆情反应之后频频被提及,以红黄蓝事件为例讨论"塔西佗陷阱"的相关文章随后大量出现(见表 1-2)。这表明,"塔西佗效应"正在现实中被人们关注。

表 1-2　红黄蓝事件后关于"塔西佗陷阱"的文章

时间	题目	作者	刊发渠道	网络链接
2017-11-29	感谢红黄蓝,让我今天学到一个新知识点:塔西佗陷阱	kejuytre	百度贴吧	http://tieba.baidu.com/p/5457470849
2017-11-29	为什么舆论重提总书记说的"塔西佗陷阱"	凤凰网评论部	凤凰网	http://finance. ifeng. com/a/20171129/15827891_0.shtml
2017-11-29	"红黄蓝"都很好看啊,可是如果掉进"塔西佗陷阱"呢?	洛菲	微信公众号:菲儿的沥城堡	http://mp.weixin.qq.com/s? src=11&timestamp=1512791025&ver=563&signature=X0OeNMS5q2Un7H9QDUYCKW8elc7b1jCN88VW2LNDt1GkB45AUYI-dRVdAZ-sNkLte7a9CKs51v1E-fl0pMRMGNfVHSakGs96BfCIw3iAeblzfcpsaGAQuqXuJ2wYa4hB&new=1

① 北京市朝阳区红黄蓝新天地幼儿园事件调查情况公布[EB/OL].(2017-11-30)[2018-12-05].http://china.cnr.cn/news/20171130/t20171130_524044090.shtml.

续表

时间	题目	作者	刊发渠道	网络链接
2017-11-29	塔西佗陷阱——迄今为止最典型——红黄蓝幼儿园事件	强子	微信公众号:NAY 守望者	http://mp.weixin.qq.com/s? src=11&timestamp=1512790137&ver=563&signature=nPuQ * OCBiMj8I9Z4V8eZW-XOoyxqB0iRYt6xBTT7kIlaI2 * jyvYX2MCOGdsq04S4wFP5TGg83OP9MxYDIzhlk7Q92JC19lOzbO1fHP * 82F1it-vYhBA-Wz-OCxRq0oKn&new=1
2017-11-29	红黄蓝到底动了谁的奶酪?塔西陀陷阱带给国民的思考		微信公众号:金融地摊玉丰	http://mp.weixin.qq.com/s? src=11&timestamp = 1512791725&ver = 563&signature=AJJIcUoGf4IC * r0Ea8ALEE4Z06xgUdw8XHwPw8l8O2QGxblaEsjXttFQH2Fo1fIjkgbuH473DWe * 4nNeYrqDjqNNPx * r9ByLb27w1pVVlWToX31TiAoqkTM8O8fcVN09&new=1
2017-11-29	时隔几年,政府又重回到"塔西佗陷阱"		微信公众号:无与为乐者	http://mp.weixin.qq.com/s? src=11&timestamp = 1512791725&ver = 563&signature=NPHP * WpG-x0HT3qV6Q4TEI4b8-BofE8RH * 37WEezBLI4RDwA0Yt2d416Qvh0a9r2Zq5xe1HFmZLTHzM4-FasJS4HZf8Ek7OzqYlyOVbTlzU1XZhXMtbBm87M * XIcHwfQ&new=1
2017-11-30	幼儿园事件引发的"塔西佗陷阱"	让孩子	微信公众号:玩进二校门	http://mp.weixin.qq.com/s? src=11&timestamp=1512792064&ver=563&signature=hhLf4q9NAcu * lIUQa7VYR9UVL2Kc4sRHJ12Ujez0bYeI0Dqnms-UoN5WaJEoxmqbAjtKQQZNK2VlPAk7tdJikR0INP83-S7ELdtFfruKkXmkRM * grAZYbhGEzJJ4W749&new=1
2017-11-30	满屏 404,政府公信力的"塔西佗陷阱"	传媒君	微信公众号:传媒实验室	http://mp.weixin.qq.com/s? src=11&timestamp=1512791725&ver=563&signature=Pc9RY0dyXHhjlfdUmsN2IG9INei8C6bPV5Ivi2ICie2a0qMUgZZ8VBq-oPMIK8yFznMAvQ8o593552tEVYoRJx9k-pS3iBNydL2BfGXCkheyqBiXyergjR1YgkLd05x&new=1
2017-11-30	如何告别"塔西佗"?	孔博士	微信公众号:浮士德	http://mp.weixin.qq.com/s? src=11&timestamp=1512791025&ver=563&signature=9-khqHLckjdq7fZoiqtpx6kX53XmJXHb5Xh8kd0yVkZeEtdbx6FQ8biRKXyqI-johyX2J0KA1byMUr3DlQcVTj0goTpLZBxZ3sY-Koy5KN57nNnfi5DxwjnKwkfiRR1e&new=1

续表

时间	题目	作者	刊发渠道	网络链接
2017-11-30	红黄蓝事件掀舆论风暴 政府陷塔西佗陷阱?		微信公众号:小成的故事	http://mp.weixin.qq.com/s? src=11&timestamp=1512791025&ver=563&signature=dbsGAaKcFMiPrpuAgU0EWvhFzxN6m3QMNFCVaXb5q8AzkwjRPR-lRxO5MV5-PJKI3el07hOZw*Q6HY7pepU8D55f9LxwqV8BLgzWaIiVHsnCX8XBscIc4GLeG6M3pcYa&new=1
2017-11-30	从虐童事件看"塔西佗陷阱"离我们还有多远	杰罗德	新浪博客	http://blog.sina.com.cn/s/blog_4ca9924e0102x91c.html
2017-11-30	"塔西佗"陷阱:你为什么不相信蓝底白字了?	王小只	海疆在线	http://www.haijiangzx.com/2017/1130/1946726.shtml
2017-11-30	"塔西佗陷阱"成热词:政府重振公信力迫在眉睫	蒋佳欣	红网论坛	http://bbs.rednet.cn/forum.php? mod=viewthread&tid=47350114&archiveid=2
2017-11-30	一个又一个有瑕疵的细节,造就了"塔西佗"陷阱!	牛弹琴	百度百家号	http://baijiahao.baidu.com/s? id=1585487099002967367&wfr=spider&for=pc
2017-11-30	红黄蓝虐童案,塔西佗泥淖不该你陷的	贾志勇	微信公众号:善者勇声	http://mp.weixin.qq.com/s? src=11&timestamp=1512790137&ver=563&signature=2iSapYKoHuROazqYNnpZrAogyNRG7JY6siSsycB4XFsZFxaoq2wAZ61LnBWp7L35c-IhB53cfMP2tGVmnc1LJ0SS8C0VX2QhIkTxK92x0FwUWF*dJzyZsXovPxDrT2U*&new=1
2017-11-30	红黄蓝幼儿园"虐童"事件&"塔西佗陷阱"	周子岩	微信公众号:形势与政策	http://mp.weixin.qq.com/s? src=11&timestamp=1512790137&ver=563&signature=IPo8tQ5qxZqc46tkpGcu7sYDEcSuFWXuWw5yLliwGzyM1tnBwFmZE*ihaYZU7hQ*e313f-GWnTaI4b*elJ9LkhnhlkmEFGPZ7G2ef1exgvHPs2JJ9c*oqAcH6bAXzJv5&new=1

续表

时间	题目	作者	刊发渠道	网络链接
2017-12-01	从“红黄蓝”到“塔西佗陷阱”		微信公众号：西外大文苑	http://mp.weixin.qq.com/s? src=11&timestamp=1512790137&ver=563&signature=uoEieDg-7 * LU8uYxgMdMx2EFWtiE1mLbG8uXwzMqERCORcbzTZ0UJueThUTA343lHiiYQU1HHJhX5XMmoI0rmr0hDjaWZiurdOmVm0k2KnIiAO8KJHjXPWJ4h0tKM3Lm&new=1
2017-12-01	红黄蓝虐童事件，为什么没有人相信政府了？丨塔西佗陷阱	饺子哥	微信公众号：一只水饺跳过去	http://mp.weixin.qq.com/s? src=11&timestamp=1512790137&ver=563&signature=Bp4 * r * Plqe3lQ63YPPkpktgctaNcL-mGxQaLALDH-U8gMuCrHdJgRrgnxSIUcKn-5-ftgxv4TnXGY7934oMlsjMsslnYviK0xIBExAWg-xsKXlq93HPBLEPfOQ7AgYsV&new=1
2017-12-01	当“乌合之众”遇上“塔西佗陷阱”……	盛世民言	微信公众号：民银旅行	http://mp.weixin.qq.com/s? src=11&timestamp=1512792064&ver=563&signature=jkUbM0vr1iDzJx9rZ * XRIyB2wQ8bdfG4fPulHlVleVo0q * TSokJQ1qmz3vvlSgqFtqmAwroCnkIHJrv88vZ3fUvYyF1LT * AQaSL47vU1i0ZsIspEa9CghQiM-K9qoGWa&new=1
2017-12-02	红黄蓝事件：到底是“乌合之众”，还是“塔西佗陷阱”？	话题啵	微信公众号：今日话题	http://mp.weixin.qq.com/s? src=11&timestamp=1512790137&ver=563&signature=QJOTzhhjk3n0cJNAO8IT7gUiOebn8aGr3ytqq5TTX7httoH7P1CNXM-NpvLSPkeJbtK8201LiIZU1JKorlYiXKwR58ZjTzSfYa0X1eG4fdXFeW * 8tlvlNuYjd8JDQAHh&new=1
2017-12-02	从“塔西佗陷阱”说起	李斯特看了想打人	微信公众号：北京大学心理中心	http://mp.weixin.qq.com/s? src=11&timestamp=1512791025&ver=563&signature=ifqwXH7Zg * 0eVC0KBSM2flq3Z7hwft2lREoYpMq3HGGunz * QsCjyWGRr1GD-ClSHvoB6m0H4LkcEBeJ2YgtLofF-raJAfX9S2A2N8JfflEnA6bC6eIPyr-t88EVfg4Ms&new=1

续表

时间	题目	作者	刊发渠道	网络链接
2017-12-03	警惕红黄蓝事件中的“塔西佗陷阱”	王伟	微信公众号:王伟公职律师	http://mp.weixin.qq.com/s? src=11&timestamp = 1512790137&ver = 563&signature=Ywgny6zBNqda5PSbdyxhVL-x7i0bsJbOvjKD5VlZ * qDI5A7YxJjenUvlCaWNARh7AJmfJZ5IzRGNOZG2GF8vQHdbKzQX8RDhx7rUY1g4FSE9dDqEhhRJna5XwO9 * FjXc&new=1
2017-12-05	从“红黄蓝”到“老虎团”,谣言不一定止于智者,但一定起于别有用心之人	小张先森	微信公众号:小张先森说	http://mp.weixin.qq.com/s? src=11&timestamp=1512791025&ver=563&signature=6CcdLR6sgouucqogfZYOEfhxv * ee4Ivq2eQNOJB7WEaD7zW0SvB1N4Lupk4sTX3caMuON9Mgn8Z7c3rFrKkOw4dqe4r6iCcOKb8rR3nP8X17FqpefJzLfqCba * cInnD9&new=1
2017-12-07	“踏过塔西佗陷阱”——从幼教危机事件看政府角色担当	玲珑、博瀚	微信公众号:大翰舆情	http://mp.weixin.qq.com/s? src=11&timestamp=1512790072&ver=563&signature=TU8a89FlcuAh7BdkV6Oo183mqvHQy4XojE3A84DA21H6r15N-3jeZQIIhsxaQxEaxtlYtFMd5aeDr0Wx123eBt78Q8OIhFAf3WftZgkjxLE8 * 9ZSNh-KppvHv1OxaExW&new=1

四、公地悲剧效应:公信力仍在被无节制地消费

“塔西佗效应”描述的是公信力丧失时的后果,遗憾的是,公信力遭受损害的趋势似乎并没有出现被遏制的迹象。从理论上看,这与另外一种效应有关系——“公地悲剧效应”。

“公地悲剧”(tragedy of the commons)是加勒特·哈丁教授(Garrett Hardin)在1968年首先提出的理论模型。他说,作为理性人,每个牧羊者都希望自己的收益最大化。在公共草地上,每增加一只羊会有两种结果:一是获得增加一只羊的收入;二是加重草地的负担,并有可能使草地过度放牧。经过思考,牧羊者决定不顾草地的承受能力而增加羊群数量。于是,他的收益便会因羊只的增加而增多。看到有利可图,许多牧羊者也纷纷加入这一行列。由于羊群的进入不

受限制,所以牧场被过度使用,草地状况迅速恶化,悲剧就这样发生了。[①]

"公地悲剧"理论模型被广泛用于解释经济领域的诸多现象,在经济学上的扩展性解释为:多个经济单位乃至整个社会共同占有某一稀缺的公共资源,每个经济主体可以利用这一稀缺的公共资源获得收益,但却不必支付相应的成本,由此导致每个理性经济人都有足够的动力来无限度地使用相对稀缺的公共资源,直至其快速枯竭,甚至是彻底毁掉许多能够再生的资源,而整个社会将为此支付昂贵的代价。[②]

不仅是经济领域,"公地悲剧"已经被用来描述各种问题。按照诺贝尔经济学奖获得者奥斯特罗姆的说法,"这个世界许多地方所依赖的资源都可能产生公地悲剧"[③]。对于公权力而言,公信力既是一种"公地",也是公权力依赖的重要资源之一。公权力能否得到有效行使,社会秩序能否在公权力设计的法制框架下维持,在很大程度上有赖于公信力。

然而,每一个公权力机构在政务舆情中都是一个"理性人",都会趋利避害,最大限度地选择自我保护的处置方式。即便在自我保护处置方式与公信力维护之间出现冲突时,"理性人"的理性选择也会是自我保护,而非维护公信力,"公地悲剧效应"由此形成。长此以往,公权力则逐渐陷入"塔西佗陷阱"。遗憾的是,在政务舆情发展中,公信力这一"公地"被无节制地消费的趋势并没有得到遏制。

从现实案例来看,在政务舆情中消费公信力的做法包括:默不作声、推诿扯皮、权威失语、弄虚作假、权力滥用、钓鱼执法、庸政懒政、违法不究等。

1.默不作声

随着新媒体的发展,公权力在政务舆情回应中可能受到的质疑比以往更多,舆情回应的风险性也由此变得更高,与此同时,公职人员的舆情素养明显还跟不上形势发展。出于自我避险心理,公职人员在应对其服务的公权力机构的

---

① 公地悲剧[EB/OL].[2018-12-05].http://wiki.mbalib.com/wiki/%E5%85%AC%E5%9C%B0%E6%82%B2%E5%89%A7.

② 李钢,于国辉.论网络公地悲剧及其解决方式[J].北京邮电大学学报(社会科学版),2010(2):2.

③ 奥斯特罗姆.公共事务的治理之道:集体行动制度的演进[M].余逊达,陈旭东,译.上海:上海译文出版社,2012:4.

舆情时，都趋向于选择回避。因而，在政务舆情中默不作声的现象并不少见，甚至不乏掩耳盗铃的事件。

2015 年 11 月，中央电视台新闻频道多个栏目报道了贵州省贵阳市有 30，855套已建成的保障房由于供电、排污、市政道路配套建设滞后等原因，未及时投入使用。11 月 20 日，中央电视台记者就此问题前往贵阳市住建局采访。到达局长办公室后，一位身着白衬衣、黑裤子的男子正在办公室内。在记者表达来意后，这位男子却称“你们搞错了”，声称自己并非局长，“只是在这看（规划）图的”。然而，记者在住建局官网上发现，这位自称不是局长的男子，正是局长刘朱本人。① 否认自己是局长的事件经媒体报道后发酵，尽管该当事人很快因此被免职，但当地政府公信力所受到的损害已难以挽回。

在政务舆情中的不愿发声很大程度上源于一种“鸵鸟心态”，公职人员要么认为事件没有那么严重，不会造成多大影响和后果，放一放、缓一缓，可能就过去了；要么存在侥幸心理，希望用非我方的更大事件的发生来转移公众视线。当然，畏难情绪也是原因之一，回应主体存在着“唯帽子”心理，即对于上级领导对回应内容会如何评价的担心，使得他们往往首先揣摩如何做才能符合上级领导的认可，甚至选择等待上级领导态度明确后方才行动，无视自身主体责任。②

2.推诿扯皮

作为“理性人”，公权力机构在面临负面舆情时除了回避之外，另一个“理性”选择是将责任推出去，或者寻找另一个主体来承担。与此同时，一些制度安排导致的责任主体不明确，或者多责任主体并存，也给公权力主体之间的相互推诿提供了客观条件。面对舆情，推诿扯皮的现象在现实中至少存在以下三种类型。

一是避重就轻。这是一种在责任上试图降低标准的推诿方式，认为别的部门应该承担更主要的责任。例如，在 2017 年 11 月初发生的上海携程亲子园涉嫌虐童的事件中，当媒体采访事发地上海市长宁区教育局党办负责人时，得到

---

① 杨锋.面对采访辩称“我不是局长” 贵阳住建局长被免职［N］.新京报，2015-11-23.

② 张磊.“鸵鸟心态”应该休矣［N］.学习时报，2016-08-01.

的答复是该幼儿园“不是正规幼儿园，是社区幼儿托管点，妇联是第一责任人”①，该责任人把责任直接推给了妇联。当然，上海市妇联及其下属的《现代家庭》杂志社在此事件中负有直接责任，但长宁区教育局的此般推责，试图避重就轻的行为，并未得到公众谅解。媒体则直接将其这一推卸行为作为新闻点进行了报道，长宁区教育局的形象因此受损。

二是找替罪羊。如果说避重就轻表示还愿意承担部分责任的话，那找替罪羊则是希望以“切割”的方式逃避应有责任。这种推卸方式最常见的莫过于“临时工”现象，即在回应时表示责任在合同制员工，而非正式编制员工，以至于公众将“临时工”等同于推卸责任，一旦有此字眼出现，就自然推论为涉事机构在逃避责任。无论是有编制的员工，还是合同制员工，在其执行公务时，代表的都是聘用其的公共机构。临时工在执行公务中所犯下的过错，其所在机构理应承担责任。“倘若某些地方政府和用人单位动辄以‘临时工’为由来愚弄公众，用自认为很‘高明’的手段来戏弄公众，就会使本就稀缺的公信力资源被慢慢吞噬掉，陷入难以自拔的‘塔西佗陷阱’中。”②好在有些地区已经意识到这一问题的严重性，并试图通过制度安排来减少此种现象的发生。2017 年，重庆市沙坪坝区出台的《沙坪坝区整治“庸懒散”行为问责办法》规定：“临时工”出问题，不仅本人要被问责，该单位领导也要被追责。③

三是相互推诿。对于媒体而言，政务舆情中最难以让人接受的推诿方式是部门间相互“踢皮球”，由此导致记者在采访过程中被“转圈圈”。2017 年 7 月，记者在陕西省渭南市华阴市采访一个名为“华山古镇”的项目建设情况时，就遭遇了多个政府部门的“踢皮球”行为：国土局称有用地手续，但多次借故不出示；城建局称“这块不归我们管”；地块所在的华山镇政府表示此事由华山景区管理委员会主管；华山景区管理委员会则说规划还未办理，曾下发整改通知；华阴市对外经济技术合作局表示去项目工地能了解清楚；项目部则声称“手续确实不

① 铁瑾.携程亲子园虐童事件续 教育局：它不是正规幼儿园[EB/OL].(2017-11-08)[2018-12-06]. https://m.btime.com/item/router? from=ha02cxw&gid=43die9ajgr689nba45hjnh9d9i1.

② 韦其江.“临时工现象”与“塔西佗陷阱”[N].学习时报，2012-08-06.

③ 罗芸.“临时工”犯事 单位领导也要被追责 沙坪坝区出台办法 重拳整治“庸懒散”[N].重庆日报，2017-11-04.

全,不让你们看”,并扬言“再来我们项目劈死你”。[①] “踢皮球”式的相互推诿本身就是舆情“痛点”,媒体还乐于将此作为“有价值”的新闻加以大书特书,而相关推诿主体及其所在地政府的形象则在此过程中变得面目全非。

无论是何种类型的推诿扯皮,都是对公信力的严重伤害。在公众看来,不管是哪个行政部门,都是一级政府统一领导下的行政机构,都代表了本级政府的形象。不管责任在各部门之间谁重谁轻,都意味着本级政府存在着承担责任的义务。不同部门之间的相互推诿,留给公众的是政府不愿意承担责任的形象。因此,任何推卸责任的行为和做法,都是对所在机构和所在层级政府公信力的破坏。

3.权威失语

除了涉事主体的主观意愿之外,当前“条块结合”的行政管理体系也在现实制度安排上为推诿扯皮行为提供了客观可能性。尤其是需要多部门共同治理的问题,客观性的推诿扯皮现象更为突出,因为按照职能划分,某个行政部门确实不能管辖另一行政部门职能的事务,但却给媒体及公众留下了推诿的印象。例如,食品安全就是典型的多部门共同治理的问题。按照《食品安全法》,从土地到餐桌,食品的生产、流通和消费的各个环节都由相应的行政部门分别监管,涉及农业、质监、工商、卫生、食药等多个部门,这一监管链条被形象地比喻为“九龙治水”。因而,食品安全问题领域的舆情中出现客观性推诿扯皮的概率相对较高。

在政务舆情中,对于客观性推诿扯皮现象,需要权威主体及时介入并回应。多部门共治问题中的权威主体有两类:一是“块”上的属地政府。无论涉及多少个行政部门,都可以由同一层级政府统一领导、统一回应,减少部门之间的推诿现象。二是“条”上的上一级责任主体行政部门,如在食品安全问题上,由更高层级政府的食品安全管理办公室或者食品药品监督管理局介入并回应。

如若权威主体能在跨辖区、跨层级、跨部门等跨辖权舆情事件中及时介入,

---

① 刘国强.华山古镇项目违建近一年 记者采访遭多部门踢皮球[EB/OL].(2017-08-11)[2018-12-06].https://m.sohu.com/a/163759859_210156/? vpid=000115_3w_a.

统一领导事件的处置和舆情回应，则可以最大限度地避免因跨辖权而产生的互相推诿现象。遗憾的是，在跨辖权舆情事件中，权威主体有时也抱着“鸵鸟心态”，不愿介入事件中，其结果是相关主体的形象、公信力及权威的损失。例如，2015 年 4 月初发生在山东省青岛市的所谓“问题西瓜”事件，就因权威主体的失语而让事件成为一次“断头新闻”事件，①各层级相关责任主体的形象都因此受到损害。

4.弄虚作假

公信力的“信”意味着公权力机构人员的所言所行须以事实为依据，因此，公权力机构人员的弄虚作假对公权力机构的“信”伤害巨大。但弄虚作假现象似乎难以杜绝，特别在宣传方面，为了塑造相关机构某种正面、积极的形象而刻意造假的情况屡见不鲜。2017 年 7 月初，一段题为“交警雨中推车造假，女记者摆拍”的视频在网络上流传。视频指出，内蒙古自治区赤峰市翁牛特旗交警在马路上拦车，假装推车让女记者拍下。这段视频引发网友热议。尽管 7 月 9 日赤峰市翁牛特旗委宣传部作出回应称，当时是为微电影补拍场景，拍摄素材未用于新闻报道，并称由于工作中存在不足，给广大网友造成误解，深表歉意，但这一做法仍饱受质疑。“摆拍”的宣传方式非但不能给交警增光，反而损害了有关部门的公信力。“摆拍”出来的画面反倒让大众对交警的成绩单产生强烈的怀疑。如此宣传，是搬起石头砸自己的脚。②

5.权力滥用

前文所述的政务舆情中“晕轮效应”产生的原因之一在于政府起源学说关于公权力本性恶的理论假定，因而需要“将权力关进笼子里”。然而，权力滥用的情况在实践中并不少见，政府主体无度地消费着公权力的公信力。

2017 年 7 月 15 日，网上流传一段视频，安徽阜阳执勤交警在对一辆货车进行执法时以货车号牌固封装置数量不足 4 个为由，要对其予以处罚。在货车司

① 国家行政学院应急管理案例研究中心.应急管理典型案例研究报告（2017）[R].北京：社会科学文献出版社，2017：248-280.

② 李勤余.交警雨中推车摆拍：既是“真情实感”，何须用力过猛[EB/OL].（2017-07-10）[2018-12-07].http：//www.thepaper.cn/newsDetail_forward_1729124.

机与交警的言语争论过程中，货车司机随后发现执法的警车也只装了两颗螺丝并予以反问，交警解释称警车属特殊车辆。该视频引发网络热议，网友纷纷质疑执勤交警在滥用权力。7 月 18 日，安徽省阜阳市公安局交警支队对此回应，将事件性质界定为执勤交警的业务掌握不熟："当事执勤交警在执法过程中，对相关交管业务掌握不熟，面对群众镜头不冷静，遇到突发情况处置不当，造成了不良社会影响。"①

无独有偶，2017 年 11 月 15 日，宁夏银川市的一名驾驶员因没有随车携带灭火器被交警开出了罚单。此时，驾驶员提出查看执勤警车是否有灭火器，令人尴尬的是警车内也同样没有灭火器。值得称赞的是，事发后，银川交警发布了一则"知错能改"通告，对被查未带灭火器的警车驾驶员也处以 50 元罚款，并诚恳邀请社会各界继续监督工作，及时指出工作中的不足。② 相比较而言，这一亡羊补牢的措施赢得了公众的谅解。

在公众看来，即便以上类似事件确实系因执法者的业务不熟而生，那也属于一种软性的权力滥用。硬性和软性的权力滥用对公信力的损害都是不言而喻的。从法理上来说，对民众而言，"法无禁止即可为"；对公权力而言，则是"法无授权不可为"。执法者应当首先学法、懂法、守法。

6.钓鱼执法

钓鱼执法是指执法机关故意向当事人提供违法活动实施条件或创造特定环境，以引诱当事人实施违法行为的一种自身违法的行为。它的产生有多方面原因，并可分为"显露式""勾引式""陷害式"三种形式，其具有多重危害性。③

迄今引发舆论高度关注的最典型的钓鱼执法事件莫过于 2009 年上海浦东新区发生的引诱性查处黑车事件。法律界不少学者对此进行了研究。钓鱼执法在现实中的常见表现是用公权力和法律背书，抢占"抓嫖""打击黑车"等道德制高点，再辅以司法机关的偏袒。这种引诱公民"违法"，并把所设之套作为

---

① 阜阳交警与群众因号牌螺丝数量起争执引热议[EB/OL].(2017-07-18)[2018-12-07].http://society.people.com.cn/GB/n1/2017/0718/c1008-29413210.html

② 屈畅.受罚驾驶员质疑交警也违章 银川交警支队：违章交警被罚款[N/OL].北京青年报，2017-11-16[2018-12-07].http://news.ynet.com/2017/11/16/667594t70.html.

③ 姚天宇，王勇."钓鱼执法"的行政违法性及其规制[J].政治与法律，2012(6)：73-78.

守法公民违法犯罪的证据的行为,不仅破坏了法律应有的严肃与公正,破坏了社会对法治的信仰,而且败坏了社会风气,撕裂了社会成员间基本的和谐与互信,使社会公德每况愈下。长此以往,政府公信力、公民的法治信仰都将被逐渐消解。[①] 因此,钓鱼执法不仅对政府公信力造成破坏,也对社会秩序的运行产生危害。

7.庸政懒政

庸政懒政的现象在现实中并不少见,其表现类型也多种多样。2017 年 6 月,国务院办公厅就通报并问责了 16 起典型案例。[②] 庸政懒政有轻重之分,极端的庸政懒政所带来的公信力伤害让人不寒而栗。

2017 年 8 月 11 日,晋能集团山西煤炭运销集团和顺吕鑫煤业有限公司发生一起边坡滑坡事故。网络上随后开始传播事故现场的视频,且有传言称现场有人死亡。13 日,山西省和顺县政府网发布滑坡调查情况说明,表示事故无人员损伤。14 日,和顺县政府网再次发布滑坡情况说明,表示未造成人员伤亡和机具损失;另外,当地公安机关对一个在贴吧、微信圈散布滑坡造成人员伤亡和机具被埋的人予以行政拘留。然而,15 日上午,和顺县政府网又发布了一则"自打耳光"的消息:吕鑫煤业法人代表、总经理高阳到公安局投案,称滑坡事故造成 4 人死亡、5 人失踪,同时机具被埋。[③] 国务院安全生产委员会办公室将此事件定性为"吕鑫煤业有预谋、有计划、有组织地瞒报事故"[④],公众则在此事件东窗事发后感到后怕,试想如果吕鑫煤业法人代表没有主动投案,此瞒报行为或许不会被发现,被拘留的所谓"造谣者"将继续蒙冤。

这一事件反映的是和顺县当地政府的严重庸政懒政现象,但凡相关监管主

① 张鹏."钓鱼执法"是以滥用职权进行权力寻租[EB/OL].(2017-04-07)[2018-12-07].http://news.youth.cn/gn/201704/t20170407_9433204.htm.

② 庸政懒政怠政问责了! 这 16 个典型案例被国办通报[EB/OL].(2017-06-16)[2018-12-07].http://www.gov.cn/xinwen/2017-06/16/content_5203106.htm.

③ "初称无伤亡 两天后宣布 4 死 5 失踪" 山西和顺矿难,谁被"蒙蔽"?[EB/OL].(2017-08-17)[2018-12-07].http://m.news.cctv.com/2017/08/17/ARTIZqw9fVYpbpChf5oEBJ6E170817.shtml.

④ 国务院安委会办公室.国务院安委会办公室关于晋能集团山西煤炭运销集团和顺吕鑫煤业有限公司"8·11"边坡滑坡事故的通报:安委办[2017]23 号[A/OL].(2017-08-19)[2018-12-07].http://www.chinasafety.gov.cn/newpage/Contents/Channel_6287/2017/0819/293196/content_293196.htm.

体有一点责任心,都不可能让瞒报行为得逞。尽管相关责任主体已受到应有的问责,但该事件对政府的公信力伤害十分严重。“舆论一直在批判谣言、谴责造谣者,其中有一个前提,就是谣言的确是谣言。但在一些特定领域,不排除‘谣言’就是举报、就是真相的可能性。”“把举报矿难及其他安全事故当作‘网络谣言’,不仅仅有可能误伤举报者,而且有可能贻误救援时机。”①更重要的是,这种有意不作为或乱作为,可以让“真相”与“谣言”在权力的加持下任意转换,②对日后谣言查处的公信力带来巨大的冲击。

庸政懒政伤害的不仅是政府的形象及公信力,还有民心。因此,李克强总理对庸政懒政行为可谓深恶痛绝,认为这也是一种腐败。③

8.违法不究

和作为个体的人一样,公权力也可能会犯错,也可能会违法,以上所述的7种消费公信力的现象就是公权力的犯错甚至是违法行为。古人云,“过而能改,善莫大焉”。对消费公信力的行为予以及时纠正就是一种“改”和“善”,也是对公信力恢复的亡羊补牢之举。法律则扮演着纠偏、纠错和恢复公信力的最后一道防线的角色,突破这最后一道防线就是对公信力的最严重、最恶劣的消费,公信力将失去所有基础。然而,有一个让人感到担忧的苗头是违法不究的现象在现实中也已出现。

2016年4月18日,陕西省榆林市靖边县发生一起交通肇事案,一辆黑色本田雅阁轿车碾轧一名5岁女童后逃逸,此后有一名男子向警方自首。靖边县公安局后来通报此事称,自首者系亲戚顶包,肇事驾驶人其实系靖边县纪委干部。④ 此案后来进入司法程序。检察机关在调查过程中发现参与调查此案的交警高某与交通事故肇事者是发小,且对其存在包庇行为,鉴于此,检查机关于2017年5月11日将高某以涉嫌徇私枉法罪提起公诉。然而,2017年8月3日,

① 杨于泽.和顺矿难瞒报事件:“谣言”怎么反转成了真相?[EB/OL].(2017-08-15)[2018-12-07].http://www.thepaper.cn/newsDetail_forward_1763888.

② 周东旭.山西和顺矿难瞒报,“谣言”与“真相”何以任人操纵[EB/OL].(2017-08-16)[2018-12-07].http://opinion.caixin.com/2017-08-16/101131196.html.

③ 李克强:拿着俸禄不干事也是一种腐败[EB/OL].(2015-02-10)[2018-12-07].http://finance.cnr.cn/jjpl/20150210/t20150210_517709725.shtml.

④ 林斐然.县纪委干部碾死女童让人“顶包”[N].新京报,2016-04-22.

虽然陕西省绥德县人民法院判定高某徇私枉法罪，但高某却免于刑事处罚。[①]这一判决遭到了舆论的严重质疑，[②]法律的正义性、公平性、严肃性、权威性在此案中荡然无存。

违法不究的行为既是对受害者的不公，也是对违法者的庇护，更是对社会公平的伤害。对于公权力的违法不究，是为公信力被任意无度消费开了一道很坏的口子，公信力的"公地悲剧效应"会愈加显现。

---

① 陈卿媛.陕西靖边县纪委领导碾死女童找人顶包 交警包庇被判徇私枉法[N/OL].法制晚报，2017-11-29[2018-12-07].http://www.fawan.com/2017/11/29/710389t185.html.

② 沈彬.撞死女童、找人顶包、交警包庇，凭什么"免于起诉"？[N/OL].新京报.2017-11-30[2018-12-07].http://news.sina.com.cn/c/2017-11-30/doc-ifyphtze2710612.shtml.

第二章　媒体格局:公共舆情传播哪家强

随着网络和新媒体技术的发展、应用与普及,媒体形式越来越多元化,公众对媒体的选择根据其年龄、兴趣、阅历、价值观等的不同而各异,各类型媒体力图通过多种形式呈现内容以赢得更多受众,公共事件中的媒体传播格局因此变得不再单一。

一、主流官方媒体:迎压中突围与蜕变

在网络媒体出现以前,主流官方媒体享受着政策的"襁褓"环境,占据着新闻信息来源与新闻传播渠道的"垄断"优势,公众在此过程中对信息的接收是被动的,信息的"垄断性"为主流官方媒体提供了渠道的权威性。然而,随着网络媒体的诞生,特别是新媒体的出现,主流官方媒体的信息"垄断"优势日渐削弱,面临的其他类型媒体的挑战日益强大。庆幸的是主流官方媒体面对压力及时调整战略,经过几年发展已经实现了"金蝉脱壳"。

1.压力:新媒体的冲击

主流官方媒体在新媒体的冲击下所受到的压力有外部因素,也有其自身因素。外部因素主要是新媒体对主流官方媒体的受众进行分流,自身因素则是其传统思维的固化、源自垄断地位的行为扭曲及其对媒体公信力的冲击。

第一,新媒体的受众分流。在新媒体出现以前,各类型主流官方媒体凭借对信息来源的垄断而覆盖了绝大多数的受众,主流官方

报纸的发行量或电视媒体的收视率大都处于绝对优势。以报纸为例，2014 年的数据显示，排名前三位的报纸均为中央官方报纸，分别为：《参考消息》（350 万份）、《人民日报》（280 万份）、《环球时报》（240 万份）。① 对于报纸而言，这些发行量已是天文数字。新媒体出现后，以“百万”为单位的受众已难以称之为“庞大”。尤其是微博出现之后，一些有影响力的账号的粉丝量动辄上“千万”量级，其传播影响力远超出主流官方传统媒体多年的经营成果。对此，主流官方媒体感受到了巨大压力。2012 年 4 月 26 日，时任人民日报社社长张研农在复旦大学出席活动时表示：人民日报人在新媒体格局中有强烈的危机意识，人民日报现在发行量是 280 万份，但他们的“对手”，微博女王姚晨，粉丝 1,955 万人，这意味着，她每一次发言的受众，不算转发的，就比人民日报发行量多出近 7 倍。② 人民日报社的这种危机感显示出主流官方传统媒体在新媒体出现后面临受众被分化和流失的强大压力。

第二，官媒自身思维固化。在受到新媒体冲击的同时，由于“襁褓”的长期保护，主流官方媒体发展的束缚还来自自身思维的固化，这体现在新闻生产中的理念、内容、体裁、形式、方法、手段、业态、体制、机制等方方面面。以情感渲染方式为例，这是官方传统媒体常用的一种报道方式，但有时候却显得跟不上传播环境的变化。2016 年 7 月 5 日，为了渲染一线抗洪官兵的艰苦奋斗精神，中央电视台官方微博“央视新闻”发了一条微博：“【向这些最可爱的人致敬！】大雨滂沱里，他们不穿雨衣；为了运沙袋，他们浑身是泥，里外湿透；六十斤的沙袋，他们每个人扛三百个，来回跑六百趟；混着雨水的矿泉水和几个馒头，就是他们日常的伙食……哪里有危险，哪里就有抗洪抢险的战士们。致敬！”然而，这则充满正能量的微博，却引发了部分网民对军队保障问题的质疑，③军队“躺着中枪”，成为舆论的众矢之的。军队第二天不得不出来回应，通过微博账号“央广军事”称：“【抗洪一线部队伙食保障棒棒的！】武警合肥支队在抗洪前线

① 全国报纸发行量排行榜[EB/OL].(2014-08-28)[2018-12-11].http://www.askci.com/news/data/2014/08/28/15381rjxx.shtml.

② 人民日报校园行——复旦大学站[EB/OL].(2012-04-26)[2018-12-11].http://media.people.com.cn/GB/137800/242562/index.html.

③ 泥水馒头：为何军队保障总成宣传之殇？[EB/OL].(2016-07-07)[2018-12-11].http://mil.eastday.com/a/160707102814227.html.

为官兵精心调配伙食，在条件艰苦的情况下确保自给自足，早餐有面包、鸡蛋、牛奶，午晚餐保证六菜一汤，餐餐有水果。确保官兵在前线战斗时吃得营养、吃得科学，补充战斗力，为打赢抗洪战斗提供强大动力。”①对于中央电视台这种不合时宜的情绪渲染，有媒体评论道：“毕竟时代在变，崭新的环境呈现在眼前。‘泥水馒头’这类顾此失彼的煽情报道或许到了淡出舆论场的时候。”②类似行为折射出主流官方媒体在一定程度上存在着思维固化等问题。

第三，传播公信力的挑战。较之于受众的分流、自身思维的固化，让主流官方媒体感到的更大的危机来自传播公信力的挑战。新媒体所带来的信息发布渠道多元化和公众自我传播的便利性，使得公共事件中的争论性相较于以往任何时期都更大，真相呈现非但没有变得更容易，反而变得更难。任何一个媒体在新闻报道中稍有不慎都可能将自身置于公信力的“漩涡”中。与此同时，主流官方媒体此前占据垄断地位所形成的一些行为扭曲惯性在短期内难以扭转，如虚假新闻、有偿新闻、过度宣传、选择性新闻监督等，加剧了其公信力的恶化。

2.突围：多重探索

由于危机感的存在，主流官方媒体迫切希望在新媒体带来的变化中实现突围，重塑其权威性与公信力，并为此付诸了多重探索。

一是构建多元化的平台。新媒体的出现虽然给主流官方媒体带来了强大的挑战，但其并非是主流官方媒体的对立面，而是新型传播方式的载体，任何主体均可以使用。作为实现突围的内容之一，主流官方媒体首要的是了解、适应和使用新媒体，构建传统媒体和新媒体共同作为载体的多元化传播平台。以人民日报为例，在感受和迎接诸如“微博女王”所带来的压力之余，人民日报于 2012 年 7 月 22 日也开通了微博，由其专设的以年轻团队为主力的微博运营室负责管理，并在短短一周之内通过 180 多条微博收获了 15 万个粉丝。③ 经过数年经营，截至 2017 年 12 月 11 日，其粉丝量已超过 5,500 万，尽管其中不乏“僵

---

① 王亮.抗洪一线部队伙食保障棒棒的！[EB/OL].(2016-07-06)[2018-12-11].https://weibo.com/1728148193/DDw572AWX？type=comment#_rnd1512988719642.

② 单仁平.一线抗洪官兵吃“泥水馒头”丢人吗？[N].环球时报，2016-07-07.

③ 陈良飞.人民日报官方微博诞生始末：年轻编辑建议开设[N].东方早报，2012-07-30.

尸粉”的存在,但其真实粉丝量也已远非其传统报纸发行量所能比拟。当尝到了开通官方微博的甜头之后,在微信公众号、手机新闻客户端等新型媒体出现后,人民日报及时跟进并建立了其他相应的平台,同样取得了惊人的成绩。

二是积极介入突发事件。多元化的媒体平台是信息的传播渠道,然而,媒体平台对公众的吸引力在根本上取决于其内容的可读性。其中,对突发事件的关注和介入报道是较为快速提高传播力并吸引受众的方式,主流官方媒体深谙其道。人民日报官方微博开通之后所发布的第一条内容便是对 2012 年 7 月 21 日发生的北京暴雨灾害的正能量式评论:“北京暴雨,整夜无眠。人民日报官方微博与大家共同守望。为每一位尚未平安到家的人祈福,向每一位仍然奋战在救援一线的人致敬! 北京,加油!”[①]此后,每逢有重特大突发事件或重大公共热点,时常能看到人民日报官方微博的身影。其他主流官方媒体也并不落后,都不愿在突发事件中失声,甚至某种程度上其发声助长了突发事件网络舆情的热度。例如,在 2015 年 5 月 2 日发生于黑龙江省绥化市庆安县的火车站枪击案中,由于当地政府面对舆论迟迟不发声,各种非权威信息充斥网络,甚至出现了网络极端行为,新华网针对此事件于 5 月 9 日专门刊发《真相别总靠“倒逼”》[②]一文,在舆论上“逼迫”当地政府披露事件信息。

三是直面问题针砭时弊。无论是建设平台,还是介入报道突发事件,在很大程度上都是旨在扩大受众范围。至于公信力的提升,主流官方媒体的突围路径是如习近平总书记所提出的,“直面社会丑恶现象,激浊扬清、针砭时弊,同时,发表批评性报道要事实准确、分析客观”[③]。在此路径中,人民日报的典型探索是其官方微博的“你好,明天”栏目,此栏目对时事政治、社会生活、文化体育、教育科学、人文历史、环境经济等各个领域的热点进行精致而深度的思考。例如,2017 年 12 月 4 日,我国北方部分地区因“煤改气”而难以供暖引发舆论热议,人民日报官方微博当晚发了一条微博:“【#你好,明天#】天寒地冻,可北方部

---

① 陈良飞.人民日报官方微博诞生始末:年轻编辑建议开设[N].东方早报,2012-07-30.

② 丁永勋.真相别总靠“倒逼”[EB/OL].(2015-05-09)[2018-12-11].http://news.xinhuanet.com/local/2015-05/09/c_1115230905.htm.

③ 习近平在党的新闻舆论工作座谈会上强调:坚持正确方向创新方法手段 提高新闻舆论传播力引导力[N].人民日报,2016-02-20.

分地区的老百姓在今年'煤改气'后却迟迟得不到供暖。燃煤取暖是冬季雾霾重要成因,'煤改气'是事所必然,但如缺少统筹兼顾的执行,好经也怕被念歪。政策若以民生为本为初心,执行也终须以民生实际为依归,切莫让一些操之过急的做法,冷了百姓的房,寒了群众的心。"与人民日报不同,新华社对于现实问题的针砭的常用路径是"几问"式质问。例如,在 2017 年 11 月初发生的上海携程亲子园涉嫌虐童事件中,新华社发表了《三问上海携程亲子园事件》一文:一问孩子有没有被打、被喂食芥末? 二问涉事机构有没有托幼资质? 三问事件最新进展如何?[①] 无论采用何种路径,主流官方媒体都希望通过提高自己对公共事件的参与度,以独立于其他媒体的方式来提升自身的公信力。

3.蜕变:融合发展

经过数年的多重探索,主流官方媒体在新媒体形式不断更迭中迎接挑战和积累经验,提出了媒体融合发展的战略。2014 年 8 月 21 日,中央全面深化改革领导小组第四次会议审议通过了《关于推动传统媒体和新兴媒体融合发展的指导意见》,提出要按照积极推进、科学发展、规范管理、确保导向的要求,推动传统媒体和新兴媒体在内容、渠道、平台、经营、管理等方面深度融合。[②] 在实践中,虚拟现实与增强现实技术、网络直播、人工智能等技术成为国内媒体产品与形式转型发展的重点创新领域,同时,伴随着技术的快速更新,跨界融合、平台服务、产业闭环也成为国内媒体融合的趋势。[③] 在政府的规划引领和政策支持下,主流官方媒体通过整合平台、整合内容、整合团队、整合技术,基本实现了融合发展。

主流官方媒体拥有"有建制""有团队""有采访权"等优势,一旦选择了正确的发展战略,其优势将进一步巩固与扩大。现实表明,经过融合发展,主流官方媒体取得了突出成效。

一是重大议题传播力大幅提高。在重大公共事件、重大公共议题、重大公

① 潘旭,仇逸,吴振东,叶含勇.三问上海携程亲子园事件[N].新华社,2017-11-09.

② 《关于推动传统媒体和新兴媒体融合发展的指导意见》出炉[EB/OL].(2014-08-21)[2018-12-12].http://www.wenming.cn/syjj/sp_syjj/201408/t20140821_2133098.shtml.

③ 黄楚新,彭韵佳.2017 年中国媒体融合发展报告[J].现代传播(中国传媒大学学报),2018(4):10.

共政策的信息发布和传播方面,主流官方媒体较之于以前有了大幅提高,借助媒体融合,进行多形式传播以及各层级媒体的层层传播,基本可以做到重大议题的全覆盖。

二是争议话题引导力大幅提升。在一些具有争议性的公共话题的讨论中,主流官方媒体对话题讨论的参与度越来越高,对争议的引导力也越来越强。例如,2018 年 12 月 18 日,山东菏泽一条放开房产限售的消息火了。很多自媒体纷纷指认这是“打响调控松绑第一枪”。地产股也应声而动,在预测“调控政策出现调整”的逻辑下,山东板块以及主要布局三四线城市的地产股纷纷逆市上涨。12 月 20 日,人民日报海外版编辑部微信公众号“侠客岛”与《中国经济周刊》联合刊发了一篇文章《菏泽打响全国楼市调控松绑第一枪?你可能想多了》,提出“房住不炒”依然是中央定下的主基调,这几轮重要会议讨论经济问题,都没有在这个主基调上有所松口。在这个主基调下,还有一个政策,叫“一城一策”。三四线城市和一二线城市面临的问题大不相同,调控很难“一刀切”,这也给各地因地制宜预留了调整空间。菏泽的事,在这个层面上去理解恐怕才更准确。[①] 这篇文章在一定程度上引导了公众对于房地产政策变化的认知。

三是公信力得到不断建立巩固。由于越来越多地参与公共话题,包括对争议性话题的讨论,并且在讨论过程中采取客观、中立、理性的方式,主流官方媒体的公信力不断得到巩固和提高。例如,2018 年 12 月 22 日,一段疑似发生在深圳市宝安区的虐童视频在网上流传,人民日报的官方微博于 23 日进行了介入性报道。23 日下午,当宝安区宣传部官方微博对事件进行通报时,人民日报官方微博又进一步进行了概述性转发:“据@ 阳光宝安 通报,经宝安公安分局调查,母亲陈某文、父亲刘某华对殴打女童的事实供认不讳。初步调查情况与视频相符,经法医检查,女童体表未发现明显伤痕。目前,警方正在依法调查处理。区妇联已向法院申请女童人身安全保护令。”[②]人民日报官方微博的这些信息发布有效参与了公共事件,维护了公众知晓权,在建立和提高自身公信力的

① 李永华.菏泽打响全国楼市调控松绑第一枪?你可能想多了[EB/OL].[2018-12-19].https://mp.weixin.qq.com/s/Rx2ja8g0ULkiYswDpQ8lyw.

② 警方:女童父母对殴打行为供认不讳[EB/OL].(2018-12-23)[2018-12-25].https://m.weibo.cn/2803301701/4320446356988512.

同时,还帮助涉事政务部门传播官方信息、回应社会关切、引导社会情绪。

二、市场化媒体:在夹缝中以内容立足

和官方媒体一样,市场化的传统媒体同样受到了新媒体的强烈冲击。不同的是市场化的传统媒体很难获得官方媒体的政策、财政和发行优势,在新媒体冲击下表现出的脆弱性更强,一些市场化的传统媒体在此过程中已经失去了生存的能力。2016 年 12 月 28 日,《国际先驱导报》宣布停刊;《东方早报》宣布自 2017 年 1 月 1 日起休刊,原有的新闻报道、舆论引导功能,将全部转移到澎湃新闻网;2016 年 12 月 29 日,《京华时报》在其头版发布休刊公告,称其纸质版从 2017 年 1 月 1 日起休刊,保留和发展《京华时报》新媒体业务。①

为了寻求生存和发展,除了和官方媒体一样探索媒体融合之外,市场化的传统媒体所能选择的路径是在内容上做文章,以内容吸引受众。

1.发掘潜在议题

与主流官方媒体相比,市场化的传统媒体在政府重大战略性、政策性信息披露方面缺少信息源。此外,受传播覆盖面的限制,市场化媒体在突发事件的首发报道中与官方媒体相比缺乏竞争优势。因此,市场化媒体在公共事件的议程设置中始终存在着劣势。为了突破此困境,市场化媒体只能凭借新闻敏锐性去发掘一些时效性不高而又具有潜在新闻价值的议题作为首发性报道,以在公共议题的传播中占据主导权。

例如,2016 年 10 月 19 日,15 岁的自闭症少年雷文锋从深圳住所走失后,被辗转送到广东韶关市新丰县练溪托养中心,于 12 月 3 日死于该中心。多数媒体对此事件并不敏感。《新京报》则敏锐地获取到了"自闭症少年"这一弱势群体和"托养机构"这一新闻报道盲区,对该事件启动了调查,并于 2017 年 3 月 20 日刊发了报道《15 岁自闭症少年死亡调查:托养中心 49 天死亡 20 人》②,一举引爆了舆论对此事件的关注,揭露了救助机构的利益关系链条和监管的缺位。

---

① 张子龙.2016 岁末盘点:京华时报、国际先驱导报等报纸相继宣布停刊[EB/OL].(2016-12-30)[2018-12-12].http://www.lanjinger.com/news/detail? id=27061.

② 刘子珩,王婧祎.15 岁自闭症少年死亡调查:托养中心 49 天死亡 20 人[N].新京报,2017-03-20.

在这一事件中,《新京报》准备充分,连发了数篇报道,牢牢掌握了整个过程的议程设置权,其他媒体只能追随其后进行转载、转述或以新闻评论等形式参与。

2.挖掘深层内容

虽然市场化媒体希望通过发掘潜在议题来抢占议题传播的主导权,但所发掘的议题并非总能引起强烈舆论反应。更多时候,市场化媒体是在与其他媒体共同参与公共事件报道的同时,以挖掘深层内容的形式在众多新闻信息供给源中提供有别于其他媒体的信息增量。例如,在2014年12月31日发生的上海外滩陈毅广场拥挤踩踏事件中,各家市场化媒体纷纷跟进、深度挖掘,从各个信息源和角度提供深度信息:《南方都市报》提供了事件发生时段现场的视频,《南方周末》对一位遇难者进行特写式报道,《新京报》挖掘到警方未能及时进入核心区,财新网则调查到黄浦区区委书记等人事发时正在公款吃喝等。[①]

在一起公共事件中,当各大市场化媒体都在挖掘深层内容时,事件的各种直接或衍生信息将不断得以呈现,“蝴蝶效应”出现的可能性大幅提升。随着新增信息的不断供应,公众对事件引发舆情的起始性因素的关注度可能会降低。例如,在2015年的“8・12”天津港危险品爆炸事故中,深层次增量信息在各类媒体,特别是市场化媒体的轰炸式供给中不断将公众引向对公共治理能力的问题的关注。

3.突出擅长领域

随着新媒体技术发展所带来的信息平台的多元化,互联网信息供给呈现出爆炸式趋势,任何人都不可能掌握所有信息,需要在有效时间内对信息进行取舍,因此新闻传播的分众化成为趋势。对于市场化媒体而言,在自身擅长的领域为公众提供差异化、分众化的新闻是其发展的方向之一。

从实践来看,一些市场化媒体在积累中形成了自身的特色,拥有了各自的擅长领域。例如,澎湃新闻擅长时政新闻,财新网擅长财经新闻和反腐报道,《新京报》擅长社会新闻。各市场化媒体均在各自擅长的领域巩固着受众群体,

---

① 张磊.网络舆情管理关键要素研究:基于典型案例的深度分析[M].北京:国家行政学院出版社,2017:120-140.

并继续在擅长的领域耕耘。例如,2017 年 11 月至 12 月间,澎湃新闻集中报道了一系列的政府网站、高校网站大量泄露个人隐私信息的问题,形成了强大的舆论攻势,迫使相关监管部门进行整改。

4.审度时政布局

强烈的竞争压力培养了市场化媒体高度敏锐的新闻意识,促使其时刻审视政治、经济、社会等领域形势的发展,并在形势变化中挖掘有价值的新闻。对于一些优秀的市场化媒体而言,如果做到审时度势,预判一项政策制定中和出台后产生的新闻机会,提前布局新闻选题,就能掌握报道主导权。

以财新网为例。2017 年,中央启动了力度空前的环保督察和海洋督察,财新网提前对相关选题进行了布局,推出了一系列在环境保护和海洋保护领域的优秀报道,如《填海大跃进》①以图文并茂的形式披露了全国各地诸多令人震撼的违规填海的项目。

5.重生内容形式

多媒体、多载体、多形式传播是新媒体传播的特点之一。在高度参与公共事件深度报道之余,一些市场化媒体在新闻内容生产上也采取了"取巧"的做法,对网络或各家媒体已经报道的新闻内容在形式上进行再处理,以全新的形式重新进行传播,给予已报道内容以"重生"的机会。较为典型的是《新京报》推出的"动新闻"栏目,以制作动画视频的形式对新闻进行重现。例如,2017 年 12 月 1 日天津盛捷公寓 38 层发生火灾事故之后,《新京报》"动新闻"根据已有新闻报道于 12 月 6 日制作了一个 3D 视频,对火灾事故进行了还原。②

三、传统网媒:困境中陷入迷茫与焦灼

传统网络媒体是互联网发展之初的产物,主要的形式有新闻网站、论坛社区以及博客等。传统网媒在互联网发展初期扮演了重要的网络舆情传播媒介

---

① 周辰,高佳,武骁.填海大跃进[J].财新周刊,2017(42):56.

② 黄耕.3D 还原天津火灾:施工方放空水箱 隐患曾被发现未整改到位[EB/OL].(2017-12-04)[2018-12-12].http://www.bjnews.com.cn/video/2017/12/04/466993.html.

角色。随着新型互联网媒体的出现与普及，这些传统网络媒体的新闻传播和舆情汇聚功能在很大程度上被削弱，现阶段传统网媒正陷入发展的迷茫与焦灼状态。

1.新闻网站因缺少原创性而走向没落

在互联网出现之初，新闻网站是最主要的网络舆情传播媒介。其中，一些重要门户网站由于受众广，对舆情的汇聚具有举足轻重的作用。然而，新闻网站在内容上始终存在着一个缺陷，即缺乏原创性，其更多的是作为传统媒体的网络转载平台而存在。在新型网络媒体出现之后，随着网络新闻传播和阅读渠道的多元化，新闻网站受众的流失较为严重。除了少数几个中央媒体的新闻网站之外，大多数新闻网站不再是舆情汇聚的中心，而是充当着新闻话题的“二传手”角色。

2.论坛社区成为信息举报局部渠道

论坛社区是互联网发展早期重要的网络信息交流与讨论平台之一，并在一段时间内广受网民的欢迎，论坛社区的数量、关注领域、关注地域等都出现了大量增加，甚至出现了影响力较大的全国性的论坛社区，如天涯论坛、凯迪社区、猫扑社区等，成为公共话题的重要讨论平台以及公共舆情的重要汇聚平台。

随着新型网络媒体的出现，论坛社区的网络社交功能开始减弱，但依然发挥着信息发布、共享与传播的重要功能，在舆情方面其则表现为举报性信息的发布和传播平台。在新型媒体的不断冲击下，全国性论坛社区的舆情传播功能逐渐弱化，而地区性、专业领域的论坛社区仍在所在地区、所关注领域发挥着举报性信息的发布和传播的作用，日益演化为局部性网络举报信息的发布和传播平台。

3.博客评论成选择性舆情汇聚平台

博客在创立之初主要服务于个人观点和思想的传播，其舆情功能并不显著，特别是作为首发舆情信息的功能较弱。博客的舆情功能主要是辅助其他网络传播平台，在其他平台传播信息之后，博客用户通过内容转发或深度评论参与热点议题讨论。

在微博出现之前，博客用户较为活跃，特别是一些影响力较大的博客用户因其博客内容的原创性、思想性和深度性汇聚了大量的关注者,对公共议题的引导具有较大影响力。微博出现之后,博客使用量受到的冲击较大,博客的影响力日益下降,舆情功能也逐渐弱化,但仍为一部分网友所喜爱。

目前,其对舆情聚集的作用主要取决于博客用户对于某一个公共议题的原创性评论的深度。评论越有深度,其传播力越强,舆情聚集的功能也越强。

四、新型网媒:在监管强化中分化发展

公共舆情的复杂性自互联网诞生伊始就得到了强化,在微博、微信、手机新闻客户端等新型网络媒体出现之后,这种复杂性得到进一步强化。在此过程中,政务部门在公共舆情中显得束手无措,政务舆情回应能力欠缺,舆情应对机制发展滞后。由于监管真空和能力不足而产生的公共舆情对公权力的公信力和形象的冲击在2013年上半年达到了峰值。在一个又一个重大舆情事件的冲击和教训中,政务部门不断积累经验,包括政务舆情回应和互联网空间监管工作的经验。2013年下半年开始,有关部门发起了以“净化网络空间”为目的的互联网治理行动,一直持续至今,并且不断强化。新型网络媒体则在监管强化中逐步呈现出分化式的发展。

1.微博成为情绪宣泄主渠道

作为一种社交媒体,微博在2009年上线之后,利用明星进驻的宣传策略,很快吸引了众多网友开通账号,用户量飞速上涨。到了2012年,微博的用户数突破3亿人次,并于2013年上半年达到了最高值。人气的聚集意味着影响力的壮大,微博对公共舆情的形成和传播的影响越来越大。

更重要的是,微博的传播模式为公共舆情的形成提供了便利。在微博平台中,任意一条微博信息对所有微博用户都是公开的。当一个公共议题足够敏感、足够引起公众兴趣时,无论两个微博账号之间是否相互关注,是否互粉,其中一个微博账号都可以通过转发和评论的形式参与讨论另一个微博账号所发起的议题。在没有监管干预的情况下,这种讨论和传播就犹如滚雪球般呈现出

裂变式的传播模式。而这种裂变式传播模式又不断吸引更多网友注册微博,进一步壮大微博的用户规模。因此,在上线伊始,微博很快就成为公共舆情的主要网络平台。

2013 年下半年开始,有关部门发起了网络治理,微博平台自然成为治理对象之一。来自中国互联网络信息中心的数据显示,经过网络治理后,微博用户数从 2012 年底的 3.08 亿,下降到 2013 年底的 2.80 亿,[①]2014 年则更是下降到 2.49 亿。[②] 许多人离开了微博,转移到其他新媒体平台。2016 年以后,微博开始逐步走出逆境,用户量出现稳定和上升的趋势。2017 年 12 月,微博用户规模为 3.16 亿,网民使用率为 40.9%;2018 年 6 月,微博用户规模数据进一步上升到 3.37 亿,网民使用率为 42.1%。[③] 虽然用户量突破了 2013 年的水平,但在监管强化的形势下,加之其他新媒体平台影响力的提升,微博对公共舆情的影响较之于 2013 年已经大为削弱。但微博依然是公共舆情传播的重要平台,只要一个公共议题足够敏感,足够刺激公众情绪,如 2018 年的“长春长生疫苗”事件,就依然能在微博中出现铺天盖地的场面。

相对于微博影响力跌宕起伏的变化,更值得关注的一个现象是在政务舆情形成和传播过程中,公众习惯在微博平台宣泄情绪。无论政务部门在舆情回应中表现得如何客观、中立、理性和专业,网民在微博上都会出现情绪化表达的现象。

以 2017 年 10 月发生在西藏那曲地区的“越野车追赶藏羚羊”一事为例。10 月 6 日,网络视频爆料有人驾驶越野车在西藏追逐藏羚羊,拉萨市公安局经过调查后于 10 月 8 日通过其政务微博“平安拉萨”进行了通报回应。在回应内容中,拉萨市公安局通报了事情发生的经过,并对事件的涉事主体和监管主体进行了依法处罚。应当说,这个回应内容还原了事件的基本事实,阐述了政府依法做出的处罚,较为客观和理性。然而,在回应内容下面的微博评论中,却几

① 中国互联网络信息中心.第 33 次中国互联网络发展状况统计报告[R/OL].(2014-01)[2018-12-26].http://www.cnnic.net.cn/hlwfzyj/hlwxzbg/hlwtjbg/201403/P020140305346585959798.pdf.

② 中国互联网络信息中心.第 35 次中国互联网络发展状况统计报告[R/OL].(2015-01)[2018-12-26].http://www.cnnic.net.cn/hlwfzyj/hlwxzbg/hlwtjbg/201502/P020150203548852631921.pdf.

③ 中国互联网络信息中心.第 42 次中国互联网络发展状况统计报告[R/OL].(2018-07)[2018-12-26].http://www.cnnic.net.cn/hlwfzyj/hlwxzbg/hlwtjbg/201808/P020180820630889299840.pdf.

乎未看到认可的内容,相反,评论多表现出了情绪化的不满、质疑和批评。以影响力在前几位的评论为例,分别为“犯罪成本太低。寒心”;“感觉这意思就是,只要有人交了一万五千块钱,他就可以去高原随意追赶藏羚羊了。这门票费对有些人讲真不贵”;“这后台不一般!每个人凑一万五,去那曲追逐藏羚羊,在拉萨体验大逃亡,当地特警武警配合演出,这一万五太值了”;“罚款仅仅是一套轮胎钱,不痛不痒”;“如果只是罚款,那接下来可能会有更多土豪藏羚羊摄影爱好者怀揣许多个 1 万 5 报名追逐拍照”。

【“越野车追赶藏羚羊”一事处理结果】①

10 月 8 日,经调查核实,西藏自治区林业厅对网民反映的“越野车追赶藏羚羊”一事,依法作出处理。

经查,10 月 4 日 17 时 20 分,涉事人员郝某某等 7 人,自驾游(车牌号:沪 B＊＊156、苏 D＊＊H17)途经那曲地区申扎县雄梅镇 8 村附近时,离开公路进入色林错国家级自然保护区藏羚羊栖息地,追赶藏羚羊群拍照,时长 1 分多钟。10 月 6 日、7 日,当地森林公安、保护区管理部门及野生动物管护员对事发地 300 余平方公里区域反复进行了大范围详细排查,未发现藏羚羊伤亡情况。

涉事的 7 名人员,未经批准离开公路擅自进入自然保护区,妨碍野生动物生息繁衍,破坏野生动物栖息地,违反了《中华人民共和国野生动物保护法》《中华人民共和国陆生野生动物保护实施条例》和《中华人民共和国自然保护区条例》。特做出如下处理:

1.依据《中华人民共和国野生动物保护法》和《中华人民共和国陆生野生动物保护实施条例》相关条款对 7 名涉事人员每人罚款 10,000 元。

---

① 扎巴旺青.“越野车追赶藏羚羊”一事处理结果[EB/OL].(2017-10-08)[2018-12-25].https://www.sohu.com/a/196827330_266317.

2.依据《中华人民共和国自然保护区条例》相关条款对7名涉事人员每人罚款5,000元。

3.责成涉事人员作出深刻检查。

4.对事发区域的色林错国家级自然保护区协议管护员取消当年评奖评优资格，停发3个月基本补助。

5.责成那曲地区申扎县对色林错国家级自然保护区管理不力的相关部门进行问责。

7名涉事人员表示坚决服从处罚，并主动递交了悔改书。

微博情绪化的表达不仅仅是存在于西藏“越野车追赶藏羚羊”事件中的个例，而且几乎出现于所有政务舆情回应之中。情绪化评论不仅通过文字形式，还可通过符号、表情符号、表情包等方式进行表达。网民在某个特定的评论区里参与信息交流互动时，在个体从众心理和群体压力驱使下，对事件的态度和认知就会受到网络评论区的群体意见的影响。[①] 由于微博情绪化表达现象的存在，政务部门在通过微博进行舆情回应时，要有一定的心理承受能力，同时降低公众对回应给予好评的预期。

2.微信加剧舆情无中心传播

在微博对公共舆情的影响力降低的同时，微信开始上线和普及。在平台开发的目的上，微信主要是作为新型网络联系与沟通的平台出现的，在上线之初对公共舆情的形成影响并不大。但随着微信的普及，特别是微信群、微信朋友圈功能的日益强大以及微信公众号的日趋壮大，其对公共舆情的形成与传播的作用越来越大。

微信的传播模式对公共舆情的形成影响巨大。与微博的完全开放式传播模式不同，微信是一种半封闭式的、限于熟悉群体的人际传播模式。半封闭，指的是要成为一个人的微信朋友需要对方验证通过，微信朋友圈的内容只有经允

---

① SRIDHAR S,SRINIVASAN R.Social influence effects in online product ratings[J].Journal of marketing,2012,76(5):70-88.

许的朋友才能看见,要进入一个微信群需要有人拉入;熟悉群体则是指一个人肯定知道其朋友的身份,即便是微信群的朋友也能略知其身份。在公共舆情的传播上,这种半封闭式的、熟悉群体的人际传播模式的主要影响是加剧新媒体传播的无中心化。

首先,难以准确找到舆情传播信息源。由于是点对点的人际传播,在传播之初,舆情信息很难被政务部门及时发现。只有当舆情信息从点对点传播转移到通过微信群传播,或者是通过朋友圈传播同时形成较大的转发势头之后,政务部门才有可能直接或间接地发现舆情信息,而此时舆情传播早已达到一定扩散范围。此外,即便发现了舆情信息,政务部门也很难准确找到舆情传播的信息源,除非是重大敏感舆情需要网警介入时,才有可能通过技术手段进行溯源。这就对政务部门及时响应舆情带来了很大的挑战。

其次,难以准确评估舆情信息的扩散性。无论是点对点的传播,还是通过微信群、微信朋友圈的群体传播,都属于封闭或半封闭式的人际传播。在此之前,舆情监测系统是无法有效发挥作用的。只有当舆情信息从封闭或半封闭的人际传播转移到公共网络空间的传播,如微信公众号、微博等的传播时,舆情监测系统才可能进行抓取。对于政务部门而言,在舆情信息进入公共网络空间进行传播之前,其很难对舆情信息的扩散性进行准确评估。

最后,难以准确判断舆情信息的影响力。由于难以对舆情信息的扩散性进行准确评估,政务部门就很难对舆情信息的影响力进行评价,难以判断该舆情的影响是局部性的、地区性的,还是全国性的。有些时候,对某一位公务人员的微信朋友圈造成刷屏现象的舆情信息可能只是局部性的舆情影响,因为每一个人都有自己的交际圈或朋友圈,可能是以地区为纽带的,也可能是以职业或行业为纽带的。而有些时候,在某一位公务人员看来并没有造成太大影响的舆情信息可能成了全国性的关注话题。这就给政务部门及公务人员在微信舆情信息影响力的判断上带来很大的难度。即便是舆情信息扩散到公共网络空间之后,如微信公众号、视频网站等,对舆情信息影响力的判断也难以准确进行。以微信公众号为例,政务部门可通过微信公众号文章的“阅读量”来评判其传播量,但难以区分产生这些阅读量的“读者”的来源。有些时候,可能是政务部门过于关心该文章的传播量而不断去点击造成其阅读量上升，使该舆情信息的影响力出现虚高现象。此外，对于微信公众号文章的舆情影响力更有价值的判断指标是网络评论。然而，很多时候，网络评论是可以被微信公众号管理者加以筛选的。这就屏蔽了政务部门所需要的准确的舆情信息影响力评判内容。

另外需要指出的是，作为新媒体的类别之一，微信在公共舆情传播过程中还出现了两个异化现象。异化之一是传播谣言。半封闭式的、熟悉群体的人际传播模式是非常有利于谣言传播的。一方面，熟悉群体提高了谣言信息的被接受程度，因为熟人之间更加互信。有研究认为，微信朋友圈是我们在心理投射机制下随意安放观念、情感、感觉、思想、意愿、意见等意识的一种非常便捷和主要的平台。① 这就降低了公众对信息真伪性辨别的理性程度。另一方面，半封闭式的传播则阻碍了谣言信息被及时发现和澄清，了解真实情况的人要么难以获悉谣言在传播，要么在澄清事实时难以将信息送达谣言的传播者。异化之二是微信公众号新闻标题日益惊悚化。由于微信公众号的开通数量越来越大，网络信息供给的规模也愈加庞大，受众越来越分散，很难忠实于某一个公众号进行主动点击和阅读。为了吸引公众的眼球、提高点击率，越来越多的公众号采取了新闻标题惊悚化的方式，即通过某种惊悚的语句来放大标题，这种放大化、惊悚化的标题往往与文章主要内容没有太大关系，公众很难从标题上直接获取文章的主旨。

3.新闻客户端成扩散加速器

随着智能手机的普及，我国网民使用手机上网的比例越来越高。截至2018年6月，我国网民使用手机上网的比例达到98.3%，较2017年末提升了0.8个百分点。与此同时，使用台式电脑、笔记本电脑上网的比例分别为48.9%和34.5%，较2017年末分别下降4.1和1.3个百分点。② 在这一趋势之下，新闻类的手机客户端越来越多，省一级以上的媒体基本上都开发了新闻客户端。

新闻客户端越多，意味着受众越分散，吸引公众下载和使用新闻客户端的

① 李燕丽.微信朋友圈的投射机制和注意力传播扩散模式[J].今传媒，2018(3)：63.

② 中国互联网络信息中心.第42次中国互联网络发展状况统计报告[R].(2018-07)[2018-12-26].http://www.cnnic.net.cn/hlwfzyj/hlwxzbg/hlwtjbg/201808/P020180820630889299840.pdf.

难度越高。为了提高公众下载和使用新闻客户端的数量,提高市场占有率,各个新闻客户端都竭尽所能。其中最常见的方式是抢先发布新闻。如果一个人的手机同时下载了多个新闻客户端,当一个公共事件发生时,几乎在同一时间,多个客户端都在推送该事件的新闻信息。例如,2018 年 12 月 25 日上午,四川青年刘大蔚走私武器一案在福建省漳州市中级人民法院再审宣判,刘大蔚犯走私武器罪被判有期徒刑 7 年零 3 个月。几乎同一时间,今日头条、北京时间、澎湃新闻、封面新闻等多个新闻客户端都对这一新闻进行了推送,该新闻的关注量自然也就提升了上来。

因为不同客户端所推送的新闻内容都是相同的,所以新闻客户端只有提高新闻推送的速度,才有可能提高公众点击量和阅读量,才能积累公众的忠诚度。当所有的新闻客户端都在抢速度进行推送时,一个事件的舆情就迅速扩散出去了。从这个意义上来说,新闻客户端越来越成为舆情扩散的加速器。

在抢速度的同时,新闻客户端还不断采用最新技术,研究突破困境的模式。以封面新闻的客户端为例,它把 AI+媒体相结合。这种选择无疑是为了摆脱当前被动跟跑的局面,希望真正能在未来的人工智能时代竞争中占有一席之地。封面新闻提出,要打造“智能+智慧+智库”的智媒体,通过“三智立方”的魔力,用 AI 重构新闻生产和信息传播。①

经过抢速度、使用新技术和分众化等策略使用,新闻客户端在现阶段的用户覆盖率也形成了一定的格局。比达咨询(BigData-Research)数据中心监测数据显示,在 2018 年第一季度手机新闻客户端的用户覆盖率方面,今日头条占比最高,为 53.2%;腾讯新闻和 UC 头条分别以 50.6%和 34.2%排名第二、三位(见图2-1)。

4.网络问答平台成新策源地

网络问答平台以前主要是“百度问答”“百度知道”等,近几年,出现了新的网络问答平台,如“知乎”“分答”。与传统网络问答平台不同,以知乎为代表的

① 张发扬.从都市报到智媒体——封面新闻客户端发展观察[J].传媒,2018,288(19):11-13.

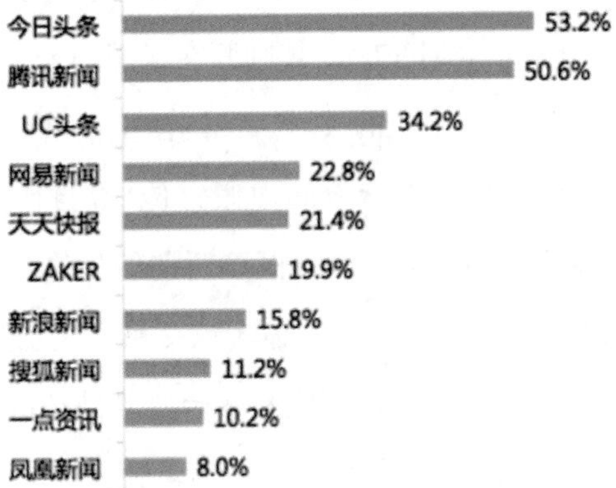

图 2-1　2018 年第一季度手机新闻客户端用户覆盖率①

新型网络问答平台的一个特点是其用户群体以中产阶层为主。由于他们受教育水平相对较高,其在回答一个问题的时候专业性也较高。日积月累,使用新型网络问答平台的用户会对平台产生更大的依赖。以知乎为例,截至 2018 年 6 月,知乎已提供 15,000 个知识服务产品,生产者达到 5,000 名,知乎付费用户人次达到 600 万。每天,有超过 100 万人次使用知乎大学。②

值得关注的是,近年来,新型网络问答平台越来越多地成为公共舆情的策源地,较为典型的案例是 2016 年的魏则西事件。魏则西 1994 年出生于陕西省咸阳市,籍贯河南省扶沟县,西安电子科技大学 2012 级学生,本身就是知乎的活跃用户。2014 年 4 月,魏则西被检查出患有晚期滑膜肉瘤,是一种恶性软组织肿瘤,5 年生存率为 20%—50%。四处求医的魏则西以及其父母通过百度搜索找到了头条的武警北京总队第二医院。医生称可用"斯坦福技术""保 20 年"。魏则西在此接受 4 次"生物免疫疗法"治疗,花费 20 余万元。在被视为"救命稻草"的疗法治疗下,病情却未见好转。2015 年 8 月,魏则西在知乎上发帖提问"二十一岁癌症晚期,自杀是否是更好的选择?"2016 年 2 月,以"你认为人性最大的'恶'是什么"的知乎提问为由头,魏则西将其在百度搜索医院的经

① 比达咨询.2018 年第 1 季度中国手机新闻客户端市场研究报告[R/OL].(2018-06-12)[2018-12-25].http://www.bigdata-research.cn/content/201806/695.html.

② 柯晓斌.知乎推出了"知乎大学",但离赚钱可能还有点远[EB/OL].(2018-06-07)[2018-12-25].https://www.jiemian.com/article/2207065.html.

历和在北京武警二院治疗的过程写在了知乎提问回帖中,其经历立刻在网上发酵。2016 年 4 月 12 日上午 8 时 17 分,魏则西在咸阳的家中去世。魏则西去世的当天,其父亲在知乎上证实了他的去世。魏则西生前曾在知乎上留言质疑百度竞价排名医学信息和医院夸大疗效的虚假宣传,以自己的亲身经历回答了“你认为人性最大的恶是什么”的问题。医院所谓的先进治疗技术也被网友发现是被国外临床淘汰的。该事件被发到各大社交平台上,迅速引起热议。① 此后,公立医院科室外包、莆田系医院、互联网平台监管缺位等诸多衍生问题不断被挖掘出来(见图2-2),魏则西事件就此扩散为重大公共舆情事件。

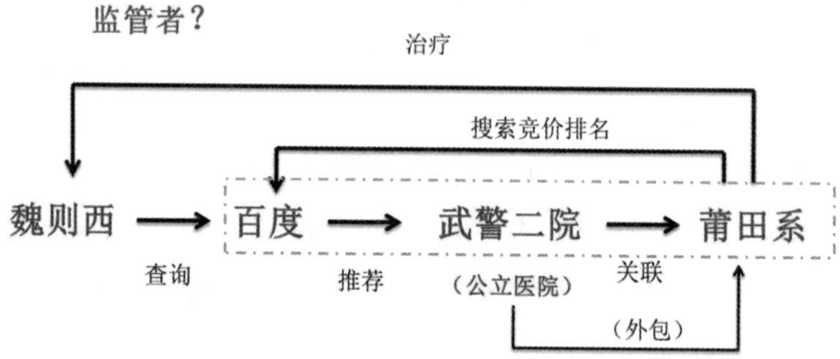

图 2-2 图解魏则西事件②

从舆情发端到舆情转移到其他网络平台,魏则西事件在知乎里的舆情酝酿至少持续了 4 个月。

作为公共舆情的新策源地,新型网络问答平台在酝酿和动员舆情上的常用方式也是问答式的,如“如何看待×××事件?”,由此引发用户关注并参与讨论,汇聚多元深入的意见表达。在舆情能量达到一定程度之后,相关讨论的内容转移到其他平台,形成扩散性讨论的局面。例如,2018 年 5 月 9 日郑州空姐搭乘滴滴顺风车遇害事件发生后,很快有网友在知乎里发布了“如何看待空姐搭乘滴滴顺风车被杀害一事? 此类事件应如何避免?”的问题。对该问题的关注者

① 编辑之家.魏则西事件[EB/OL].(2017-06-01)[2018-12-25].http://wemedia.ifeng.com/40288098/wemedia.shtml.

② 龚奕洁.百度被 360 架在火上:没了莆田系广告主得亏多少钱[EB/OL].(2016-05-04)[2018-12-25].http://finance.ifeng.com/a/20160504/14361914_0.shtml.

高达21,896人,对该问题及回答的浏览量达到2,952万次之多。①

从内容分析的角度出发,有研究发现知乎平台用户参与公共舆情事件呈现出个人留言碎片化、意见领袖发言引领式的特点,参与舆情讨论的主体呈现出二元式的发展趋势,在构建的舆情内容与议题中,角度多元且丰富,但问答的内容质量参差不齐。② 但无论如何,以知乎为代表的新型网络问答平台越来越成为公共舆情的重要策源地。

① 脖子疼的向阳花.如何看待空姐搭乘滴滴顺风车被杀害一事？此类事件应如何避免？[EB/OL].(2018-05-11)[2018-12-25].https://www.zhihu.com/question/276575922/answer/388505931.

② 杨佳佳.问答平台知乎对公共事件舆情的建构——以陶崇园坠楼事件为例[J].新闻论坛,2018(3):26-29.

第三章　动员方式:公众情绪如何被激发

在新媒体时代,政务舆情的形成、演化与发展都伴随着某种或某些舆情动员方式,可以说,“没有动员就没有网络舆情”①。“网络动员是社会动员的一种新形式,动员主体有别于传统社会动员的政府和执政党主体,主要是公民个人或民间组织在网络平台上编辑、传播信息,通过理性或情感沟通来带动平台上的人们参与进来,以实现公众利益诉求的表达或对社会价值理念的倡导。”②公众情绪在不同的舆情动员方式中被激发出来,通过关注、讨论、意见表达、行为表达等形式进行传递。

从现有的舆情事件案例来看,一般来说,公共舆情的动员方式大体可以分为三种类型:常见型、激进型和极端型(见图 3-1)。需要指出的是在一起公共事件中,舆情动员方式不是单一出现的,往往是多种方式同时使用。

一、常见型舆情动员方式

通常情况下,常见型舆情动员方式在行为上相对平和与理性,更多的是对事件及其相关信息进行客观性描述。通过对事件的叙述性传播,让更多公众了解事件本身。从近年的实践案例来看,常见型舆情动员方式主要有 10 种。

---

① 张磊.网络舆情管理关键要素研究:基于典型案例的深度分析[M].北京:国家行政学院出版社,2017:148.

② 王妍舒,张宗鑫.从雷洋事件看新媒体生态中的网络动员[J].青年记者,2016(26):19.

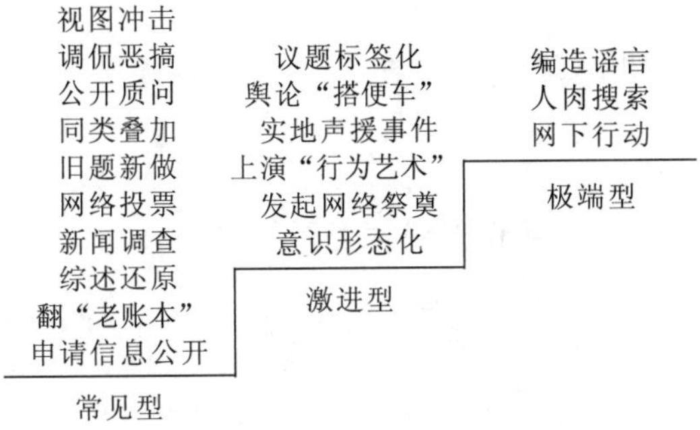

图 3-1　网络舆情动员类型与方式

1.视图冲击

视图冲击即通过传播公共事件现场的视频或图片等信息,在视觉上对公众形成冲击感,从而迅速吸引公众注意力,形成转发等传播效应。随着智能手机的普及和公共场所图像监控设备的日益密集,视图冲击的舆情动员方式变得愈加便捷,也成为大多数公共舆情事件的首要动员方式。

以 2018 年 8 月 27 日发生的江苏昆山“当街砍人反被砍杀”事件为例,事件发生后,随着自媒体对事件的报道,现场的监控视频很快就传播开来,给公众带来了极大的现场感和视觉冲击,公众迅即产生愤怒情绪,形成对事件的初步判断。由于现场视频存在着暴力画面,为缓和社会情绪,有关部门对现场视频的传播进行了干预,但由于对通过截图、动图等方式进行的二次传播难以干预,舆情仍然不断发酵,并随着其他动员方式的加入而产生更大效应,从而成为公共舆情事件。随后,媒体则进一步通过采集、编辑网络视频以及叠加实地调查采访视频,对事件现场的视频进行更大范围的传播。

2.调侃恶搞

调侃恶搞即对公共事件进行“吐槽”、影射或讽刺,以较为娱乐的方式传播事件,调动公众关注和讨论事件的积极性,常见的形式包括绘制漫画、改编诗词、杜撰故事、改编歌曲、改编视频、拍微电影等。①

再以江苏昆山“当街砍人反被砍杀”事件为例,当时有网友对事件当事人

① 张磊.网络舆情事件的动员方式[N].学习时报,2013-06-10(4).

“昆山龙哥”进行了很多形式的调侃恶搞，如绘制漫画、录制视频等，甚至有网友以编写“史记列传”的形式进行了调侃。

明话史记：“龙哥”列传①

龙哥者，姓刘名海龙也。西元1982年诞于陇西。其母娩时，偶遇道人过其家门，曰“此子日后必龙归昆山”！其父异其说，遂以海龙冠之，意欲海龙克山。

海龙幼年，好与伴斗。其父屡教，无所悔改。整天以游玩为乐，不务学业，闾巷恶之。弱冠，闻听帝都繁华，遂只身前往，然无长技，难以为生。乃以《水浒传》英豪鼓上蚤时迁为楷模，飞檐走壁，游走梁上。时值千禧之年，帝都申办奥运，捕快巡街甚密，海龙盗技不精，身陷囹圄，下狱四年之久。

出狱，无技糊口于帝都。夜深思老道之语“此子日后必龙归昆山”，曰“昆山或吾扬名立万之地”，遂南下水乡昆山。以《水浒传》英豪鲁提辖智深为楷模，游走街头，挥拳弄棒。某日，与人斗殴，以力小胜。捕快闻之，拘留五日。海龙不以为耻，反以为荣。声名鹊起，昆山小民莫不惧之。然闾巷恶徒闻名大喜，趋之若鹜，以天安社为名类聚结社，唯海龙是瞻，咸呼其名为“龙哥”。

西元2013年，龙哥与人争斗，以刃伤人，被拘。伤者惧龙威名，谅而和解。龙哥变本加厉，横行昆山歌厅酒肆。某日，与人斗于歌厅，以烟缸伤人鼻梁。龙哥因伤人罪再度下狱。

狱毕，龙哥不思悔改，仍游手好闲于闾巷，整天饮酒作乐，胡吃海喝。以《水浒传》九纹龙史进为楷模，纹各色花纹于身。摩拳擦掌，磨刀霍霍，常拍俯卧撑和踢沙袋视频炫于抖音。

某年，龙哥突发奇想：“吾常以恶名闻于市，何不行善事一二？”遂举报他人吸毒，捕快获悉查实，嘉奖其见义勇为之行。

① 桂全宝.明话史记：“龙哥”列传[EB/OL].(2018-08-31)[2018-12-26].https://wemedia.ifeng.com/76059977/wemedia.shtml.

西元2018年夏末,暑气未消,天仍溽热。时值龙哥本命之年,乃聚众豪饮庆生,微醺而散。众人驾车赴肆寻乐。途中从人行道超车,与一白衣男子剐蹭。龙哥怒发冲冠,下车与白衣男子争执,男子与其理论,龙哥怒甚。返车掣长柄白刃向男子乱刺,男子左右躲闪,龙哥连刺不中,怎料刀法不精,白刃脱手,乃重觅白刃再刺。白衣男子急趋拾刃,反刺龙哥,龙哥躲闪不及,连中数刀,仆地呈佝偻之态。龙哥随行罗罗始料不及,慌神乱意。路人拨打督府热线报案。

捕快赶及,龙哥因失血过多,殒命街头。衙狱公布天眼录像于众,来龙去脉大白于天下,一时舆论风起云涌。天下人皆欢欣鼓舞,无不以恶人暴毙称快。然白衣男子因伤人致死被捕快拘役,九州讼师纷纷声援男子,引朝廷《律法》云"人若遇暴力重险,可以防卫,造成不法人伤亡,不属防卫过当,可予免责"。此案仍在办理,白衣男子该当何罚,天下人携凳以待,翘首而盼。

太史公曰:昔日周处横行乡间,人以为患。周处闻过自新,传为千古美谈。今日龙哥犹昆山周处也,然其数陷囹圄,屡教不改。酒驾与人剐蹭,何其小事尔?争执不下反以刃刺人,刀刀致人于死。孰料强中自有强中手,刺人不中反被人刺,殒命街头。其毙多行不义,其死轻于鸿毛。天下人当以为鉴,退一步海阔天空,得饶人处且饶人,切莫逞一时之快或殒命或悔恨欤!

3.公开质问

公开质问是指公众通过撰写公开信或媒体通过自身平台向公共舆情涉事主体公开提问的方式,质问涉事主体在舆情重要焦点上的做法。尽管是以提问的方式,但实际上所提问题的背后已经隐藏着质问者的答案和价值取向。由于公开质问之前都对公共事件的社会情绪有一定调查,并且在公开质问过程中还充斥着一定情绪,因而这种动员方式很容易引起公众的情绪共鸣。

例如,在鸿茅药酒跨省抓捕广东医生事件成为公共舆情之后,新华社于

2018 年 4 月 18 日发表《穿越大半个中国来抓你？三问鸿茅药酒事件》[①]一文，公开对相关涉事主体进行“三问”：“一问：凉城县警方有权跨省抓捕广东医生吗？”“二问：十年来违法广告为何屡禁不止？”“三问：医生吐槽鸿茅药酒值得动用警方吗？”

4.同类叠加

同类叠加是指将当前公共事件与其他地区所发生的类似事件进行对比，以形成同类事件的叠加效应。例如，2018 年 6 月 28 日上海市徐汇区的世外小学浦北路校区门口发生砍杀学生事件之后，有网友在讨论此事件时，将其与 2018 年 4 月 27 日陕西省米脂县发生的砍杀学生事件、2010 年福建省南平市延平区实验小学门口砍杀学生事件等同类事件进行了对比与叠加。[②]

同类叠加的舆情动员方式可以归纳同类事件，提醒公众该类事件的严重性，以呼吁公众和政府关注此类事件及其治理情况，此方式在个人极端事件、食品安全、药品安全等事件中时常被使用。

5.旧题新做

旧题新做是将此前发生过并经媒体报道或舆论热议过的事件抑或“旧闻”加入一些新的话题因素进行再一次舆情动员，形成二次乃至多次“发酵”的效应。

以黑龙江省五大连池市发生的汤兰兰案为例。早在 2008 年，该案就已成为一个舆情事件，且持续较长时间。2010 年 10 月，黑龙江省黑河市人民法院分别以强奸罪、嫖宿幼女罪、强迫卖淫罪对 11 名被告人进行判决。被告人汤继海被判处无期徒刑，其余 10 名被告人被判处有期徒刑 5—15 年不等。一审判决后，11 名被告人以公安机关对其进行刑讯逼供为由提出上诉。2012 年 10 月 26 日，黑龙江省高级人民法院驳回 11 名被告人的上诉请求，裁定维持原审判决。[③]

---

① 毛一竹，刘懿德，曹祎铭，等.穿越大半个中国来抓你？三问鸿茅药酒事件[EB/OL].(2018-04-18)[2018-12-26].http://www.xinhuanet.com/yuqing/2018-04/18/c_129853139.htm.

② 豆包情报局.上海小学生校门前被砍身亡，儿童安全问题再次染上血色！[EB/OL].(2018-06-29)[2018-12-26].https://www.sohu.com/a/238474994_100117152.

③ 央视深入调查“汤兰兰案”真相[EB/OL].(2018-04-26)[2018-12-26].http://news.ifeng.com/a/20180426/57896685_0.shtml?_cpb_shehui&_zbs_baidu_dk.

2017年6月29日，汤兰兰的母亲万某玲被释放后，与陈某付、于某军等以不同的方式连续到非指定场所上访，并且借助媒体向当地政法部门施压，谋求翻案。然而，舆论对此的关注度并不高。直至2018年1月30日，澎湃新闻发表《寻找汤兰兰：少女称遭亲友性侵，11人入狱多年其人"失联"》一文之后，舆论才被二次动员起来，一个十年前的事件被再次关注，成为重大公共舆情事件。

6.网络投票

网络投票指的是在网上就某一个公共事件所出现的相关话题发起投票，吸引公众讨论的同时汇聚公众意见，并将网络投票的结果作为公众意见传播，从而实现对该公共事件的再次传播。

网络投票的设置取决于发起者对于该公共事件的话题的关注角度，但每个网络投票的设置都在一定程度上存在着观点的预设，即发起者从自身价值取向出发先入为主地设置投票问题。当然，这种先入为主并非都是非理性的。

以江苏昆山"当街砍人反被砍杀"事件为例，在该事件的调查期间，不少网友根据自己的关注角度对该事件发起了网络投票。微博账号"头条新闻"发起网络投票"宝马男追砍电动车主遭反杀，杀人者是防卫过当吗？"有51万网民参与了投票。投票结果为：87.1%（452,548票）的人认为属于"正当防卫，情势危急，做出过激反应可以理解"；12%（62,366票）的人认为属于"防卫过当，反过来'追杀'超出防卫需求"；0.9%（4,545票）的人认为属于"恶意报复，涉嫌故意伤害致人死亡"。[①] 且不说投票结果所形成的意见及传播度，仅51万网民直接参与投票的这一过程就足以形成强大的舆情动员效果。

7.新闻调查

新闻调查指的是在公共事件发生之后，媒体通过线下实地采访调查了解和还原事件过程，并将调查过程及结论进行报道以对事件进行二次传播。例如，

① 头条新闻.宝马男追砍电动车主遭反杀，杀人者是防卫过当吗？[EB/OL].[2018-12-26].https://vote.weibo.com/poll/138854688.

2018年8月25日哈尔滨市松北区太阳岛北龙温泉酒店发生火灾事故致20死亡之后,很快有媒体前往事发地对该事故展开了新闻调查。8月26日,成都传媒集团旗下的“红星新闻”前往哈尔滨进行调查,发出报道《温泉酒店大火致20死 逃生老人:买保健品赠旅游,没想到被带到这里》①,对事故发生前后的很多细节进行了描述,如“蓝天之旅”旅行团“原本当日返程回京”“事发酒店曾两月内4次抽查不合格”“出游不事先告知具体行程”等。

新闻调查通过对线下获取的增量事件信息进行传播,满足了公众的信息需求,在很大程度上获得了公众的关注度,成为一种强势的常见舆情动员方式。

8.综述还原

与新闻调查不同,综述还原的舆情动员方式没有线下调查的环节,主要是综述截至目前的网络信息,描述不同时间节点的事件过程,对整个事件进行还原,以使读者对事件发生的来龙去脉进行全方位、细节性的把握。

以江苏昆山“当街砍人反被砍杀”事件为例,在形成网络发酵效应之后,不少关于该事件发生过程的综述性还原的网络文章在网上发表并传播(见表3-1)。

表3-1 江苏昆山砍人事件综述还原文章(部分)

发表日期	文章标题	文章作者	发表平台
2018-08-29	8张趣味漫画描述宝马车主“昆山龙哥”事件始末,官方已通报!	百度百家号:泰安事	https://baijiahao.baidu.com/s?id=1610106166649011276&wfr=spider&for=pc
2018-08-29	昆山街头砍人案监控还原现场实情及经过 梳理时间线爆出惊人内幕!		http://www.zzss.org/shehui/27899.html
2018-08-30	昆山砍人事情大致还原全过程 警方通报案件进展		https://www.fengdu100.com/news/201808/104732.html

① 张炎良.温泉酒店大火致20死 逃生老人:买保健品赠旅游,没想到被带到这里[EB/OL].(2018-08-26)[2018-12-26].https://weibo.com/ttarticle/p/show?id=2309404277374639306882.

续表

发表日期	文章标题	文章作者	发表平台
2018-08-31	8.27 昆山街头砍人案事件始末 昆山龙哥天安社 C 位成员刘海龙资料遭扒！宝马男遭反杀白衣男最新视频动图	佚名	http://news.chinaxiaokang.com/shehuipindao/shehui/20180831/491232.html?_=1535820632560#
2018-09-02	还原“昆山砍人案”案件细节！于海明同事:刘海龙一出来就开始打人	搜狐号:佛山电视台	http://www.sohu.com/a/251522359_355832
2018-09-06	昆山砍人事件始末	中央电视台《今日说法》	http://tv.cctv.com/2018/09/07/VIDEh3NkVIsquHRR07KMpwea180907.shtml?t=1536373581303

9.翻“老账本”

翻“老账本”即把公共舆情涉事主体以往发生过的事件再进行传播、报道或讨论,通过质疑涉事主体的知错不改、麻木不仁或积重难返来汇聚公众情绪,形成舆情叠加效应。例如,2018 年 8 月 24 日浙江温州女孩乘滴滴顺风车遇害事件发生后,网络迅即将此事与 2018 年 5 月 9 日河南郑州空姐搭乘滴滴顺风车遇害事件结合起来讨论,质疑尚在整改阶段的滴滴公司对存在的安全问题置之不理,漠视乘客生命安全。有媒体还以“细数‘滴滴七宗罪’”①的形式拷问滴滴公司面对乘客安全遭受威胁时的麻木不仁。随后,网络在质问滴滴顺风车安全问题之余梳理了滴滴网约车 3 年间发生的 15 起性侵事件,“老账本”被越翻越多,舆情的“雪球”也越滚越大。②

再如 2018 年 9 月 12 日晚湖南衡阳市衡东县洣江广场发生故意驾车伤人并砍人致死的恶性案件之后,有网友特别是衡阳市本地的网友在百度贴吧和新浪微博的讨论中又翻出 9 月 1 日在衡阳市耒阳市发生的8,000名公办学生被“分流”引发的冲突事件,质问衡阳市的社会治理状况。

10.申请信息公开

作为舆情动员方式的一种,申请信息公开是指公民在公共事件中依据《政

① 屡犯不改！细数滴滴“七宗罪”,何时能整改?[EB/OL].(2018-08-26)[2018-12-26].http://news.ifeng.com/a/20180826/59971483_0.shtml.

② 鱼儿会飞.滴滴 3 年 15 起性侵,滴滴“悲剧”何时休?[EB/OL].(2018-08-27)[2018-12-26].http://www.sohu.com/a/250297826_112938.

府信息公开条例》,向事件中的涉事公共机构申请公开相关信息的做法。在舆情动员中,申请信息公开的过程、申请是否得到有效回应以及信息公开申请的答复结果等都是政务舆情的重要焦点。

以 2018 年 7 月的长春长生生物问题疫苗事件为例,7 月 22 日,有律师向涉案的不合格“百白破”疫苗的主要销售地——山东省食品药品监督管理局、山东省疾病预防控制中心发函,申请公开四项相关信息:“第一,上述涉案劣药疫苗采购数量、总金额及采购负责人;第二,上述涉案劣药中销售到山东省疾病预防控制中心的252,600支的具体儿童接种县市区域、儿童数量以及目前剩余数量;第三,关于接种上述劣药疫苗的有关儿童不良监测记录,是否存在轻伤、重伤或死亡情况;第四,关于上述劣药接种儿童的补救方案和措施!”[①]此信息公开申请过程经媒体报道后,也成为该问题疫苗事件的一个重要关注点。

二、激进型舆情动员方式

与常见型舆情动员方式的事实性传播不同,激进型舆情动员方式在行为上并不仅仅停留于事实层面的传播,而是为了让事件有效进入公众视野,成为公共事件,采取一些超越事件事实本身的方式方法。从近年发生的案例来看,激进型的公共舆情动员方式主要有 6 种。

1.议题标签化

由于网络媒体充斥的信息是海量的,一个公共事件若以正常方式进行传播,很难成为公众共同关注的事件。为了使一个常见事件变得不常见,给这一事件贴上一些有别于“常见性”的标签性议题,让事件具有“独特性”,从而以“新颖”的姿态呈现给公众,这即为舆情动员的议题标签化。如果所贴的标签性议题还具有刺激公众情绪的作用,则事件会更容易被传播。

2018 年 9 月 2 日发生的中国游客在瑞典旅游期间与警察发生纠纷的事件之所以能在 9 月 15 日之后进入国内公众的视线,成为公共舆情事件,就是因为

---

① 陈宝成.25 万支问题“百白破”疫苗销往山东 北京律师申请信息公开[EB/OL].(2018-07-22)[2018-12-26].http://china.caixin.com/2018-07-22/101307268.html? cxw=IOS&Sfrom=SinaWeibo.

事件在传播过程中使用了议题标签化的舆情动员方式,其中,国内某媒体的一篇社评《气炸!中国老夫妇半夜被瑞典警察拖打扔坟场,我外交部严正交涉》[①]所发挥的动员作用较大。在这一社评中,至少使用了三个标签来动员舆情:一是瑞典警察强行将当事老人从座位上拉倒,拖出酒店,扔在地上,老人"当场发病,意识模糊并开始抽搐"。这一标签试图通过呈现警察粗暴对待国外弱势群体,引起公众的情绪共愤。二是瑞典警察打人。"据曾先生讲述,在此期间,警察还殴打他的母亲和意识模糊的父亲。"这一标签则进一步直接描述警察动手打老人,甚至打的是意识模糊的老人,在试图坐实警察打人的同时,进一步激发公众情绪。三是半夜扔到市区几十公里以外的坟场。"大概半小时后,警车急停在一个黑暗路口,多名武装警察把三人推下车就扬长而去。""曾先生用手机定位才发现,这里竟是斯德哥尔摩市区几十公里以外的一座坟场。"这一标签被作为文章的标题来进行放大,利用国人对坟场的敏感性来放大事件,形成强传播效应。

实际上,此事件原本是一起中国游客与瑞典旅社之间因文化差异、酒店预订规则差异等因素导致的误会和纠纷。纠纷过程中,旅社报警,瑞典警方介入之后按照当地一般做法进行处理,虽存在粗暴成分,但也并不能称之为违反执法规程。反观上述国内媒体的文章,在标签化动员过程中存在着不少夸张内容。在舆情演化过程中,有网民针对该文章的相关内容进行了反驳:首先,关于首要标签"半夜扔到市区几十公里以外的坟场",该网友称:"这就是一个公园,公园里有墓地,公园旁是教堂,有地铁。""根据当事人的定位翻谷歌街景,他们是被警察扔在了 Skogskyrkogarden 公园北围墙外的马路上,靠近车站的地方,并非公园内部,就是个公共场所。"其次,关于"患有心脑血管疾病的曾先生父亲当场发病,意识模糊并开始抽搐",该网友质问:"既然都这么严重了,为何不是送父亲去医院就诊,而是坐长途飞机回国。""老人家发病后不但不就医还能坐长途飞机,肯定不是什么会导致人倒地不起的急性病,更谈不上警察是在杀人了。"因此该网友认为,"媒体光靠几张照片就断章取义,用爱国主义来绑架网民

① 气炸!中国老夫妇半夜被瑞典警察拖打扔坟场,我外交部严正交涉[EB/OL].(2018-09-15)[2018-12-26].https://new.qq.com/omn/20180915/20180915A0KUSY.html.

的行为实在不值得提倡,只会让民众越来越狭隘和偏激”①。光明网的评论也认为,“这个最初的版本,隐去了冲突的前因后果和细节,建立起了一个中国游客在外国无故受辱、被歧视的信息模型,也引发了很多对瑞典警方的批评”②。

中国游客在瑞典旅游期间与警察发生纠纷事件的标签化舆情动员方式并不陌生,与2015年12月在三亚发生的所谓“厅官被城管欺负得没有了尊严事件”的舆情动员方式如出一辙。在后一事件中,当事人使用了“厅官被欺负”“只剩下裤衩”“丑陋的城管”“本地人欺负外地人”四个标签。③

标签界定的事件或行为,最初可能只是某个个体或某一个行为。但一旦被标签定义后,就可能被更多人接受并用来指称某一群体或某种品质,然后被泛化。标签和泛化的群体或个人全面评价之间的关系凝固僵化,成为该群体或个体的特质,污名化的过程也就完成了。④

2.舆论“搭便车”

舆论“搭便车”,也被称为“新闻搭车”,指的是借助正在发生的公共舆情事件,推出一些与该事件相关或相近的新的新闻或舆论素材,在进一步助燃正在发生的本已高热的舆情事件的同时,形成新的舆情焦点或衍生新的舆情事件。

近年来,舆论“搭便车”作为一种舆情动员方式被日益频繁地使用,最为典型的莫过于2015年5月2日发生的黑龙江省庆安县火车站枪击案。该事件发生后,出现了一系列的舆论“搭便车”行为,如“副县长户籍、年龄、学历造假,妻子吃空饷”“检察官公车超标”“官员买卖教师编制”“国土局修路抢占民田”“铁路公安处负责人违规旅游”等,“被举报对象除当地部分主要政府官员外,还有公安、人社、教育、纪检等部门,相关事件已超十起”。⑤ 庆安枪击案所衍生的舆论“搭便车”现象出现之后,网络上和学术界出现了不少关于该现象的讨论文章。

---

① 芮欢欢.瑞典警察将中国老夫妇半夜扔坟场?真相是这样[EB/OL].(2018-09-16)[2018-10-08]. https://weibo.com/ttarticle/p/show? id=2309614313795576097560.

② 光明网评论员.道歉、真相和规则意识,一个都不能少[EB/OL].(2018-09-16)[2018-12-26]. http://guancha.gmw.cn/2018-09/16/content_31202366.htm.

③ 张磊.网络舆情管理关键要素研究:基于典型案例的深度分析[M].北京:国家行政学院出版社,2017:152-170.

④ 卿志军.标签化:负面新闻对事件形象污名化的策略[J].当代传播(汉文版),2014(5):101.

⑤ 吴杭民.庆安枪案屡现“搭车举报”,谁的无奈?[N].扬子晚报,2015-05-15.

舆论“搭便车”作为一种舆情动员方式，一旦出现，很容易滋生出很多次生舆情。但舆论之所以能被“搭便车”，很大程度上在于公众诉求表达渠道的不通畅，他们的情绪缺少一个释放的渠道，一旦他们发现某个舆情热点可以成为一个释放的通道，便将所有诉求都转移到这个通道，通过这个已经成为热点的载体传递出去。①

从现实案例表现来看，舆论“搭便车”存在着两种形式：一是针对涉事方的搭便车，如庆安枪击案中网络针对庆安县相关公共机构的搭便车行为。此种搭便车形式的出现，主要跟涉事方的社会治理和舆论环境有关系。二是针对同一类型事件的搭便车，例如，2017 年 8 月 9 日发生的中国南方航空公司西安分公司的“为政府执行要务护航”事件引发舆论对该公司过度宣传的质疑之后，有网友借助舆论质疑贵州黔东南州检察院公众号一篇文章“过度宣传”，因为该文讲述了两个“感人”的故事：其一，杭州市检察院公诉人吴某为了加班办案，将年仅 4 岁的孩子放在家中，导致其爬上窗台坠楼身亡，而他只是简单为儿子处理完后事，拒绝了院党组让其休假的决定，回到工作岗位中。其二，公诉人王某为在办好案件的同时总结办案经验，再次放弃拟定的怀孕计划，几个月吃住在单位，而江对面就是她的家。②

2018 年出现了两起非常典型的“搭便车”案例。一起是针对某一涉事方的舆论“搭便车”，2018 年 1 月 1 日，中诚信集团创始人、中国人民大学经济研究所所长毛振华控诉自己及旗下的亚布力阳光度假村在当地被欺负、被愚弄的经历的视频在网络传播之后，舆论开始热议黑龙江省的营商环境问题。③ 很快，有网友将 2017 年 12 月 29 日发布的一篇微信文章《雪乡的雪再白也掩盖不掉纯黑的人心！别再去雪乡了！》④进行二次传播，爆光黑龙江雪乡存在价格欺诈行为。两个事件的叠加给黑龙江省的营商环境、旅游环境带来了巨大的舆论压力。不幸的是，此后又有网友爆料黑龙江导游强制游客购买游乐项目套票，殴打女游

---

① 李劭强.“舆情搭车”警示畅通民意诉求[N].新华每日电讯，2015-05-15.

② 王翀鹏程.“公诉人加班致儿子坠楼身亡”文章作者承认内容失实[N/OL].新京报，2017-08-10[2018-12-26].http://www.bjnews.com.cn/news/2017/08/10/453830.html.

③ 米娜.毛振华控诉亚布力管委会：22 年花 20 亿 被欺负、被愚弄[J].中国企业家，2018-01-02.

④ 雪乡的雪再白也掩盖不掉纯黑的人心！别再去雪乡了！[EB/OL].(2017-12-29)[2018-10-20].https://mp.weixin.qq.com/s/4mOFOBNuOjeDx20ZiRVITw.

客的事件，①使黑龙江的营商环境、旅游管理舆情雪上加霜。

2018 年针对同一类型事件的舆论“搭便车”的典型案例则是 7 月份出现的“米兔运动”。“米兔”是英文“Me，too.”的音译。2018 年 7 月 25 日，一位女性在网上发文直指某知名媒体人对其有性侵行为，该文很快得到快速传播，成为公共舆情事件。此后，有其他女性也站出来称遭到过该媒体人的性侵。此举引发了一系列女性对于曾经受到过性侵或性骚扰行为的揭发，“米兔运动”成为一段时间内的公共舆论话题。

3.实地声援事件

作为一种舆情动员方式，实地声援事件指的是网民前往公共事件发生地点，对事件进行声援，并将实地声援的过程发布于网络，寻求网民的支持和声援，通过线下参与来共同推动线上的网络关注。

国内实地声援这种舆情动员方式大约发端于 2009 年的“邓玉娇事件”，当时有多个网友前往事件发生地湖北巴东县对邓玉娇进行声援。随着新媒体的出现与普及，实地声援被更多地用于舆情动员，2013 年这种方式的应用频次达到了高峰，但仅限于有关社会公平、司法公正、征地拆迁等议题的公共事件。随着我国社会治理的加强，涉及社会公平、征地拆迁等相关事件减少，2015 年以后，实地声援的舆情动员方式在公共舆情中逐渐减少，但仍然在一些公共事件中时有所见。

4.上演“行为艺术”

在舆情动员中，上演“行为艺术”的方式表现为网民通过“表演”公共事件中的某一个情节，以表达对公共事件的看法和态度，但这种看法和态度大多是讽刺性的。之后，网民将上演“行为艺术”的过程传播于网络，引发更多网友关注，从而扩大事件的传播面和对事件的公共讨论。

2017 年 3 月 25 日山东聊城“辱母杀人案”经媒体报道后引发全网络关注，当天晚上 21 时山东济南公安的官方微博“济南公安”发布一条内容：“情感归情

---

① 【雪乡导游打人事件】被打女游客接受采访 打人导游曝“行规”[EB/OL].(2018-01-19)[2018-10-20].http://m.news.cctv.com/2018/01/19/ARTIKE5IN1n8jz5IwHuUE4Gm180119.shtml.

感，法律归法律，这是正道！”虽然此条微博中并未提及聊城“刺死辱母者案”，但依旧引起了巨大争议和网民的不满。不少网友认为，这是济南公安官微对网友讨论“辱母案”一事的回应。有网友在该微博下留言指责警方在“刺死辱母案”中不作为，质疑当地公安人员涉嫌渎职等。该微博评论一度超过9万条。突如其来的一条微博进一步点燃了舆论。未曾想到的是26日上午，“济南公安”再度发布的一条微博则沦为了舆论的箭靶。26日上午9时20分，“济南公安”发布了一张毛驴撞大巴的图片，并附上文字：“世事多奇葩，毛驴怼大巴。毛驴：不服来战！大巴：容你战我千百回，受伤的驴总是你啊！”这条不知所云的微博引发网友诸多联想，不少网友开始“对号入座”，认为这是在对网民的评论进行奚落和嘲讽，无疑让本就恶化的关系彻底崩溃，导致更多的追问和“怒怼”涌来。也有网友发起举报，称被“济南公安”人身攻击，认为这哪里是怼网友，根本就是赤裸裸的挑衅！甚至有网友玩起了“毛驴梗”。“济南公安”接续几条微博下的评论区持续“一片火海”。[①] 济南公安的此举还引发了网友的“行为艺术”，不少网友纷纷到街头“怼”大巴，并拍下图片上传到网上，以表达对济南公安的不满。

5.发起网络祭奠

作为舆情动员方式的一种，发起网络祭奠主要表现为网友在网络上发起对某一个公共事件的祭奠活动，网友可通过在网络上点蜡烛、送花圈等形式参与，一般选择的祭奠日期是该公共事件的某一个可以纪念的时间节点，如“头七”、周年等，这些时间节点往往推动公共事件舆情进入新一轮热度。例如，2018年6月28日上海徐汇区小学门口发生砍杀小学生事件后的第七天，亦即“头七”，有媒体发起了网络祭奠活动，[②]网络参与氛围十分热烈，不少当地民众也前往事发地点进行祭奠，该事件的舆情再次升温。

这种舆情动员方式在重特大突发事件的纪念日时往往容易出现，也是官方媒体喜欢用的方式，但官方媒体在使用这一方式时，其舆情动员目的较弱，引发的祭奠活动也相对中性。例如2018年5月12日媒体普遍发起并参与的汶川地

① 山东济南公安官微疑发文不慎怼网友遭痛批[J].政法网络舆情，2017(13).

② “6·28”上海持刀杀人案遇难者“头七”：偶发恶性事件后，我们该怎么做？[EB/OL].(2018-07-04)[2018-10-20].http://m.news.cctv.com/2018/07/04/ARTI68l8zIJorWv1K0eyfP4Z180704.shtml.

震十周年网络祭奠活动,虽然参与网民较多,但基本都是表达哀思的中性活动。

由于网络祭奠容易引发哀思,引起公众情绪共鸣,因此这种舆情动员方式如果把握不好,很容易引发次生事件。例如,在2012年天津蓟县“6·30”蓟县大火的“头七”,在网上发起祭奠的同时,有部分网友走上了街头,上百人聚集于蓟县鼓楼地区进行线下祭奠,导致此活动几乎转化为群体性聚集事件,好在当地有关部门处置得比较及时、有效,没让事态失控。

6.意识形态化

意识形态化,即把本来没有政治敏感性或政治敏感性低的事件通过某种推导将其与政治议题挂钩,作为事件的次生舆情信息以期提高事件的敏感性和关注度。

作为一种舆情动员方式,意识形态化在网络上主要以暗喻式地情绪宣泄表现,大多数的呈现形式为“暗度”式简短评论,但这种不言而喻的评论很容易得到网友的“会心”接受和传播,形成较大的舆情动员效应。

在一些相对激进的案例中,我们还可以看到一些长篇大论式的意识形态化舆情动员。例如,在2017年8月9日发生的中国南方航空公司西安分公司的“为政府执行要务护航”的过度宣传事件中,就有网友发了一篇《南航:为了六十六个阶级弟兄》①的文章,在标题和写作方式上模仿20世纪60年代著名的通讯报道《为了六十一个阶级兄弟》。《为了六十一个阶级兄弟》的通讯报道曾经被载入语文课本,影响过几代人。因而,当《南航:为了六十六个阶级弟兄》一文发出时,不少曾经读过《为了六十一个阶级兄弟》的人都自然地被带入故事情节里,在“会心”一笑的同时也随手转发该文,引发更多读者阅读、传播和讨论。《南航:为了六十六个阶级弟兄》一文正是通过将南航西安分公司的“为政府执行要务护航”的过度宣传事件意识形态化,将其上升到阶级情怀的高度进行传播和舆情动员。

---

① 六神磊磊.南航:为了六十六个阶级弟兄[EB/OL].(2017-08-10)[2018-10-20].http://wemedia.ifeng.com/25610694/wemedia.shtml.

三、极端型舆情动员方式

较之于激进型舆情动员方式,极端型舆情动员方式在行为上更加激烈,有时候甚至会超出法律的界限。目前,极端型舆情动员方式主要有3种。

1.编造谣言

罗伯特·纳普(Robert H.Knapp)把谣言定义为“没有经过官方证实的非正式的假设”[①],卡普费雷(Jean-Noël Kapferer)进一步将其补充为“在社会中出现并流传的未经官方公开证实或者已经被官方辟谣的信息”[②]。由于在网络上权威存在真空,现阶段网络谣言非常多,几乎每天都可以见到。

尤其是微信普及后,其传播模式使得谣言的传播更为迅速、便捷。“微信传播具有相对封闭的特点,且人际传播特点更为突出,意见领袖对信息的引导能力并不明显,这将导致微信谣言难以被及时监测和预警,谣言沉淀的时间长,甚至出现‘死灰复燃’的现象。”[③]

编造和传播网络谣言,大多数是为了提高相关事件或内容的传播量,形成强大的关注,从而产生舆情效应。也有少部分谣言的编造和传播是出于商业目的,旨在提高内容的传播量和阅读量,从而提高流量以营利。例如,2018年6月28日上海市徐汇区的世外小学浦北路校区门口发生砍杀学生事件之后,网上相继出现了“嫌疑人因子女被学校劝退,75万赞助费未归还引发报复”“嫌疑人是学校教职员工”“死亡人数不止2人”等不实信息。经警方调查,这些不实信息的编造过程中就有营利目的。其中,26岁的犯罪嫌疑人吴某某,从事房产中介工作,长期通过其个人微信公众号发布业务信息。据其交代,为扩大其微信公众号的阅读量和影响力、提升工作业绩,他在微信公众号上拼凑发布了“嫌疑人子女被劝退,赞助费未归还实施报复”等不实信息。[④] 再如,2018年9月7日发

① KNAPP R H.A psychology of rumor[J].The public opinion quarterly,1994,8(1):22-37.

② 卡普费雷.谣言:世界最古老的传媒[M].郑若麟,边芹,译.上海:上海人民出版社,1991:18.

③ 郭小安,薛鹏宇.微信朋友圈会让我们更相信谣言吗?——试论微信谣言的三个传播特征[J].电子政务,2015(2):36-37.

④ 八人编造、散布上海持刀杀人案谣言被依法查处[EB/OL].(2018-06-30)[2018-10-20].http://www.chinanews.com/sh/2018/06-30/8552181.shtml.

生的新华网被冒发网评“扶贫英雄”事件，则为一些软文网站出于营利目的所编造并传播的《新华网评：“扶贫英雄”史润龙扶贫金句引发的社会思考》一文引发的。①

作为舆情动员方式的编造谣言，主要指的是为了吸引公众关注某一个事件，使该事件进入公众视野，成为公共话题或公共事件，因而刻意夸大事件事实，特别是夸大负面内容的事实，以刺痛公众神经，达到动员效果。谣言的编造者可能是事件的当事人或利益相关者，也可能是与事件完全无关的人。谣言产生后，一方面，传谣和信谣的网民不断发布和转发谣言信息，吸引大量网民围观、参与讨论，催生大量与事件相关的信息；另一方面，政府部门必然发布辟谣信息或谣言处置信息来阻止谣言扩散，而官方的信息同样会被网民转载、转发。两方面信息的融合，必然推动舆情的更大传播。②

在很大程度上，谣言的出现和快速传播与公共事件发生之初相关信息的供给与需求不匹配有关。当公众对事件有强烈的知晓需求时，一旦权威信息供给不上，谣言就有了可乘之机。例如，2015 年 8 月 12 日天津港危险品爆炸事故发生之初，事件处置主体自身对事故信息的需求都难以满足，更谈不上对公众信息需求的供给，致使谣言在一开始大量出现。国家网信办在短短两天之内就查处了 360 多个传播“8·12”天津港危险品爆炸事故谣言信息的微博、微信账号。③ 而在 2017 年 11 月发生的北京红黄蓝幼儿园针扎事件被曝于网络之初，也存在着不少谣言，在信息供给不上的情况下，甚至连军队“‘老虎团’人员集体猥亵幼儿”④这样不堪一击的谣言都能得到有效传播。

2.人肉搜索

在互联网媒体逐渐走向成熟与多元化的过程中，人肉搜索作为一种舆情动

① 钟煜豪.曾发布“史润龙”假文章的网站提供说明：原文来自“软文库”[EB/OL].(2018-09-11)[2018-10-20].https://www.thepaper.cn/newsDetail_forward_2429479.

② 兰月新，董希琳，苏国强，等.公共危机事件网络谣言对网络舆情的影响研究[J].图书情报工作，2014(9):79.

③ 国家互联网信息办公室.国家网信办依法查处 360 多个传播涉天津港火灾爆炸事故谣言网络账号[EB/OL].(2015-08-14)[2018-10-20].http://www.cac.gov.cn/2015-08/14/c_1116261244.htm.

④ 女子编造“老虎团”谣言被北京警方行政拘留[EB/OL].(2017-11-25)[2018-10-20].http://bj.people.com.cn/n2/2017/1125/c82840-30963034.html.

员方式也日益频繁地出现于公共事件中。人肉搜索是一种网民通过网上的信息搜索和网下的信息查找和供给,在极端时候还有黑客等行为参与,共同完成对同一个人或同一个事件的信息搜索的活动。由于人肉搜索中信息不断被挖掘、供给和加工,次生信息与次生舆情频频产生,因而人肉搜索的过程也是舆情动员和持续“发酵”的过程。

以 2018 年 8 月 21 日发生的山东男子高铁霸座事件为例。事件视频一上传至网络,立即形成大量传播态势,人肉搜索很快就跟进了。无需多久,该霸座男子的身份就被确认了,系韩国圆光大学的一名在读博士生。除此之外,该男子此前的相关不道德行为也在人肉搜索的过程中被曝光。还有不少人根据网上曝出的当事人个人信息,给其打电话、发短信,添加其微信号、支付宝账号,并在验证信息中对其进行辱骂,导致其被曝光的手机号一直处于占线状态,微信号也一度因“操作过于频繁”而无法正常添加。此外,还有人通过被曝光的手机号登录其支付宝账号,导致其账号因密码错误需 3 小时后再登录或找回密码。在该男子被人肉搜索的过程中,不少单位受到波及,躺着中枪,遭到网友的“声讨”。例如,有网友称该男子目前在中国社科院工作,中国社科院新闻处回应称,该男子曾在中国社科院法学研究所就读,但毕业后从未在该院工作过。同样躺着中枪的还有与当事人同名的人。有网友致电奥的斯电梯管理公司,要求其处理与该男子同名的员工高铁占座一事。8 月 22 日,奥的斯电梯管理公司通过微博回应称,人在家中坐,祸从天上来,经查,此人并非奥的斯公司员工。[①] 正是这种线上和线下的、对与事件有关或无关的人员和单位的搜索,以及推动事件信息越来越清晰的过程,滋生了次生舆情信息,不断将事件的舆情热度推向新的高度。

作为舆情动员方式的一种,人肉搜索之所以备受“青睐”,在网络上持续被使用,就在于其“能够在最短的时间内揭露事实真相、给出最有价值的信息,它的出现,极大地满足了人们个性化的信息需求,弥补了信息爆炸时代的信息匮乏。在网上你问我答,网友互助,变传统的网络信息搜索为人找人、人问人、人碰人、人挤人、人挨人的关系型网络社区的活动。它变枯燥乏味的查询过程为

① 杨凡,戴幼卿,吕晓罗.高铁“霸座”男乘客致歉 被网友“人肉”不敢出门[N].北京青年报,2018-08-24.

‘一人提问、八方回应，一石激起千层浪，一声呼唤惊醒万颗真心’的人性化搜索体验”①。

3.网下行动

作为极端型舆情动员方式的一种，网下行动指的是网民在网络信息的刺激下产生共生情绪，从网上走到网下，变成网下的行为，甚至演化为群体性事件。2012—2013 年，网下行动的舆情动员方式出现得较多，主要应用于涉环境事件，如反对 PX 项目建设、垃圾焚烧厂的邻避事件等，此外，在一些征地拆迁事件中也时有使用。随着政府在相关项目建设上的信息公开化程度的提高，科普宣教和群众沟通工作的加强，以及征地拆迁工作的规范化，近年来通过网下行动动员舆情的事件已经大为减少。

不同于一般的直接涉及自身利益的群体性事件，如 2018 年 5 月 2 日的安徽省六安市教师讨薪事件、2018 年 9 月 1 日的湖南省耒阳市学生分流问题引发的群体性事件，公共舆情中的网下行动事件往往并不直接涉及行动者的自身利益，而是由共生情绪所致。

网下行动的行为之所以能出现，大多数情况下都和公共部门与公众的沟通不够充分有关系。在沟通不充分的背景下，公众更愿意诉诸网络获取信息，一旦网络提供的信息正好满足公众需求，且具有一定的刺激性，公众就容易产生共生情绪，他们就可能走到网下，以实际行动表达对公共部门的不满。网络情绪的共鸣效应，使情绪具有激发和引导舆论的能力，形成所谓的“情绪型舆论”。通过情绪的传播与互动形成的网络群体认同与团结最有可能引致集体行动，它们多是指向政治、政府和国家的行动。②

2016 年 7 月 19 日，河北省邢台市遭遇特大暴雨，由于该市多年来未发生大的洪灾，各级干部抗大洪、抢大险、救大灾的应急能力不足，特别是灾情统计、核实、上报不及时、不准确。③ 截至 2016 年 8 月 14 日，此次暴雨导致 42 人死亡、5

① 陈力丹.理性认识“人肉搜索”问题[J].信息网络安全，2008(10)：23.

② 孙立明.对网络情绪及情绪极化问题的思考[J].中央社会主义学院学报，2016(1)：109.

③ 钱江，谢宾超，郭晓平.邢台市市长道歉 邢台启动洪灾责任追究程序[EB/OL].(2016-07-23)[2018-10-20].http://m.news.cctv.com/2016/07/23/ARTIX3tCqfeovYab4eQMzd22160723.shtml.

人失踪。[1] 在灾害应对过程中，当地群众和网络都普遍关注人员伤亡情况，然而，在洪水暴发后的第 16 个小时，邢台市经济开发区党工委书记在接受媒体采访时仍称“没有人员伤亡”。这样一句草率的回应惹了众怒。有村民怀疑人员伤亡的消息被掩盖，网传多张微信朋友圈截图显示，多位村民质问“为什么邢台不上报死亡人数”。7 月 21 日，网上出现了大量的当地人员伤亡情况的视频和图片后，当地群众的愤怒情绪被激发，网下行动开始出现。7 月 22 日上午 8 点左右，部分村民决定堵路，要求与政府对话，当时 107 国道与 326 省道邢台段交通陷入瘫痪。[2]

---

① 邢台市委对外宣传办公室.邢台市因灾死亡及失踪人数的最新情况[EB/OL].(2016-08-14)[2018-10-20].https://weibo.com/u/3899427856.

② 周丹，计巍，王小园.邢台，被洪水淹没的真相[N].北京青年报，2016-07-23.

第四章　行为禁区:有些错误是不能犯的

政务舆情回应属于政务工作的一个重要组成部分,是在公共舆论环境下所做的一项政务工作。回应过程具有高度聚光效应,因此任何一个不当、不妥、不足的动作都可能成为舆论质疑的对象。从政务宣传和政务舆情回应的实践案例来看,有些错误行为是会大概率引发强大舆论关注的。

总体而言,政务宣传和政务舆情回应中的常见错误可以归纳为观念滞后型、能力不足型和权力任性型三大类(见图 4-1)。

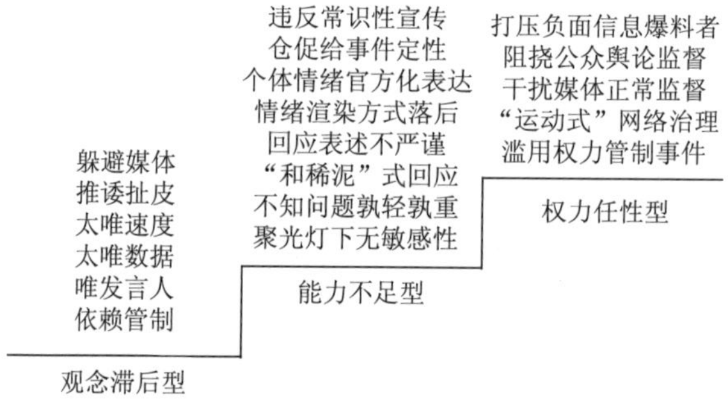

图 4-1　政务宣传和政务舆情回应中的常见错误类型

一、观念滞后型

观念滞后型的错误是由于相关责任主体的政务舆情素养和观念跟不上新媒体发展形势和公共舆情发展的节奏而犯下的。

1.躲避媒体

出于所谓的“理性”，作为负面事件责任主体，无论是个人，还是公共机构，都不希望负面事件被媒体曝光，被舆论关注。在负面事件被曝光之后，如有媒体要求采访，责任主体也从心理上天然产生抵触和拒绝的想法，都想躲避媒体，回避舆论。

对于公共事务而言，无论是正面的，还是负面的，只要不属于法律明确禁止的内容，公众都拥有知晓权。这就是为什么政府需要在推动政务公开的范畴内加强政务舆情的回应，也是为什么国家需要推动新闻发言人制度建设之所在。

然而，即便有制度的规定，极力躲避媒体的观念依然较为盛行，在行为上也时有发生，极端者甚至为了回避媒体采访而采取公然撒谎、掩耳盗铃的做法。2015 年 9 月，国家审计署发布的审计报告指出，在全国保障房建设审计过程中，有的省存在大量保障房闲置问题，其中贵阳市有30，855套已建成的保障房由于供电、排污、市政道路配套建设滞后等原因存在闲置、未及时投入使用等问题。11 月 20 日，中央电视台记者就此问题前往贵阳市住建局采访。到达局长办公室后，一位穿着白衬衣黑裤子的男子正在办公室内。但当记者表达来意后，这位男子却称“你们搞错了”，声称自己并非局长，“只是在这看（规划）图的”。但根据贵阳市住建局官网上的信息，这位自称不是局长的男子，正是局长刘朱本人。为了躲避媒体采访，住建局的局长竟然否认自己是局长。此事曝光后引发热议，该局长也在舆论的压力下受到了相应的问责。11 月 23 日，贵阳官方发布通报称，“市委决定，免去刘朱贵阳市住房和城乡建设局局长职务，按法定任免程序办理”[①]。自称不是住建局长的局长，不幸言中自己的政治命运，真的不再担任局长。

2.推诿扯皮

同样出于抵触、畏惧媒体监督和舆论监督的心理，在出现负面问题或负面事件时，一旦有机会，相关责任主体都希望把责任推卸给其他主体，特别是在一些管理权不清晰或有跨主体管理的事件上，相关主体往往都倾向于采取推诿扯

① 杨锋.贵阳住建局长被免 曾称“我不是局长”[N].新京报，2015-11-24.

皮的做法。

殊不知,推诿扯皮的本质是试图转移责任或推卸责任,其本身就是公共舆论的重要焦点,一经媒体报道,很容易就成为公众讨论的热点。在一些公共事件中,舆论对事件本身的关注度不大,但因为推诿扯皮所产生的次生舆情反倒成了重要的舆情焦点。在政务舆情回应的实践工作中,这样的现象并不少见。

2017 年 11 月初,上海携程托管亲子园教师打孩子的视频在网上流传,视频显示,教师除了殴打孩子,还强喂幼儿疑似芥末的食物。然而,11 月 8 日,当媒体采访该亲子园所在地的上海市长宁区教育局相关负责人时,得到的回应是:"它不是正规幼儿园,是社区幼儿托管点,妇联是第一责任人。"[①]这一看似高明的回应试图把舆论视线转移到妇联,然而却引来了公众的质疑,因为即便不是第一责任人,长宁区教育局也存在着监管责任,二者都代表了政府,而公众此时并不关心谁是第一责任人,而是导致事件发生的问题出现在哪,如何处置和今后应该怎样加以预防。如果说长宁区教育局相关负责人的这一回应是出于推诿的本能,那么更让公众不解和难以接受的是此后上海市妇联的回应。11 月 8 日晚,上海市妇联回应称:市妇联一直致力于切实维护妇女儿童合法权益,对于这起伤害儿童的恶劣事件,市妇联表示强烈谴责,并密切关注此事后续进展。同时,作为主管部门,上海市妇联表示将对《现代家庭》杂志社作严肃处理,并加强直属事业单位管理,防止此类事件再次发生。[②] 作为事件的监管责任主体,上海市妇联的这一回应没有从自身查找问题,而只是介绍了目前其所了解到的情况,并将责任直接推给了其下属单位《现代家庭》杂志社。有舆论认为上海市妇联这是在"甩锅",有舆论则认为上海市妇联的"强烈谴责"该指向自己。[③]

3.太唯速度

新媒体带来的舆情传播速度太快,要求相关责任主体要快速及时地作出反应。无论是文件政策,还是各种业务培训,或是各种宣传报道评论,公共机构及

① 携程将复查三月内监控 教委称"这不是正规幼儿园"[EB/OL].(2017-11-08)[2018-12-26].https://v.qq.com/x/page/h0502y8fhmg.html.

② 上海妇联回应"携程亲子园事件":强烈谴责,密切关注进展[N].新京报,2017-11-09.

③ 蚁坊软件.携程虐童事件 妇联的"强烈谴责"该指向自己[EB/OL].(2017-11-10)[2018-10-22].http://www.eefung.com/hot-comment/20171110170422.

其人员都被要求在回应舆情时要快，甚至还出现了所谓的舆情回应的“黄金时间”等说法，以至于有时为了强调速度，相关责任主体仓促回应，漏洞百出，因此产生的次生舆情比事件本身的舆情还要大。

2017 年 9 月 1 日，一则“上海民警为制服违停抱娃妇女致娃摔落”的 10 秒视频在网络上热传，随即引发了舆论的热议。舆论关注点集中在“民警暴力执法”和“对妇女抗法”的指责上。当日 13 时 20 分，中国警察网的官方微博发布一条辟谣消息称：“上海警察怒打抱小孩妇女”视频为 2015 年发生在广东省清远市清新区太和镇的旧闻。该消息最后还表示“蜀黍欢迎大家的监督，但质疑之前请记得先核实一下哦！”言外之意是指出网友在造谣传谣。中国警察网的话音刚落，14 时 07 分，上海市松江区警方的官方微博“警民直通车-松江”发布信息，承认网传事件的存在，并在简单描述事件过程之后作出处理决定：事发于 9 月 1 日上午 10 时 30 分许，松江公安分局交警支队民警带领辅警在九杜路涞坊路附近开展违法停车整治时，遭一名违停女性车主暴力阻挠，民警在控制该女子过程中未顾及其手中怀抱儿童的安全，致使女子与儿童倒地。目前，警方已将该女子与儿童送医检查。涉事民警已被停止执行职务并接受警务督察部门调查。这意味着，中国警察网公开“造谣传谣”，网络纷纷对其进行声讨。中国警察网官方微博很快删除了此前发布的辟谣信息，并于当天 17 时 38 分又发布微博称：“因信息核实错误，发布了一条错误的辟谣信息，给广大网友道歉。”①正是因为过于强调速度，希望尽快回应，中国警察网把自己变成了“造谣言者”。

实际上，强调速度本身并没有问题，在新媒体应用普及的时代也确实需要快速反应，但不能太过于强调速度。快速反应和回应的前提是要有基本的核实和研判的过程，要在信息和舆情研判的基础上决定何时回应以及如何回应。

4. 太唯数据

公共决策强调科学决策，其中之一的要求是要基于数据进行决策。在新媒体时代，特别是大数据技术被逐渐应用之后，政务舆情回应有了较高的数据决

---

① 天涯观察丨“上海警察制服抱小孩妇女”事件，你怎么看？[EB/OL].(2017-09-02)[2018-10-23]. http://www.sohu.com/a/169089524_660023.

策依据,不少决策者都希望在舆情回应之前有相关数据进行辅助。需要指出的是在政务舆情领域,现阶段还不能太唯数据。

首先,当前的网络信息抓取和监测技术还并不完善,所抓取的数据很多时候并不能准确地呈现事件的舆情热度,难以提供准确的数据决策支撑。如用不准确的数据进行决策,很可能会使决策偏离实际,致使在未能有效回应舆情的同时滋生次生舆情。

其次,微信的人际传播提高了研判的难度。微信广泛普及之后,大量舆情信息的初始传播和扩散通过微信实现。一方面,由于微信的人际传播特点,微信的点对点之间传播和微信群传播在短时间内很难被舆情管理者发现。即便被发现,在短时间内也很难判定事件已经产生的传播效应有多大。另一方面,微信的人际传播具有依托熟悉群体传播的特点,这意味着,一条舆情信息的传播在开始阶段具有群体类别特征,在相关地区和群体之间的传播速度较快。对于舆情责任主体而言,很难判断舆情信息的传播影响到底是局部性的、地区性的,还是全局性的、全国性的。因此,在微信的特殊传播模式下,很难用有效的数据支撑舆情决策。

再次,舆情发展过程中的监管者干预致使信息出现残缺。在公共舆情发展到一定阶段,可能刺激社会情绪、挑战社会共识、影响社会团结和稳定时,网络信息监管者往往选择介入干预和调控舆情走向,在此过程中一些网络信息会被加以处理,不再通过公开渠道传播而转向依托微信的人际传播。在此情况下,公开渠道所获取的数据信息将出现残缺,舆情分析与研判将可能出现失焦,数据决策基础也因此失去科学性。

最后,现阶段的数据获取和挖掘尚未能有效呈现公众情绪。舆情包括舆论和情绪。尽管有些研究机构已经着手通过网络表情符号来挖掘公众在发布网络信息时的情绪,但目前而言,舆情数据的获取和挖掘更多的只是反映特定阶段的公众表达的数量、意见和态度,研究者还难以有效地通过这些意见和态度去推断公众的情绪。因而,太唯数据地进行舆情决策,最多只能回应公众的关注焦点,还难以胜任对公众情绪的安抚。

5.唯发言人

以 2003 年的“非典”为契机，我国开始了新闻发言人制度的建设。十几年来，新闻发言人制度的不断健全和完善很大程度上推动了我国的政务信息公开工作，特别是政务舆情回应工作。在新闻发言人制度的建设过程中，也产生了一些观念误区，即过度依赖新闻发言人或太强调新闻发言人的作用，一有涉及舆情回应的问题全都交给新闻发言人去处理。

实际上，尽管我国新闻发言人制度取得了重要进展，但仍算不上完善。目前，绝大多数机构的新闻发言人都是单兵作战，没有团队支持，完全靠个人能力。甚至有时候，在一个突发事件发生时，新闻发言人都未了解事件情况，未参与事件处置，依然被推到舆情回应的前线，很快就成了“牺牲品”。2011 年“7・23”甬温线动车事故之后铁道部新闻发言人王勇平的出场就是如此。其结果是每个干部都不愿成为新闻发言人。

很多时候，在政务舆情回应中，问题并不出在新闻发言人身上，而是出在了过于强调新闻发言人的作用上。2015 年“8・12”天津港危险品爆炸事故发生后的第四天，也就是 8 月 16 日，在事故第六场新闻发布会上，财新网记者向新闻发言人提问“此次爆炸事故救援由谁牵头、如何组织指挥”时，新闻发言人的回答是“这个问题下来以后我再尽快详细了解”[①]。此报道一经发出，舆论一片哗然。已经是事故发生后的第四天第六场发布会，新闻发言人竟然连救援总指挥是谁都不清楚，救援现场之无序可想而知。要知道，相对于其他国家的干部选拔体系，中国的干部选拔体制所选拔出来的干部，越高层级的干部的能力和素养应是越高的。然而，一个正厅级的、在宣传系统摸爬滚打这么多年的直辖市政府新闻办主任、新闻发言人，在回答如此简单的问题的时候竟然出现这样的结果。这说明，这位新闻发言人当时确实不清楚救援总指挥是谁，该事故的新闻发布与舆情回应工作太过于依赖新闻发言人。后来媒体报道的信息表明，直到 8 月 18 日，“8・12”天津港危险品爆炸事故救援指挥部才正式组建，统一

---

① 王和岩，林子桢，宋宝灵.天津官方：救援如何组织指挥待了解[EB/OL].(2015-08-16)[2018-10-23].http://china.caixin.com/2015-08-16/100840113.html.

指挥工作才开始展开。①

6.依赖管制

实事求是地说,负面事件的责任主体都希望能够在第一时间有能力、有条件将负面信息给处理掉,割掉负面信息这一“毒瘤”,避免其扩散成为舆情事件。特别是在一些基层政府,这种强调管制的思维和观念根深蒂固,宣传部门承受着来自地方主管部门要求删帖的巨大压力。

现在有关部门对删除网络信息的程序有着严格的要求。对于一般的舆情信息,要想通过删帖申请,是较为困难的。即便经过允许,一条网络信息在经过一定程度的传播后,想彻底删除也是很困难的,网民会采取截图、修改关键词等多种方式进行再次传播。因此,依赖管制的做法在舆情管理中所发挥的作用其实很小。

很多时候,一个可以通过正常回应澄清和平息的事件,采取了删帖等管制手段之后反倒会刺激公众情绪,致使网络极端行为的出现,更多衍生和次生信息被挖掘,产生更大的舆情效应。2017 年 11 月底发生的北京红黄蓝幼儿园扎针幼儿事件之初,一些没有政治敏感性的帖子遭到删除,引发了网友的强烈不满。网友采取了“报复”式的行为,如将“删帖”相关符号绘制成了各种讽刺性图片。在一定程度上,公众对于北京市朝阳区公安局后来的详细回应内容的不接受,也是由于前面的没有必要的删帖所致的。

在政务舆情管理工作中,依赖管制的观念和做法之所以容易刺激公众情绪,主要有三个原因。第一,容易给公众留下不正视问题的观感。出现问题不可怕,可怕的是不面对问题、不解决问题。采取删帖等管制手段在公众看来就是一种不正视问题的做法。第二,容易让公众认为事件责任主体和监管主体试图隐瞒事实。如果没有不可告人的秘密,为什么不能选择回应和公开?这是公众在公共机构采取管制手段时常见的心理反应。第三,涉嫌公权力滥用。公众对于公共事务具有知晓权,采取删帖等管制手段,如果不是出于维护公共安全

① 徐壮志,李鲲,毛振华.天津港爆炸事故救援部队指挥部完成组建并展开工作[EB/OL].(2015-08-18)[2018-10-23].http://www.xinhuanet.com//politics/2015-08/18/c_1116296945.htm.

和社会稳定的目的,那一定程度上就存在滥用公权力之嫌,更容易激发公众的不满。

二、能力不足型

与观念滞后型错误不同,能力不足型的犯错者表现为很重视宣传和舆论工作,但不知道如何重视。在不知所措的过程中,一个无意识的行为往往引发舆论关注,成为舆情事件。

1.违反常识性宣传

在政务宣传过程中,采取违反社会基本共识、基本法律和公众一般常识的做法,都属于违反常识性宣传。违反常识性宣传,非但不能达到宣传的目标,还很容易招致无谓的舆论声讨,甚至将事件转化为公共舆情事件。

近年来,政务宣传中违反常识的做法并不少见。前文提及的中国南方航空公司西安分公司所谓的"为政府执行公务团护航"和贵州省黔东南州检察院公众号的"杭州检察官加班致小孩家中坠亡"等案例,就是典型的违反常识性宣传。

2018 年 9 月 19 日开始受到网民强烈关注和讨论的河南省鲁山县强奸未成年少女案在检察院介入后"冰释前嫌"事件,也是一起典型的违反常识性宣传的舆情事件案例。河南省鲁山县人民检察院通过官方微博发表了一篇文章,题目是《鲁山一初中生一时冲动犯错 检察官介入下双方冰释前嫌》。按照文章里的表述,小赵今年 16 岁,是鲁山县某中学初二学生。暑假里,小赵和 17 岁女孩小花强行发生了性关系。7 月 24 日,鲁山县人民检察院作出批准逮捕的决定。而据平顶山市检察院官方微信公众号 8 月 10 日推送的文章称,小花因为这次侵害染上了传染性疾病,亟须治疗。办案检察官将双方的父母叫到一起,联系当地调解委员会对双方进行调解,"一切都以有利于孩子的成长为先"。最终,双方父母"冰释前嫌",自愿签订了和解协议书,小赵家长赔偿了小花父母 8 万元。该文章一出,立即引发了公众的讨论:强奸案,特别是强奸未成年少女案件,能否"冰释前嫌"?是否可以因为调解就不再追究法律责任?在网络热议此事的过程中,有网友发现,鲁山县检察院的这种做法并非第一次。2018 年 3 月 24 日,该院官方发布了一则喜报《热烈祝贺我院选送的未成年案件成功入选河南省检察机关第二届未成年人检察精品案件》。该喜报称:该案件发生在某高中校园内,双方当事人均为该校高一年级学生,该案系因校园欺凌而引发的故意杀人案件。为避免司法办案耽误当事人的学业,检查院协调人民法院将开庭的时间安排在暑假期间,并做到快诉快判,从提起公诉到收到法院判决仅用了 18 天的时间。检察院提出的缓刑的量刑建议,被法院依法采纳,法院最终判处被告人李某有期徒刑三年,缓刑三年。[①] 两件事的叠加把鲁山县检察院推到了舆论的风口。后来,河南省检察院针对此事件进行了回应,认为是在宣传上产生了歧义,"取保候审是强制措施的一种,并不是说取保候审就'一取了之'了"[②]。

2.仓促给事件定性

在公共事件,特别是突发事件中,给事件定性是一个重要而又需要慎重的事情。在当前的公共管理体制下,这涉及事件处置的主体和责任主体问题,在一些情况下还可能涉及对责任主体的问责。仓促地给事件进行定性,既有可能误导事件的处置方向,给事件处置造成不便,还有可能给自身带来舆论上的被动。

2017 年 6 月 15 日 16 时 48 分,江苏省徐州市丰县创新幼儿园大门外东侧发生一起爆炸事件,造成多人伤亡,现场图片和视频很快在网络上传播,导致人们以为是在幼儿园内发生了爆炸事件。江苏本地官方媒体在报道过程中也使用的是"幼儿园发生爆炸"等字眼。[③] 媒体很快联系上了丰县县委宣传部,丰县县委宣传部给出的初始回应使用了"事故"一词:"记者从丰县县委宣传部了解到,视频中的事故现场确在当地,目前丰县已经启动救援等应急措施,事故原因

① 强奸案"冰释前嫌"尚未完,鲁山又曝故意杀人案"双方和解"[EB/OL].(2018-09-23)[2018-10-23].http://m.cyol.com/content/2018-09/23/content_17614564.htm.

② 周益帆.河南检察院回应鲁山强奸案"冰释前嫌":宣传产生歧义[EB/OL].(2018-09-25)[2018-10-23].http://china.cnr.cn/NewsFeeds/20180925/t20180925_524369827.shtml.

③ 江苏一幼儿园疑似发生爆炸 多人衣不蔽体伤亡不明[EB/OL].(2017-06-15)[2018-10-23].http://news.youth.cn/sh/201706/t20170615_10082708.htm.

和具体伤亡情况正在进一步了解核实中。”①在事件的网络传播过程中,有网民认为是幼儿园门口小吃摊的煤气罐爆炸导致了事件的发生。18 时 35 分,徐州市官方微博“平安徐州”发布信息则称是在幼儿园门口发生了爆炸。而当媒体联系徐州市委宣传部时,市委宣传部给出的回应是:“初步调查原因是幼儿园门口一小吃摊煤气罐发生爆炸。”②第二天,徐州市召开新闻发布会,宣布案件告破,“警方认定爆炸案系许某某(男,22 岁)自制爆炸装置所为,其当场被炸身亡”③。正是在事件发生之初,各种信息尚未明朗时,包括官方媒体在内的官方渠道过于仓促对事件进行定性,导致媒体和公众不断猜测,加之网络谣言的相伴,丰县创新幼儿园门口爆炸案在一开始就扑朔迷离,官方信息不断被推翻,舆论关注度不断被推高。

实际上,公共事件特别是突发事件的发生原因往往一开始都是难以确定的,需要时间开展调查,而公众对于事件调查所需的时间也是认可的。对于敏感的刑事案件,出于案件侦办的需要,为避免信息披露妨碍案件的有序侦办,在案件侦破前,公安部门也是可以不必着急通报案件原因的。因此,在公共事件舆情回应中才有了“速报事实、慎报原因”这一原则。

3.个体情绪官方化表达

每一个人都有情绪,这属于个体情绪。个体情绪需要表达,但不能通过官方微博、官方微信等官方渠道表达。因为官方渠道在任何时候代表的都是官方,而不是某一个个体。在政务舆情回应中,个体情绪官方化表达只会给公共机构带来舆论的质疑,有百害而无一利。

2017 年春节期间,云南省丽江市发生的女游客被殴打致毁容事件持续受到舆论关注。在舆情发展过程中,丽江市接二连三出现个体情绪官方化表达的事件,致使舆情持续高温,无法消减。2 月 10 日晚,丽江市公安局官方微博“云南

① 江苏丰县一幼儿园发生爆炸 伤亡人数暂不明[EB/OL].(2017-06-15)[2018-10-23].http://news.ifeng.com/a/20170615/51254142_0.shtml.

② 张雅,孔令晗.徐州一幼儿园发生爆炸 伤亡不明[N].北京青年报,2017-06-15.

③ 袁育堃,孔华.江苏丰县爆炸案告破:嫌疑人当场身亡[EB/OL].(2017-06-16)[2018-10-23].http://news.cctv.com/2017/06/16/ARTIPUMHPiuSH0gnVT4l4cVh170616.shtml? _da0.682257033418864.

丽江警方”发微博称被打女的游客“琳哒是我”是“在丽江背着男朋友用陌陌约炮被打的？真的浪荡？值得同情吗？”。且不说丽江警方所述的这个内容是否属实，即便是真实的，也属于个人私德问题，而且和该女游客在丽江被打事件没有关系。用官方平台去质疑个人私德，本身就涉嫌权力滥用。作为掌管一方治安的公安部门，在自身治安事件没有处置好的情况下质疑受害人的个人私德，显然会受到公众的质疑。此条微博加剧了女游客被打事件的传播，并引发了公众对丽江治安和当地警方的质疑。对于这一问题，丽江警方第二天做了回应，称“近期我们警方官方微博登录出现异常现象，2 月 10 日晚，我们发现警方微博转发了网络上的一篇博文(不代表官方)。发现后，我们立即删除了博文，给‘琳哒是我’带来的不便，我们深表歉意！今后，我们将加强微博维护管理工作。同时，我们也发现有新浪微博用户使用了我们的官方微博头像，请广大网友留意，我们也正在核查”①。然而，公众对于这样的回应方式并没有接受。

受女游客被打事件影响，2 月 25 日，国家旅游局宣布对云南丽江古城景区作出严重警告处理决定。当天傍晚，女游客被打事件发生地丽江市古城区的宣传部官方微博“古宣发布”转发国家旅游局的决定，一位网友在这条微博下评论“永远不会去的地方就是丽江”，未曾想到的是，“古宣发布”竟然回复：“你最好永远别来！有你不多无你不少！”此内容很快就被网友截屏后进行传播，舆论再次质疑丽江官微的做法及丽江旅游环境。2 月 26 日一早，“古宣发布”发微博对此事进行了回应：“2 月 25 日晚，一张疑似我部官微发表不当言论的截图出现在我部官微评论区，引发网友热议和转发，我部在此声明：第一，我部官微仅用于通过正面渠道传播官方声音，与网友互动过程中一直保持客观中立的立场，网传截图之言并非我部所为。第二，图片来源及产生原因正在调查中，一有结果将及时公布。第三，对于恶意造谣、扭曲事实、炒作舆论的个人和机构，我部保留通过法律途径维护合法权益的权利。”②然而，公众对于这样以自我为中心的傲慢的回应并不接受，特别是对于回应的第三条，产生了很大的不满，认为丽

① 丽江警方微博指责被打游客放荡 涉事民警被处分[EB/OL].(2017-02-11)[2018-10-23].http://news.youth.cn/gn/201702/t20170211_9108149.htm.

② 熊浩然，张想玲.丽江古城官微疑怼网友“最好永远别来” 官方回应[N].华西都市报，2017-02-26.

江官微非但没有认识到自己的问题和错误,还要发布威胁的言论。舆论热度被进一步推高。2 月 27 日下午,中共丽江市古城区委员会发布《情况通报》,对古城区委宣传部副部长和俭、外宣办主任李国璋采取停职检查的措施,并进行党纪立案;责令古城区委宣传部向古城区委作出深刻检讨,汲取教训,严防类似问题再次发生。这一情况通报实际上坐实了“古宣发布”回复网友“你最好永远别来”的确是“古宣发布”某些管理人员在借官微发泄情绪的可能。①

然而,事情还没有结束。24 日上午,人民网在新浪微博上刊发一条《一位 57 岁民警的雪中坚守》的博文。微博中介绍,2 月 21 日,57 岁的老民警张宏仓冒雪执勤,“白发和白雪混在一起,背影感动路人”,并配上两张民警张宏仓在大雪中执勤的照片。一个叫“丽江炳哥”的微博账号,其实名认证是丽江市中级人民法院法官李炳祥,转发该条微博并作评论:“每一个故事背后就有一个故事。57 岁的老民警在风雪中执勤,有三种情况:一种是犯错误被罚,一种是作秀,还有一种也是作秀。”该条微博迅速引起了争议,不少网友认为李炳祥作为一名法院法官,发表这类言论不妥。该评论更是伤害了广大公安干警的感情。当天晚上,丽江中院在其官方微博发布通报称,李炳祥个人微博转发人民网微博《一位 57 岁民警的雪中坚守》时作出错误评论,伤害了奋战在冰雪一线的人民警察及广大网民。丽江市中级人民法院表示,该院对此事非常重视,及时对其进行了批评教育,责令其作出深刻检讨。李炳祥认识到自己的错误,当即删除评论,并作出道歉。丽江中院还表示,鉴于其错误言论性质严重,经院党组讨论研究,决定对李炳祥同志停职检查,调查后作严肃处理。同时,对奋战在一线维持交通秩序的公安干警表示深深的敬意和敬佩,并对法官干警教育管理不到位表示歉意。② 应当说,丽江中院的这一回应还比较诚恳。然而,该法官的这一做法被与女游客被打事件进行关联,丽江的舆情热度再一次被推高。

正是这样一而再、再而三地把个体情绪进行官方化表达,通过官方微博和公职人员实名认证的微博表达,把丽江女游客被打事件不断推向新的舆论高

---

① 张卫斌.“你最好永远别来”伤着了谁?[EB/OL].(2017-02-27)[2018-10-23].http://hlj.rednet.cn/c/2017/02/28/4223377.htm.

② 王选辉.丽江一法官转发微博称 57 岁交警冒雪执勤是“作秀”,被停职[EB/OL].(2017-02-26)[2018-10-23].https://m.thepaper.cn/newsDetail_forward_1627575.

点。以致到后来,公众已经不再关注女游客被打事件,而是更多地讨论和质疑丽江当地的干部作风和当地旅游环境问题。有网络评论称,以上几个事件看起来都是偶发的,但是串联起来,却能体现以下三个方面的问题:一、丽江当地人排外思想严重。二、丽江地方保护主义心态严重。三、丽江文明程度有待提高。对以旅游立身的丽江而言,这无疑是个危险信号。希望当地政府高度重视,以壮士断腕的勇气来整治“丽江乱象”,让丽江的山美、水美,丽江的人们变得更美,将丽江打造成为神奇、美丽、文明、和善的人间天堂!①

4.情绪渲染方式落后

不少媒体都喜欢通过情绪渲染来汇聚共识和吸引公众的关注。然而,一些媒体在情绪渲染的方式上还是习惯于用老旧的方式,跟时代发展的步伐存在脱钩,这样不但达不到情绪渲染和汇聚共识的效果,反倒会遭到舆论的质疑。

2016 年 7 月初,武汉等地遭受的洪水灾害较为严重,军队派出了官兵开展救援工作。7 月 5 日,某中央媒体官方微博用其习惯的方式发了一条情绪渲染的微博:“为这些最可爱的人致敬!”这条微博写道:“大雨滂沱里,他们不穿雨衣;为了运沙袋,他们浑身是泥,里外湿透;六十斤的沙袋,他们每个人扛三百个,来回跑六百趟;混着雨水的矿泉水和几个馒头,就是他们日常的伙食……哪里有危险,哪里就有抗洪抢险的战士们。致敬!”该微博内容同时配了 9 张抗洪一线官兵抗洪现场和坐在泥地里拿着群众送来的馒头啃的图片。这条微博原本是想表达军队艰苦奋斗、不怕辛苦、不怕牺牲的作风和精神,试图渲染一种军爱民、民拥军的情绪。然而,这条微博却饱受公众质疑。其中一个关键的质疑是:98 年抗洪救灾到现在快 20 年了,我们抗洪救灾的后勤保障怎么还这水平?这样的质疑让军队成为舆论的众矢之的。为回应公众关切,7 月 6 日上午,军队不得不通过“央广军事”发了条微博进行回应:“抗洪一线部队的伙食保障棒棒的!”并且附了 3 张部队伙食保障的现场照片。②

---

① 毒蛇时评.从“丽江印象”成为“丽江乱象”,留给丽江的时间不多了……[EB/OL].(2017-02-26)[2018-10-23].http://wemedia.ifeng.com/9121336/wemedia.shtml.

② 刘吉强,陈飞,张敏,宋志成,等.央视抗洪报道遭央广打脸?背后的真相让人流泪[EB/OL].(2016-07-06)[2018-10-26].https://mp.weixin.qq.com/s/KTeYOApjFliiGOPTRG64g.

这种情绪渲染跟不上时代步伐的情况在现阶段还并不少见。例如，在应急救援中，时常看到媒体报道领导干部、部队官兵或救援人员手牵手阻拦洪水，用双手刨挖灾害现场进行救援。殊不知，应急救援工作已经发展到了强调以人为本、科学救援的阶段。以人为本包括救援人员的安全首先应该得到保障；科学救援则包括在救援人员安全得到保障的前提下开展救援，救援过程尽量要有科学支撑，而不是一味地蛮干。

5.回应表述不严谨

政务舆情回应是在公众事件中政务主体对公众进行解释和沟通的过程，所使用的语言，特别是专业术语应当尽量规范。任何草率的、不严谨的表述都可能成为公众批评和质疑的对象，在滋生次生舆情的同时，干扰舆情的正常发展秩序。

在 2018 年 8 月 27 日的江苏昆山砍人反被砍杀事件中，在昆山警方宣布介入之后，8 月 28 日，昆山市检察院发布通报称，获悉该案后，昆山市检察院连夜提前介入。“经初步调查：当晚 21 时许，犯罪嫌疑人于某在昆山市震川路顺帆路交叉口附近和被害人刘某因交通问题发生口角，继而升级为持刀伤害，致使被害人死亡。目前，该案正在进一步侦查中，犯罪嫌疑人已被控制。”该通报的本意和重点是想表达检察机关已经提前介入案件，将与公安机关共同维护司法公正。然而，在案件还在侦办阶段、没有其他细节披露的情况下，“持刀伤害，致使被害人死亡”“犯罪嫌疑人已被控制”等这样的表述很自然地被公众理解为检方将以故意伤害罪名对于某某提起公诉。[①] 公众对此展开了讨论和质疑，在一定程度上干扰了该事件舆情的发展方向，昆山市检察院也成为舆论的质疑对象。

6.“和稀泥”式回应

政务舆情回应是指在一个公共事件中向公众表达相关责任主体和监管主体的政策、规定、措施和立场。在内容上，政务舆情回应要观点明确，不能有含

① 孔令晗，熊颖琪.昆山检察院：砍死宝马车主男子罪名尚未确定[EB/OL].(2018-08-29)[2018-10-26].http://news.ynet.com/2018/08/29/1391778t70.html.

糊其辞的表达,因为公众揣测的过程是舆论再次聚成的过程,所以,还要留给公众揣测的空间。政务舆情回应更不能以“和稀泥”的方式出现,不能似是而非、模棱两可。政务主体“和稀泥”式回应将给公众留下不负责、不担当、不作为的印象。

2018年8月21日,在从济南西站开往北京的G334次高速动车组列车上,一男子霸占别人的座位还对前来劝阻的乘务员各种胡搅蛮缠,有关现场情况的视频被发到网上后,高铁“霸座男”成为公共舆情事件。通过网络传播的视频,公众发现“霸座男”固然值得指责,但高铁上工作人员未能有效制止霸座行为,维护乘车秩序,而是让被霸占座位的乘客换到其他座位,任由霸座行为继续,这种“和稀泥”的做法遭到了公众的强烈批评。然而,更让公众不可接受的是在事件成为公共话题之后,监管机构在回应中又采取了“和稀泥”的方式。8月24日,济南铁路局回应该事件称,涉事男乘客行为属于道德问题,不构成违法行为。[①] 在公众看来,这一回应的言外之意是谁都可以在高铁上想坐哪个位置就坐哪个位置,网络评论纷纷质疑铁路乘警和乘务组的职责。在舆论的质疑和批评中,8月84日,济南铁路公安处对“霸座男”进行了处罚:治安罚款200元,在一定期限内限制其购票乘坐火车。[②]

在很大程度上,公共管理中的“和稀泥”的做法是在纵容那些不遵守规则的行为,在导致事态扩大以及监管机构失去管理权威的同时,可能会滋生更多类似事件的发生。由于“和稀泥”行为的存在,继高铁“霸座男”事件之后,在很短的一段时间内,“霸座女”“霸座大爷”“霸座大妈”等一系列铁路霸座事件接二连三地发生,甚至连外国人也来“凑热闹”地“霸座”[③]。

7.不知问题孰轻孰重

政务舆情回应不仅是要回应社会对当前所关注问题的关切,更重要的是通

---

① 田晨,毕文荣,张臣,付晨晨.济南铁路回应高铁“霸座”:道德问题 不构成违法 3分钟梳理事件[EB/OL].(2018-08-23)[2018-10-26].http://www.bjnews.com.cn/video/2018/08/23/500887.html.

② 济南铁路.关于G334次列车乘客“霸座”事件的调查处理情况[EB/OL].(2018-08-24)[2018-10-26].https://weibo.com/2531624267/Gw7Aj5s3g? type=comment.

③ 查睿.“霸座老外”现已加入“霸座者联盟”,网友:铁路乘警去哪儿了?[EB/OL].(2018-09-25)[2018-10-26].https://www.jfdaily.com/news/detail? id=106995.

过回应来表达公共机构的社会治理职责及其规范性，维护公共机构在职能范围内的权威与公信力。因此，在政务舆情回应过程中，要尽量避免一些损害公共机构权威与公信力的不恰当的做法。其中，舆情管理者需要明确公共讨论的议题中，哪个轻，哪个重，要对议题的重要性进行排序，避免在舆情回应过程中轻重混淆、避重就轻或用力过猛。

2018 年 8 月 16 日，《华商报》以《塑料袋装烟头倒在地上拍照——她俩想干啥》为标题报道了一则新闻：8 月 14 日上午在西安市莲湖区自强西路与王赵巷交口北侧，一名女子故意将一包烟头扔到地面，而后另一名女子对地面的烟头进行拍照后一走了之，对此，保洁人员怀疑有人故意抹黑。当天下午，莲湖区政府回函《华商报》并通过官方微博"莲湖发布"进行了回应，称"据初步调查，8 月 14 日上午，区城管局两名工作人员申博宁、李亚萍在自强西路正常履行'烟头捡拾情况'的督导暗查职责。事发时，视频资料显示的是检查人员将沿途捡拾收集的烟头，倾倒于地面进行清点，并拍照留存。由于是暗查行为，加上暗查工作人员没有及时将清点后的烟头收集处理，违反了标准化操作规范，造成周边群众产生一定的误解"①。然而，这份回应不但没有消除舆论的怀疑，反而让事态进一步激化，舆论纷纷质疑通过清点烟头并拍照留痕的考核环卫工人的办法。有评论称："一场要激发所有人紧迫感的'烟头革命'，最终却全部压在了环卫工身上。荒诞的扔烟头事件，其实就是一出本色的卸责表演。"②莲湖区的这一回应速度不可谓不快，态度不可谓不诚恳。但是，在回应过程中其未能分清问题孰轻孰重。显然，相对于质问个体的倒烟头拍照行为，组织的考核办法所反映的问题更大。就此，8 月 21 日，莲湖区再次回应并进行道歉："此次事件反映出工作不扎实，制度执行不力，管理不严格，检查考核方式不规范、不细致，城市管理检查人员工作方法简单，暴露了作风上存在的问题，在社会上引发热议，带来了负面影响。我们诚恳接受媒体和网民的批评监督，并向广大市民群众表

---

① 身份确定！西安街头故意扔烟头还拍照的人系城管暗查人员[EB/OL].(2018-08-16)[2018-10-26].http://news.hsw.cn/system/2018/0816/1015247.shtml? mobile=YqCE1wLh.

② 周东飞.西安扔烟头拍照事件的荒诞感从何而来？[EB/OL].(2018-08-20)[2018-10-26].http://www.myzaker.com/article/5b7a30ad32ce40868a00000a.

示诚挚的歉意。”①

8.聚光灯下无敏感性

舆情回应的形式有多种,包括:提供新闻通稿、官方网络平台回应、接受媒体采访、召开新闻发布会、召开新闻通气会等。在新媒体时代,所有形式的回应最后都可呈现于网络,任何形式的回应都需要注意细节,以避免一些没有必要的细节成为次生舆情的焦点。特别是对于接受媒体采访、新闻发布会和新闻通气会等直接面对媒体的形式,尤其需要具备一定的舆情敏感性,避免不太注意的细枝末节在聚光灯下被放大。2012 年陕西省安监局局长在事故现场不经意的背着手微笑的图片所产生的一系列次生舆情,可谓是聚光灯下缺乏舆情敏感性的最典型的案例,该局长因此被赋予“表哥”的称号,并付出了牢狱代价。

然而,类似无舆情敏感性的行为在实践中并没因为“表哥”事件而消失。即便是在全民关注和讨论的事件中,这样的行为也还时有发生。2018 年 7 月,长春长生问题疫苗事件发生后,7 月 22 日,国家药监局某负责人在通报长春长生生物违法违规生产冻干人用狂犬病疫苗案件有关情况时,穿一件巴宝莉 T 恤接受中央电视台的采访。采访一播出,网络上一片声讨,甚至连《环球时报》主编胡锡进都发微博直接对其进行批评:“作为药监局的官员,出来回应舆论的质疑,却对舆论的脾性没有一点基本了解吗?在如此敏感的时刻穿一件巴宝莉的 T 恤接受电视采访,这不是专门提供噱头招骂吗?除了这个刺眼的巴宝莉商标,我们的一些政府官员在回应公众疑问时,还有多少不接地气的各种‘巴宝莉符号’?多把眼光向基层看,向人民群众看吧,多想想群众最关心什么,最讨厌什么,在日常工作和生活中就与群众打成一片,就不会因为‘疏忽’而穿一件巴宝莉 T 恤到电视上露怯了。”②这一过程也构成了长春长生问题疫苗事件中的一个重要的次生舆情。

---

① 张一辰,梅镱泷.西安城管人员“倒烟头拍照”引质疑 官方再次调查并致歉[EB/OL].(2018-08-21)[2018-10-26].http://www.chinanews.com/sh/2018/08-21/8606117.shtml.

② 胡锡进:药监局负责人穿巴宝莉 T 恤通报疫苗情况招骂[EB/OL].(2018-07-23)[2018-10-26].http://finance.sina.com.cn/china/2018-07-23/doc-ihftenhy9217120.shtml.

三、权力任性型

在政务舆情回应中，观念滞后型和能力不足型错误行为在根本上是相关责任主体想做好舆情回应工作但因为观念和能力问题而不能实现。权力任性型则是政务舆情回应中责任主体由于对自身所拥有权力的迷恋和过度依赖，导致其自高自傲、信奉管制手段。然而，越来越多的案例表明，在新媒体时代，权力任性型的做法非但不能有效平息事态，反而容易刺激公众情绪，将本来可以在事件很小状态下解决的问题扩大化。

从现实案例来看，权力任性型的行为包括：打压负面信息爆料者、阻挠公众舆论监督、干扰媒体正常监督、"运动式"网络治理、滥用权力管制事件等。

1.打压负面信息爆料者

在一些公共舆情事件中，不少事件最初的信息是由涉事机构内部人员提供的。在这种情况下，信息提供者，即事件爆料者往往容易受到来自所在机构的压力，认为其抹黑了所在单位。2018 年 7 月 10 日晚，无锡职业技术学院有学生爆料该校"强迫学生将条件较好的宿舍腾给留学生住"，舆情由此开始在网上蔓延。舆情发展过程中，又有学生爆料，有老师曾放言"不搬（宿舍）就不发毕业证书"。虽然校方就此回应称这种事是"不可能的"，但该信息爆料者却遭到校内个别师生的人肉搜索，认为该学生丑化了学校。一个网名为"连锁管理 居某某"的人在"管理学院 2016 级班……"的 QQ 群里，放出一张女生照片，询问是否有学生认识，"目前就学校搬宿舍一事，有一些过于激进、丑化学校、歪曲事实的言论出现在微博上，希望大家私聊我一下……希望各位同学积极配合，维护学校名誉"。当然，该学校对这样的处理方式并不认可。①

更有极端者，有机构主体对爆料者采取暗里打压的做法。2018 年 9 月 26 日，自称是河北燕郊燕京理工学院学生的网友曝光了一段视频。该校食堂工作人员在冲洗餐具的时候，居然只是站在餐盘中间，用脚随意地划拉两下。在视

① 陈卓.无锡高校的换宿舍风波：个别师生曾人肉爆料者，已被要求道歉[EB/OL].（2018-07-12）[2018-10-26].https://www.thepaper.cn/newsDetail_forward_2258181.

频传播过程中,还有自称是该校毕业生的网友证实,“脚踢洗餐盘”的地点确实是该校食堂,而且食堂的卫生问题远不止于此。当天,燕京理工学院官方微博发布了这样一则声明称:“经初步查明,该视频源自个人账号——‘燕理表白墙’QQ 空间,是被人恶意盗取后发布的不实信息。”这样的回应内容迅即被网络质疑该校没有去检查核实食堂是否存在卫生管理问题,而是去查找发布信息的人员。随后,网上又出现了号称“学校已经开始处理问题了”的消息,并配有多张聊天记录截图。还有消息称,拍摄视频的学生已经被劝退,而发布视频者受到了处分。① 这样的做法更进一步刺激了公众的情绪,而该校对于这一消息则采取了沉默的方式,没有再对此事件进行二次回应。

实际上,很多时候,爆料者的爆料动机是希望所在机构能够正视其所存在的问题并加以解决,甚至是在多次沟通努力未果之后所采取的不得已的做法。如果存在管理不足问题的机构能够及时面对和解决问题,爆料者也不会诉诸网络或媒体,将内部问题公开化。2017 年 8 月初,湖南省桃江县第四中学有学生被确诊为肺结核,随后多名学生陆续感染,疑似校内群体性疫情发生。不少学生和家长向学校及相关部门反映了此问题,包括到县里和省里进行上访,却未引起重视,反而有老师对学生在学校佩戴口罩的行为进行了制止,认为他们是在制造恐慌。学生和家长经过了三个多月的层层沟通和努力而无果。无奈之下,有学生将事件信息提供给了媒体,媒体进行了深度调查,连续发了几篇专题报道,之后转化为重大公共事件,群体性疫情才得到重视和逐步解决。在此过程中,爆料学生同样感受到了来自学校的巨大压力,“别班的朋友说他们班主任也会在班上说,我们爆料是给学校抹黑、丢脸,不顾学校的名誉”。而向媒体爆料的学生称:“我们也很无奈,如果学校愿意站出来,我们不会爆料。我们才是最大的受害者。”②

2.阻挠公众舆论监督

公共舆论之所以产生,就在于公众对公共话题的参与,而公众参与的过程

---

① 大学食堂“脚踢洗餐盘”大老鼠乱窜还不准学生点外卖?学校辟谣却遭怼,网友:爆料学生已被劝退、处分[EB/OL].(2018-09-28)[2018-10-26].http://www.sohu.com/a/256758457_559502.

② 张维,高敏,杨雨奇.湖南肺结核事件爆料高三学生:我们应该有灿烂的明天[N].新京报,2017-11-16.

也是舆论对公权力进行监督的过程,其被称为公众舆论监督。从公权力行使者授权的角度来说,公权力及其行使者都需要接受公众监督,包括公众舆论监督。然而,由于官本位和权本位思想的存在,一些公权力行使者往往将公众舆论监督视为对立行为,试图通过种种方式阻挠公众舆论监督,而阻挠的过程经网络或媒体一报,就又成了公共舆情事件。

2016 年 5 月 16 日上午,兰州财经大学一名学生在一家店里因上厕所与他人发生冲突,之后警方到场调解。警员在让该学生上车的过程中,用脚踢了此学生。这一过程被该学生的伙伴用手机拍下,随后警员试图拿走手机,但视频已被该学生的哥哥带走。该学生及其伙伴被警方带到派出所,警员要求该学生和哥哥沟通,让其哥哥主动交回视频,该学生和伙伴不从,之后遭到警察欧打,警察"用警棍和耳光轮番伺候,而且不准叫出声来,叫一声加 5 棍,两个人的屁股都开花了"。第二天,被打的两名学生将被打开花的屁股拍下照片并上传至网络,"兰州警察打烂大学生屁股"一事很快成为重大舆情事件。不过,主管机构在此事件的舆情回应还较受公众认可。5 月 17 日下午,兰州市榆中县公安局官方微博发布信息回应:"针对网上反映'和平派出所民警暴力执法,用警棍殴打大学生'一帖,我局已安排纪检、督察部门专人开展调查,相关调查结果将及时公布。"经过调查核实后,当天晚上,榆中县公安局官方微博又发布信息称:"针对 5 月 17 日网上反映我局'和平派出所民警暴力执法,用警棍殴打大学生'一事,省、市公安督察部门组成联合调查组开展调查,认定网上反映情况属实。经我局研究决定,对负有领导责任的和平派出所所长、教导员及分管和平派出所的县公安局副政委停止执行职务;对涉事民警宋冬冬、未得文先行采取禁闭措施,县纪检监察部门介入做进一步调查,依纪依法严肃处理。"①

本来是一起常见的治安纠纷事件,由于介入的警察始终抱着我行我素的权力任性思维,将自身陷入了舆论的风暴之中,并因此受到惩罚。

3.干扰媒体正常监督

媒体监督是舆论监督的一种,也是媒体的职责之一。然而,在现阶段,害怕

---

① 兰州警方回应大学生被打 情况属实将严肃处理[EB/OL].(2016-05-18)[2018-10-26].http://www.china.com.cn/news/2016-05/18/content_38475989.htm.

和畏惧媒体监督的现象并不少见，有些机构甚至为了逃避媒体监督而采取一些干扰媒体正常监督的做法。从近年的案例来看，干扰媒体监督事件多发，做法也多样。

一是扣押记者。2018年2月，中央电视台财经频道《经济半小时》栏目不断接到山西省洪洞县当地百姓的举报，反映在洪洞县有一家名为三维集团的上市公司一直以来违规倾倒工业废渣，污染大量农田，将生产中的废水直接排入汾河，给沿途村庄百姓的生活带来了威胁。2018年2月26日，记者根据群众的举报，来到山西省洪洞县赵城镇沟里村。当记者还在对三维集团污染情况向村民们进行初步询问时，两名自称是沟里村村干部的人拦住了记者的去路，强行要求对记者进行搜身，场面一度僵持不下。根据群众的举报线索，沟里村遭受的污染最为严重，记者仅仅只是在村庄里进行询问，就遭遇了村干部的阻拦。记者的调查被迫停止。为了弄清情况，记者跟随空车进入了厂区进行暗访调查。调查过程中，村干部误以为记者是环保部的工作人员，但却并没有因此而收敛。当记者提到在汾河边见到有污染情况时，两名村干部要将记者扣留当人质。僵持之下，记者表明了身份和来意，并向他们出示采访证件，但这两名自称村干部的人根本不理睬。[①] 4月17日，该事件经中央电视台报道后，在舆论的声讨过程中，当地的生态环境、治安环境、社会治理环境等都成了质疑的对象。

二是殴打记者。2015年11月19日，陕西省周至县产妇喻娜娜在周至县人民医院生下一名男婴后，出现紧急状况，最终不幸离世。家属认为周至县人民医院存在过错，并将其诉诸法院。从2017年11月27日开始，陕西广播电视台《都市热线》栏目一直在持续关注周至县人民医院"天价停尸费"一事。12月4日，当该电视台记者再次前往周至县医院采访时，在医院办公室竟遭到多人殴打。十几人将记者团团围住并试图抢夺采访设备，抢夺过程中有人率先攻击，随后十余人一起对记者进行拳打脚踢。令人震惊的是，连医院办公室的主任也加入了打人的行列。之后，他们将记者从四楼办公室强行拖拽至一楼保安室，在此过程中，他们又对记者进行殴打。而在保安室内，记者又遭遇了第三次殴

① 央视记者暗访遭"扣押"！一个45亿资产的大公司恶行昭然天下[EB/OL].(2018-04-17)[2018-10-26].http://m.news.cctv.com/2018/04/17/ARTImRVGRceW5rZOYCX1PZme180417.shtml.

打,这一次除了拳打脚踢,对方十余人还手持木棍,向记者的头部、胸部、背部、腿部猛击。三次殴打结束后,对方又强行将记者带至医院太平间,关了数十分钟。[①] 当然,事件经媒体报道后,打人者和相关责任人都受到了相应的惩处,但这一行为表明了仇视媒体监督在一些公共机构管理者思维中的固化程度。

三是抓捕记者。2016 年 1 月 7 日和 8 日,《兰州晨报》《兰州晚报》和《西部商报》驻武威的三名记者先后失联。1 月 25 日,甘肃省武威市凉州区人民检察院依法决定,三家报社的三名记者涉嫌敲诈勒索罪,分别被批捕、移送起诉、继续侦查。1 月 28 日晚,在记者张永生被批捕的当日,《兰州晨报》撰写了《致武威市凉州区委政法委的一封公开信》,阐述报社了解到的情况,并表示案情存在诸多疑点,当地公安或"钓鱼执法"。之后,武威市抓记者事件升级,国内众多媒体接连对其追问。2016 年 5 月 19 日,甘肃省武威市凉州区人民检察院通过官方微博发布消息称,凉州区检察院对记者张永生作出不起诉决定。但此事给武威市的形象造成了巨大的负面影响。两年后,2018 年 7 月 13 日,当该事件发生时任市委书记的火荣贵被宣布落马时,媒体犹如过上了狂欢节,纷纷再次通过报道回顾武威抓记者事件,并直指火荣贵导演了此事件。[②]

实际上,包括公众舆论监督和媒体舆论监督在内的舆论监督是公共治理中非常必要的补充手段。由于司法监督和行政监督难以做到全面覆盖,舆论监督在很大程度上为司法监督和行政监督提供了必要的信息渠道,是让公权力行驶于法律轨道的重要保障。如若一个地方舆论监督长期缺位,公权力不作为或乱作为的发生概率则将大为提升,而针对该地的舆情并不会因此而减少,反而可能大量增加。正如有评论所讲到的:让公众知道的真相越多,人心就越有安全感,这就是舆论监督的最大意义。否则,平常看起来"岁月静好",突然曝出一个大新闻,对公众的冲击将是爆炸式的。人们会怀疑平常的那些"好消息"是不是假的,即使问题并不严重,但缺乏舆论监督报道的日常铺垫,人们会把问题想象得严重得多。这种舆论黑箱下的心理补偿机制,是信息不对称下本能的心理防

---

① 陕台记者被关太平间侮辱,并遭多人殴打,只因调查采访"天价停尸费"! [EB/OL].(2017-12-05)[2018-10-26].https://www.sohu.com/a/208621604_351303.

② 王和岩.甘肃武威原"火爆"书记被查 曾导演构陷记者[EB/OL].(2018-07-14)[2018-10-26],http://china.caixin.com/2018-07-14/101301950.html.

卫,也是对“突发负面”的报复性反弹。一方面,如果日常的舆论监督顺畅,人们会觉得“负面无法遮掩”,对信息透明有信心;另一方面,日常的监督报道可以提高公众的心理阈值,使公众对问题有一个稳定和理性的判断,不至于动辄被那些消费公众焦虑感的爆款网文带节奏,不至于不出事则已、一出事就是“大新闻”。[①]

4.“运动式”网络治理

自2013年以来,有关部门发起了网络治理行动,其目的在于净化网络空间,让网络行为更好地在法治框架内进行,几年的治理取得了较好的效果。网络治理与网络舆论监督并不冲突,网络治理并非干扰或阻挠网络舆论监督,而是在法治范畴内开展的。然而,个别地方却以网络治理之名,行阻挠网络舆论监督之实,其中典型的方式是“运动式”网络治理。

2017年8月18日,河北省邯郸市涉县广播电视台微信公众号推送了一篇“打击网络谣言”的所谓的正面宣传,称赞涉县公安“大干100天,让涉县更加和谐平安”。报道写道,城关派出所接到报警,称有人在百度涉县贴吧、搜狐网、微信群等网络传播以“涉县新医院餐厅质差、价贵、量少,还是人民的医院吗?”为标题的帖子,对医院工作造成恶劣影响。接警后,该所立即组织民警展开调查,于8月16日查明,信息发布者叫张某,6月初在医院就诊期间,因觉得饭菜一般,于是就在网上发布了这篇帖子。通过多方调查取证,警方查实张某涉嫌虚构事实,扰乱公共秩序,对其处以行政拘留处罚。涉县广播电视台微信公众号的传播力原本并不大,但该事件带来的负面影响很大,如果正常表达意见都会遭到行政拘留,那人人都可能自危,因而该报道很快就被网友通过各种渠道转发和评论,引起网络广泛质疑。

虽然邯郸市公安局8月20日经过复查后撤销了对当事人张某做出的处罚决定,并对涉事派出所所长停止执行职务,对办案民警调离执法岗位,责令派出所向当事人赔礼道歉,但这种“运动式”网络治理的做法对涉县形象的损害却是巨大的。光明网评论对此进行了明确的批评:运动式治理历来饱受诟病,在日

---

① 曹林.很多地方开始尝到舆论监督凋零的恶果[J].记者观察,2018(22).

常化的治理逻辑之外，强调短期从严从重。为了快速出成绩，容易用力过猛、矫枉过正，对公民权利造成误伤。网民张某因吐槽医院饭菜被拘，再次证明了这种担心并非多余。显然，对谣言的错误认定，对扰乱公共秩序的扩大化适用，让涉县的“大干 100 天”运动，头开得有些踉跄。这样的运动式治理，换来的是自身被舆情运动裹挟，发人深思。①

5.滥用权力管制事件

与上述权力任性型行为不同，滥用权力管制事件是在事件发生之初，尚未形成舆情效应时，政务主体试图通过管制事件，避免其演化为舆情事件。在实践中，这样的做法并不新鲜，但是一旦经过网络爆料或媒体曝光，这类行为极易触发舆情事件。

2017 年 12 月 19 日，广东医生谭秦东发布题为《中国神酒“鸿茅药酒”，来自天堂的毒药》的网帖，从心肌变化、血管老化、动脉粥样硬化等方面，说明鸿茅药酒对老年人会造成伤害，认为该酒的宣传具有夸大疗效的嫌疑。涉事企业以他恶意抹黑造成自身 140 万元经济损失为由报警后，2018 年 1 月 10 日，企业所在地的内蒙古凉城警方以“损害商品声誉罪”对谭秦东进行跨省抓捕。2018 年 1 月 25 日，经凉城县人民检察院批准，谭秦东被执行逮捕。谭秦东涉嫌的罪名为损害商品声誉罪。支持这项罪名的主要理由是鸿茅药酒公司报警称，谭秦东发布那篇帖子后，有 2 家公司、7 名个人退货，给鸿茅药酒公司造成损失共计 140 余万元，严重损害了鸿茅药酒的商品声誉。

2018 年 3 月 13 日，凉城县公安局作出《起诉意见书》称，依法侦查查明：谭秦东在微信群连续转发“毒药”一文 10 次左右，网站点击量 2,075 次，美篇 APP 有 3 次访问，微信好友有 250 次访问，微信群有 849 次访问，朋友圈有 720 次访问，其他访问 253 次、被分享 120 次。2018 年 3 月 23 日，凉城县人民检察院作出《补充侦查决定书》，要求凉城县公安局对谭秦东涉嫌犯罪一事补充证据。此事件经媒体报道后，成为全民关注和讨论的话题，人们纷纷质疑当地警方滥用权力。在最高人民检察院的介入下，2018 年 4 月 17 日，内蒙古自治区人民检察

① 光明网评论员.“吐槽医院饭菜被拘”，地方治理须反思[EB/OL].(2017-08-20)[2018-10-26]. http://guancha.gmw.cn/2017-08/20/content_25731209.htm.

院进行了通报:案件事实不清、证据不足,自治区人民检察院指令凉城县人民检察院将该案退回公安机关补充侦查并变更强制措施。公安部也于 4 月 18 日发布消息称:已责成内蒙古公安机关依法开展核查工作,加强执法监督,确保以事实为依据,以法律为准绳,严格依法办理。

凉城县公安局跨省抓捕医生,不但没有实现其管制事件的目的,反而将自身推到了全国舆论的风口浪尖。4 月 15 日,光明网发表评论员文章《吐槽药酒遭跨省抓捕:警惕民事纠纷刑事化》。文章中说,医生吐槽药酒遭跨省抓捕,有太多疑点需要被正视和解答,以解公众之惑,而对于个中可能存在的“民事纠纷刑事化”问题,更要重视。毕竟,“民事纠纷刑事化”的另一面就是不严格按照法律办事,这也跟权力谦抑的原则相悖,也会伤害法治本身。对此倾向,必须严防,而不可容其蔓延和抬头。4 月 17 日,新华社发表记者调查的文章《穿越大半个中国来抓你?三问鸿茅药酒事件》,质问:凉城县警方有权跨省抓捕广东医生吗?医生吐槽鸿茅药酒值得动用警方吗?①

① 鸿茅药酒事件[EB/OL].[2018-10-26].https://baike.baidu.com/item/鸿茅药酒事件/22492086? fr=aladdin.

第五章　监测预警:没有速度就难有实效

政务舆情所承载的意见、态度和情绪在很大程度上是通过信息表现出来的。对舆情信息的获取速度和程度,直接影响着政务舆情回应的实效。因而,信息是政务舆情的生命线,及时、有效、准确地发现和辨别舆情信息是政务舆情回应的前提与基础。在新媒体时代,对舆情信息的发现、辨别,并进行及时回应,需要建立科学的舆情监测体系与舆情预警机制。

一、舆情监测方式

不同于传统媒体时代的单一传播格局,在新媒体时代,网络信息渠道的多元化给舆情信息监测带来了巨大挑战。为快速、及时和准确地获取舆情信息,在舆情信息监测方式上,需要依靠丰富的而非单一的监测方式。

1.舆情监测系统

随着网络信息技术的发展,舆情监测技术也得到了有效发展。现阶段,出现了种类多样的舆情监测系统并在一定程度上实现了市场化。

舆情监测系统是一种通过对各类网络信息进行汇集、分类、整合、筛选等技术处理,形成对网络热点、动态、网民意见等的实时统计报表的软件工具。它利用互联网信息采集技术和信息智能处理技术,通过对互联网海量信息进行自动采集处理、敏感词过滤、智能聚类分类、主题检测、专题聚焦、统计分析等，满足相关政务主体在相关网络舆情监督管理方面的需要，最终形成舆情简报、舆情专报、分析报告、移动快报，为舆情管理主体掌握舆情动态提供信息和数据依据。

舆情信息监测系统具有十分直观的价值，最重要的就是快速，即可以通过关键词的设定，让监测系统自动抓取和推送相关信息。然而在现阶段，由于需要平衡抓取信息的全面性和精确性，各类舆情信息监测系统都有一些共同性的技术难题没有突破，以至于很难做到对信息的精准抓取与推送。

一是不能准确分辨所抓取到的信息的敏感性。尽管个别舆情监测系统通过一些敏感性关键词的设定，在一定程度上区别了所抓取的信息是否为敏感信息，但其准确性还很低。因此，在常态舆情监测状态下，直接供用户使用的舆情信息系统大多数情况下难以做到对舆情信息的准确抓取和推送，更多时候抓取到的是非敏感性信息。

二是不能实现负面事件的非相关主体剔除。由于舆情系统监测是通过关键词设定进行信息抓取的，因而在抓取的过程中只要是与设定的关键词相关的信息，特别是负面事件的信息都可能被抓取。但是，在现实中，一些发生负面事件的信息虽然提及了所设定的关键词，但实际上事件的负面性与舆情管理主体并不相关。最简单的例子是：一个户籍为 A 市的人到了 B 市进行犯罪，其舆情管理主体应为 B 市，但在 A 市所使用的舆情监测系统中，因为出现了 A 市信息，所以该信息也会被抓取并推送。因此，不能实现负面事件的非相关主体剔除，是舆情监测系统难以做到准确性的另一个技术难题。

三是不能识别视频信息所反映的舆情内容。随着智能手机的普及，网络视频成为舆情信息的一种重要载体，但现有舆情监测系统尚无法做到对视频内容的直接读取与识别，需要人为将视频内容转化为文本信息后方能被舆情监测系统抓取。如果没有网友将视频的内容进行文本转化，或者在文本转化过程中没有出现舆情监测系统所设定的关键词，舆情监测系统就无法监测到视频信息所反映的舆情内容。因此，经由网络视频传播的舆情信息在传播初期往往难以被及时发现。

四是不能做到对既往负面事件时间的筛选。在现实信息传播过程中，由于不同公众和媒体接触与关注某一个事件的时间节点不同,因而他们在对事件的传播上也存在时间差异。舆情监测系统无法做到对既往发生过的负面事件,特别是已经过去很长时间的负面事件进行筛选,只能对所有设定的关键词涉及的负面事件进行抓取和推送,即便是很久以前发生的旧事件,只要有公众或媒体再次进行传播,也会被舆情监测系统再次抓取。如此,当舆情管理主体不再关注此类旧事件时,舆情信息系统的再次推送就成了负担。

五是不能辨别公共管理中的主动作为信息。在公共管理过程中,政务部门往往会主动披露一些积极作为的信息,作为政务宣传的构成内容。在这些主动披露的信息中,有的是针对所存在的负面现象治理情况的通报。例如,市场监督管理部门会定期发布一些商品质量安全问题、食品安全问题等的主动查处信息,这是市场监督管理部门主动作为的一种表现,而不属于舆情信息范畴。然而,舆情监测系统却往往把此类信息归类为舆情信息进行推送。

综上,现阶段的舆情监测系统还很难充分满足舆情信息监测工作的实际需要,其他相关舆情监测方式,特别是依靠人力的主动监测仍然是必不可少的。

2.网络政务平台

所有可与网友进行互动的网络政务平台都可作为舆情信息监测的一种渠道,现阶段的平台主要有政务网站、政务微博、政务微信等,其他如政务头条号、政务百家号等也开始陆陆续续被一些政务部门使用。

在舆情信息监测工作中,网络政务平台具有显著的优点,特别是移动终端支持的政务微博和政务微信。

一是及时性。很多时候,一个地区出现负面事件,或一个负面事件涉及相关政务主体时,如果这个地区或这个政务主体开通了政务微博、政务微信等网络平台,就可能会有网友将相关事件的信息以私信的形式发给政务账号,或在微博中@相关政务主体的账号,告知其有相关事件,希望其介入调查和处理。网友所提供的每一条相关信息实际上都是主动送上门的舆情信息,网络政务平台的管理员可以及时地掌握这些信息。

二是便捷性。由于移动终端的支持,网络政务平台的管理人员可以随时随地登陆和阅读平台上的信息,因而可以不受时间和空间的束缚及时读取网友提供的相关信息，便捷地发现舆情。

三是低成本。相对于舆情监测系统开发、使用和维护所需要的不菲经济成本，网络政务平台的使用是没有成本的。注册和使用政务微博、政务微信等网络平台无须向平台支付使用费，因而可以实现舆情监测的低成本。

四是可甄别。网络上每天充斥着海量信息，包括负面信息。对于网友而言，很多时候难以辨别信息的真实性，因此会随着网络传播过程中的信息认定而随波逐流。例如，当不少人说正在传播的这个事件发生在 A 市时，多数网友就会认为确实是 A 市，同时可能会有网友将该事件信息转发给 A 市相关政务账号。对于政务账号管理员而言，由于对本地区、本机构的情况相对了解，他就能在及时获取信息的同时，甄别网络所传播信息的真实程度。

五是可共享。当网络政务平台管理员获取网友提供的舆情信息时，他就可以及时地将信息转发给舆情信息所涉及的相关部门或人员，在实现舆情信息快速共享的同时，可以进一步核查舆情信息所反映内容的真实程度。

当然，网络政务平台作为舆情信息监测的一种手段并非没有缺点，其关键的一个缺点即为被动性。如果网友没有将信息转发或告知网络政务平台，其管理员就可能存在无法通过平台及时发现信息的问题。除此之外，通过网络政务平台开展舆情监测，还要求平台的管理员拥有较高的舆情素养和较强的舆情风险敏感性，能够从一些看似无关紧要的信息中及时辨别其舆情敏感性。

3.舆情信息队伍

由于意识到及时发现舆情信息的重要性，不少地区开始陆续建设依托各政务部门的舆情联络员或新闻宣传员来建立舆情信息员队伍。设立舆情信息员是舆情监测的重要方式，不同于舆情监测系统的自动性以及网络政务平台监测的被动性，依托舆情信息队伍的舆情监测具有显著的优点。

一是可以获取线下舆情信息。由于舆情信息员是其所在政务部门的工作人员，其在工作过程中往往会建立起相应的信息获取渠道，在事件涉及其所在部门且事件信息尚未被上传到网络之前，一些信息渠道可能提前将事件的信息告知舆情信息员。舆情信息员再将所获取的舆情信息根据相关信息报送机制进行报送。这种信息获取方式是最快速、最直接的舆情信息监测方式，可以抢在信息进入网络之前就将其获取,为舆情回应争取了最多的时间和最大的主动权。

二是可以发现非公开网络渠道舆情信息。非公开渠道舆情信息指的是通过人际传播方式在网络上传播的舆情信息,现阶段主要包括微信朋友圈和微信群的传播。由于涉及公民隐私保护权问题,舆情监测系统无法抓取此类信息。对于此类舆情信息的获取只能依托人力手段,获取的时机和程度具有较强的随机性。基于舆情传播的一般性规律,信息传播优先性取决于传播者与舆情信息的相关程度,二者相关度越高,信息传播可能性则越高;反之,传播可能性则越低。因此,舆情传播根据事件相关性有从内到外的扩散过程。在此过程中,事件发生所在地的舆情信息队伍处于相信传播的相对靠内位置,有利于较快发现尚未公开传播的舆情信息。

三是可以辨别使用本地语言的舆情信息。中国地域广阔,方言众多,一些负面事件的网络视频往往会出现方言。对于非事件发生地的民众,很难根据语言辨别事件发生的地区。舆情信息员熟悉本地区的语言,能够很快辨别网络视频使用的方言是否为所在地区的,这也是快速发现舆情信息的重要内容。

四是可以识别具有隐喻意义的舆情信息。舆情信息的内容不但包括事件本身的信息,还包括公众对事件的评论、态度和情绪等信息。在一些事件中,公众在评论过程中有时会使用具有隐喻意义的信息,而非直接“点名道姓”地评论。对于此类信息,舆情监测系统无法识别,只有依靠舆情信息员人为辨别公众所评为何事,所表达的隐喻为何意。

舆情信息队伍监测虽然是舆情信息监测的一种重要方式,但也存在着一个难以解决的困境,即兼职性。当前舆情信息队伍都有本职工作,特别是在基层,其本职工作任务都很繁重,难以抽出时间专注地从事舆情信息工作。

4.关键公众账号

新媒体的出现为舆情信息的出现方式提供了多种渠道,这些渠道中既有媒体的,也有民众个体的,还有一些公众账号的。尽管管理部门对于网络账号发布新闻信息的权限有规定,但也只能做到对其进行事后监管,而且事后监管难以做到全面,只能依据网络信息的重要性和敏感性进行选择性监管。因此,大量的网络公众账号提供着舆情首发信息，包括微博公众账号、微信公众账号和论坛社区账号。其中，一些有影响力的公众账号时常发布公众向其提供的信息，而其所发布的信息对于舆情的先期传播又发挥着重要作用。基于此，对一些有影响力的公众账号的关注也就成了舆情监测的一种重要方式。特别是对于本地关键公众账号的关注，有利于快速发现和获取舆情信息，为舆情回应和处置提供较多的时间和较大的主动权。

2018 年 10 月 28 日下午，在北京市房山区，吕某驾驶大货车行驶至城铁广阳城站路口时，认为张某驾驶的小轿车挡道妨碍其通行。因此吕某先用灯光晃，后在遇红灯停车时下车拍打小轿车车窗并对张某进行辱骂。张某未予理睬，绿灯后驾车前行。行驶至城铁篱笆房站路口时，吕某驾驶大货车由掉头车道将张某停在左转车道待转的小轿车别住，并下车持钢筋对张某进行辱骂。事发约 50 分钟后，张某将视频发在网上，[①]但并未引起太多关注。10 月 29 日下午，在北京具有较大影响力的微博公众账号“北京人不知道的北京事儿”转发了该视频，产生了较大的传播量。[②] 10 月 30 日下午，房山区警方微博“房山警方在线”经过侦查后进行了回应，对吕某驾驶车辆发生的交通违法行为进行了四项处罚，并以涉嫌寻衅滋事罪依法将其刑事拘留。在房山区警方的回应中，其微博账号还同时@“北京人不知道的北京事儿”这一微博公众账号。[③] 显然，北京警方在日常舆情监测时将该账号作为关键公众账号进行了关注，及时发现了舆情信息，这才在事件未转化为重大舆情事件之前进行回应，平息了社会情绪。

5.舆情监测服务

近年来，随着政府对智库建设的支持和对市场的开放，第三方舆情咨询专业机构舆情监测服务也成为舆情监测的一种十分重要的方式。第三方专业机构除了本身可以提供通过舆情系统监测的服务之外，还可以通过提供人工监测的服务，辅助和弥补舆情系统监测的不足。特别是专业化程度高的舆情咨询机构，其通过有针对性地科学设计舆情监测体系，所提供的舆情监测服务可以实

① 见“allenz918”的新浪微博，发表时间为 2018-10-28，17:46。
② 见“北京人不知道的北京事儿”的新浪微博，发表时间为 2018-10-29，14:56。
③ 见“房山警方在线”的新浪微博，发表时间为 2018-10-30，17:12。

现精准性很高的目标。

当前第三方舆情服务机构大体可以划分为三类，三类机构都有各自的优势和不足。

第一类是网络信息服务机构。这类机构主要以网络信息抓取技术起家，开发和推广舆情监测系统，同时通过舆情监测系统提供网络信息服务。此类机构在舆情监测上的优势是对网络信息抓取技术比较熟悉，能够熟练地应用技术和信息系统获取信息。然而，这类机构的优势在一定程度上也是其劣势，即其技术知识有余而管理知识不足，特别是对于舆情信息敏感程度的辨识能力相对较低，其信息服务在很大程度上仅仅停留于信息获取和转发本身，难以深入信息背后的事件层面。

第二类是新闻媒体信息机构。互联网的出现给传统新闻媒体带来了强大冲击，但同时也带来了机遇。不少省级以上官方媒体在通过媒体融合适应新媒体发展趋势的同时，也增加了舆情信息的供给服务业务。新闻媒体天生的职能就是获取、挖掘和报道新闻信息，对新闻信息的获取本身就是其日常工作内容之一，而且新闻媒体一般都具有较为广泛和专业的信息获取渠道，如新闻热线，对舆情信息的获取具有天然优势，因此能够相对及时有效地获取和提供舆情信息。作为一种舆情信息提供机构，新闻媒体的不足则是将自身本应是中立者的身份变成了“局中人”。一个新闻媒体受托接受舆情信息监测任务时，它与委托方就有了利益关系。当获取到委托方的负面信息时，它就陷入了一种突破新闻媒体中立性的尴尬境地：如果将舆情信息在报道之前就提供给委托方，则违背了新闻媒体的中立价值观；如果不及时提供舆情信息给委托方，则违背了与委托方的合同契约。

第三类是舆情管理专业咨询机构。这类机构长期跟踪和研究舆情，相对于其他舆情监测服务机构的优势是其专业性，对舆情信息有很强的敏感性，能够根据长期经验快速及时地把握舆情信息所传递的深层内涵与意义。由于专业研究舆情，舆情管理专业咨询机构在舆情监测服务方面可以综合舆情监测系统和舆情信息员的优势，并通过科学设计监测体系，实现高度专业化的舆情信息获取和报告，具体包括以下五个功能：一是能够判断舆情信息的敏感程度。第三方舆情管理专业咨询机构在舆情监测服务过程中,在获取和筛选舆情信息之余,可以基于舆情专业知识对所发现的舆情信息的敏感程度进行判断,将不同敏感程度的舆情信息分别报告给委托机构的不同层级的工作人员,既避免敏感程度低的舆情信息对高层级人员的干扰,也防止敏感程度高的舆情信息不能及时到达应该到达的层级人员,实现相对精准的舆情信息报告。二是能够排除重复的既往舆情信息。第三方舆情专业机构在获取网络信息之后首先会开展初步辨别工作,对于既往发生且已经处置平息过的负面事件,如若没有新的增量信息,可视之为无效舆情信息进行排除,不再重复向委托机构报告。与此同时,如果发现既往事件有新的敏感性增量信息,可初步判断其敏感程度,将可能再次引起关注的信息及时报告委托机构。三是能够依据方言辨别事件发生地。和普通大众一样,多数时候,第三方舆情专业机构的咨询人员也难以对使用方言的网络视频的事件发生地进行辨别。但对于提供高质量服务的舆情咨询机构而言,可以聘请委托机构所在地且会当地语言的人员作为辅助和补充舆情监测的方式,及时辨别网络视频所传播的内容与委托机构是否有关,避免舆情信息错报、漏报、乱报等问题的发生。四是能够对事件发生地进行核实。和依据方言辨别事件发生地一样,第三方舆情专业机构同样可以通过聘请委托机构所在地人员作为辅助和补充舆情监测的方式,对网络图片和视频信息所反映的地点进行核实,从而辨别事件是否发生在委托机构所在地。特别是对于长期跟踪某一个地区舆情的第三方机构,对于当地具有标志性的建筑或地点都较为熟悉,能够很快辨别与核实事件是否发生在委托机构所在地。五是能够适度发现非公开网络信息。由于聘请了委托机构所在地且会当地语言的人员作为辅助和补充舆情监测的方式,该信息员可以发挥其在当地的人际网络优势,对非公开网络舆情信息进行监测与辨别,弥补舆情监测系统在此方面的不足。当然,由于每个个体的人际网络不同,其能覆盖的群体范围也不同,对非公开网络舆情信息的发现具有随机性,无法做到对所有非公开网络舆情信息的及时发现。当然,在舆情监测服务方面,舆情管理专业咨询机构同样存在着不足,那就是没有新闻媒体的新闻热线等专业信息渠道,在一些信息的获取上不如新闻媒体便利。

综上所述,在现阶段没有哪一种单一的舆情监测方式是完美的,需要多种方式并用,才能最大限度地提高舆情监测的全面性、快速性和及时性。此外,即便使用所有的舆情监测方式,也难以做到对初始舆情信息获取的快速全覆盖,不少时候往往只能等待舆情信息在一定范围扩散之后才能获取。因此,对于政务舆情回应工作而言,既要重视舆情信息监测,但也不能夸大其作用,对其需要理性看待。

二、舆情监测内容

舆情监测方式是舆情监测的手段,其目的是去获取舆情信息并辨别舆情信息所反映的内容。如何获取舆情信息,或者说获取什么内容的舆情信息,其实是舆情监测工作更需要考虑的事情。一般来说,所有涉及舆情监测主体的负面信息都是舆情监测的内容,但从舆情监测的专业性角度而言,可以将舆情监测的工作内容划分为常态舆情信息监测、特殊舆情风险监测、突发事件舆情监测以及重大事件专项监测四大类。与此同时,在舆情监测过程中,要极力避免一些认识误区所产生的舆情风险。

1.常态舆情信息监测

常态舆情信息监测是对涉及监测主体负面信息的一般性监测。对于一个职能范围较小的政务机构而言,由于需要抓取的关键词范围较少且准确,常态舆情信息监测的任务相对容易完成。但对于一级政府来说,常态舆情信息监测则需要在信息抓取的精准性和全面性之间加以平衡,这涉及关键词设定的问题。一般情况下,关键词设定得越多,信息抓取的精准性就越强,但同时对非设定关键词的信息排斥度就越大,信息抓取的全面性就越小;反之亦然。

由于是常态舆情信息监测,其主要任务是快速获取信息。所以通常情况下需要强调监测的全面性,一定程度上淡化其精准性,因而在关键词的设定上相对较少,抓取的信息相对较多,但所抓取的大部分信息可能均为非有效舆情信息。这就要求在尽量精准设定关键词的同时,提高信息抓取范围的精确性,并且对信息加以必要的排除。

为提高常态舆情信息监测的精准性和快速性，对于一级政府而言，需要最大限度地拓宽舆情监测方式，通过多方式、多渠道、多信源的手段完善舆情信息的监测。

2.特殊舆情风险监测

不同于常态舆情信息监测，特殊舆情风险监测是针对监测主体的特有舆情风险开展的舆情信息监测。每个地区所存在的舆情风险各不相同，舆情监测主体需要了解自身的主要舆情风险来自哪些领域，因此舆情风险监测之前的舆情风险评估工作尤为重要。特殊舆情风险监测的目的在于通过快速监测到风险舆情信息，并采用事先建立的响应机制对舆情风险进行快速处置，以争取在其转化为舆情热点之前将其化解。这是通过治理风险的角度管理舆情的一种重要做法，因为舆情预防更易于舆情处置，特别是对于特殊舆情风险，一旦转化为舆情热点，其演化为重大舆情事件的可能性就很大。

举例来阐释：某省会城市所属的 M 区，在 2016 年引入第三方舆情咨询机构，对全区范围的舆情风险开展了评估工作。经评估，该区的舆情风险来自十九个领域。其中，违建治理、执法规范、邻避事件、环境保护、教育管理五个领域是重大舆情风险领域。此后，该区特别加强了这五个领域问题的特殊舆情风险监测及信息报告。只要发现该区出现了这五个领域的舆情信息，哪怕所涉及的问题很小，区主要领导都会第一时间召开协调会，及时调查与处理舆情所涉及的问题，最大限度地将舆情风险化解在苗头状态。

3.突发事件舆情监测

突发事件的发生必然伴随着舆情的产生，重特大突发事件也必将承载重大舆情，一般突发事件处置不当也可能带来重大舆情。因此，对突发事件舆情信息的监测是舆情监测的一项重要内容。

目前，很多国家都建立了适合自身的突发事件应对体系，在这一体系中，突发事件的信息报告机制发挥了重要作用。我国自《中华人民共和国突发事件应对法》实施以来，逐渐建立了较为完善的突发事件的信息报告机制，要求各级政府及其相关部门在“条”和“块”上都要及时报送突发事件信息，并对报送时效有严格约束性要求，且将违反规定作为突发事件问责的重要内容之一。因此，突发事件应对过程即突发事件的信息获取和报告的过程，决定了突发事件信息的获取在政府内部较为便利。特别是在组建了应急管理部和省市的应急管理厅（局）之后，因为整合了原先分散在多个职能部门的应急管理职能，突发事件信息报告更加快速及时。

突发事件应对过程中，在信息搜集和报告的同时，也应启动突发事件舆情信息监测工作。而且，随着新媒体的出现、发展与普及，在某些时候，突发事件舆情信息的出现往往早于相关职能部门通过应对体系获取和报告信息的时间。从这个角度来说，突发事件舆情监测本身也是突发事件信息收集的一个内容。

突发事件舆情监测包括事件发生之前的监测和之后的监测。事发之前的监测主要是快速及时地了解发生的突发事件及其相关信息，监测范围包括各种类别的突发事件。事发之后的监测范围则包括不同类别突发事件的发生和演变、舆情发展情况、关注焦点等与突发事件应对有关的所有内容。

4.重大事件专项监测

常态舆情信息监测、特殊舆情风险监测和突发事件舆情监测都是对多个领域的舆情信息监测。重大事件专项舆情监测则不同，是针对某一个重大突发事件、重大舆情事件或重大敏感议题的监测，是对单一对象的监测。

重大事件的专项舆情监测是对该事件的有效处置及政务舆情回应提供信息的支持。专项舆情监测需要对与重大事件有关的所有重要信息进行抓取，包括事件所涉及的地点、人物、重要观点、重要评论、处置措施的舆论反应、社会情绪等。

随着事件的发展，重大事件的舆情也不断发生变化，需要在舆情监测过程中将变化的舆情信息定期或不定期地进行分析，动态判断舆情演化情况。

5.避免舆情监测误区

舆情监测工作是舆情管理的一项重要内容，是政务舆情回应的前提和基础，但在舆情监测中要极力避免陷入一些误区，以免将舆情管理工作引入歧途，造成异化。

首先,舆情监测不是言论监测。尽管舆情监测中需要发现和辨识公众对相关事件或议题的意见和态度,但不能将舆情监测视为言论监测。每一个公众个体都有在法律允许范围内自由表达意见的权利,更有依法维护自身合法权益的权利。言论监测的目的是钳制公众合法权益的维护和意见表达的权利,而舆情监测则不同。舆情监测是将舆情信息视为舆论监督的重要内容,将舆情信息作为工作改进的依据,及时发现问题以解决问题,力争快速回应公众通过意见表达所传递出来的合法诉求。公众在某一个事件或议题上表达意见,也是希望其意见能够得到重视,因此在很大程度上也是希望其意见被相关政务主体获知。

其次,舆情监测不能侵犯隐私。公众在公共空间,包括网络公共空间表达的意见才是舆情监测工作的范围。舆情监测只能是对公众公开表达的意见的搜集,而不能跨越边界,更不能侵犯公众隐私权,不能将公众在私人空间所发的一些牢骚、见解等作为舆情监测的对象,否则舆情监测工作就会陷入"泛化"的困境。因此,舆情监测工作不应当进入公众的私人空间领域。只有在极个别的情况下,如反对恐怖主义、侦办重大刑事案件等,公安机关才有权力对私人空间领域进行监测,但这并非出于舆情监测需要。除了不能对公众私域空间进行监测之外,在对公众进行舆情监测时还要注意保护公众隐私。例如,要注意避免将在舆情监测获取的信息中涉及公众个人隐私的内容扩散到公开渠道。

最后,舆情信息传播者非对手。在舆情监测中,对舆情信息传播者的确定十分重要,不能将舆情信息传播者视为对手,更不能视之为敌人,甚至采取干预手段对舆情信息传播者进行不正当的干扰,例如,删帖、消除账号等。一方面,这种干扰性的做法不利于舆情所反映的问题的解决;另一方面,这种无谓的干预会将舆情信息传播者推到政务主体的对立面。实际上,舆情信息传播者在很大程度上是舆情监测工作的帮手,如前文所述的对关键公众账号的关注就是一种重要的舆情监测方式。所以,除非公众发布并传播了谣言而需要依法处理,否则不能将舆情信息发布和传播者视为对手而进行干预。

三、舆情预警机制

舆情监测搜集到舆情信息之后,对舆情信息的初始处理即为上报相关机构和领导,或通报所涉及的相关政务主体。对于不同的政务舆情信息,所上报的主体不同,要求采取的先期响应措施也不同,政务机构需要在信息研判的基础上对舆情进行预警。关于舆情信息研判,下一章将专门讨论,此处仅阐述舆情预警机制的内容。

1.分级预警机制

不同内容的舆情信息,其可能发展的情况不同,对政务机构形象的影响不同,对其响应的措施内容也不同。因此,需要建立基于分级响应的舆情分级预警机制。

舆情分级预警机制的建立可依据舆情信息造成影响之前和之后划分为后置性分级预警机制和前置性分级预警机制。后置性分级预警机制指的是在舆情信息已经造成影响之后的预警机制;前置性分级预警机制则是在舆情信息尚未造成较大影响之前的预警机制,是基于风险研判的预警机制。截至目前,后置性分级预警机制主要根据舆情发展热度和媒体参与程度进行设定,而前置性分级预警机制则主要根据重大舆情风险、舆情信息所涉及政务主体的数量和舆情信息的敏感性进行设定。换句话说,现阶段的舆情分级预警机制的建立主要有五种依据方式,其所需要的舆情研判程度依次上升。

一是基于舆情发展热度的分级预警。根据舆情发展热度的预警是舆情监测系统使用的一般方式。这种方式依据舆情信息的转发、评论的数量,按照一定标准进行分级。由于是被动地等待舆情热度的变化,这种分级预警方式是后置性的。对于舆情回应的快速性和及时性而言,这种分级预警方式存在着一定的不足,是一种被舆情引导的方式,而非引导舆情的方式。

二是基于媒体参与程度的分级预警。从严格意义上来说,基于媒体参与度的分级预警也属于根据舆情发展热度预警的一种类型。这种分级预警方式以两个指标为主要依据:一是媒体参与的数量。参与数量越多,意味着舆情的扩散性和影响力越大;反之,则越低。二是重要媒体的参与程度。这一指标预先将不同媒体对舆情的影响程度进行分级,对舆情监测不同层级的媒体参与传播的过程进行分级预警。

三是基于重大舆情风险的分级预警。和舆情风险监测一样,基于重大舆情风险需要以舆情风险评估为前提,确认舆情风险的领域与分级。在预先设定的舆情风险分级基础上,对舆情监测过程中发现的舆情风险信息进行分级预警。

四是基于涉及政务主体数的分级预警。一般来说,舆情信息所涉及的政务主体数量越多,不同主体之间出现互相推诿的可能性越大,政务舆情回应的及时性和有效性越低,舆情的风险性也越高。因此,可根据舆情信息所涉及的政务主体数量进行分级,并依据分级进行舆情预警。

五是基于舆情信息敏感度的分级预警。不同舆情信息的敏感程度各异,敏感程度越高,预警的级别也应该越高。舆情信息敏感度的认定标准可依据每个政务主体的舆情风险和舆情工作需要而定。从舆情演化的一般性规律而言,以下"四敏感"的指标可作为划分舆情信息敏感度的标准。

第一,敏感时间。不同政务主体可能存在其独特的舆情风险敏感时间点。一般而言,舆情风险的敏感时间包括:(1)重大节日。例如,元旦、国庆节等重大节日,其公共空间的舆论氛围应为安定祥和,此期间所出现的负面事件与这种氛围格格不入,很容易引发公众和媒体关注而成为舆情事件。(2)历史上重大事件发生日。在历史上重大事件发生日,如果发生了与该重大事件有一定关联度的负面事件,则容易被关联化而提高负面事件的舆情敏感性。例如,如果在9月18日发生了涉意识形态事件或者暴力拆迁等事件,公众可能将其与"9·18事件"进行关联,然后进行意识形态化动员,增强事件舆情的敏感性。(3)特殊纪念性节日。例如,"六一儿童节"如果发生了伤害未成年人的问题,则更容易刺激公众情绪,舆论关注度也会更高,舆情恶化的可能性也就越大。

第二,敏感地点。包括:(1)党政机关所在地。在党政机关所在地发生的负面事件,由于涉及公权力和公务人员,具有较高的舆情敏感性,一经发生很容易成为公众和媒体关注与传播的对象。例如,2017年1月4日在四川省攀枝花市政府大院发生的市委书记、市长被枪击案件,很快就成了重大舆情事件。(2)标志性地点。每个地区都有属于自身的标志性地点,一经提起都能被自然想到。特别是一些知名的标志性地点,如北京的天安门广场、南京的中山陵、上海的南京路等,这些地点一旦发生负面事件,很容易引起较大关注,舆情信息会被快速传播。例如,2018年8月12日,上海南京路一店铺发生招牌脱落致3死6伤事件迅即被广泛传播，成为重大舆情事件。(3)人员密集场所。机场、火车站、大型商场等人员密集场所，由于人员密集度高，所发生的负面事件一方面很容易因现场人员多而被快速传播，另一方面还可能因造成公众恐慌而引发更大范围的关注。例如，2018 年 2 月 11 日在北京西单大悦城发生的恶性伤害案件，现场视频很快就在网络上大范围传播，媒体也迅速关注，其毫无悬念地成为重大舆情事件。

第三，敏感人群。第一章中所阐述的“八涉”中的涉官、涉富、涉警、涉弱所涉的四个群体属于敏感人群，即涉及公职人员、富人群体、警察队伍、弱势群体等的舆情信息，都属于敏感信息，需要依据不同的事件重点关注。

第四，敏感事件。毫无疑问，敏感事件是重大舆情的天然载体，一经发生必然引起大范围关注和传播。包括：(1)群体性事件。近年来，群体性事件的发生已经越来越少，但一旦发生，则更容易成为重大舆情事件。例如，2018 年 5 月 27 日在安徽省六安市发生的教师讨薪事件演化为群体性事件，成为全网关注的重大舆情事件。(2)重大刑事案件。重大刑事案件，如重大杀人案件、纵火案件，特别是恐怖主义事件，都是重大舆情事件的必然载体。2018 年 4 月 11 日广东省清远市某 KTV 发生的纵火致 18 死 5 伤事件，就是典型案例之一。(3)非常见个人极端事件。现阶段，个人极端事件的发生概率较大，存在的形态也多样，其是否转化为重大舆情事件取决于该事件的形态以及发生时的公共舆论环境。但对于非常见的个人极端事件，则是一点即燃的重大舆情事件载体。例如，2018 年 9 月 21 日发生的浙江省瑞安市一位家长因孩子之间纠纷在校内捅死对方孩子的事件，其舆情发展几乎是瞬间爆炸式的。(4)近期热点领域事件。刚刚发生过热点事件，特别是重大舆情事件，如果同样或相似的事件再爆发，则会形成叠加效应，此前事件再被提及的同时，后面的事件也会在此前事件的高热度中被高度关注。例如，2018 年 9 月连续发生的铁路霸座事件，每一起都引发了公众的大量关注和讨论。

2.预警发布机制

分级预警机制的建立是为了有效发布预警信息，但预警信息的有效发布有赖于相应的预警发布机制的建立，预警发布机制的内容包括预警级别、预警对象、预警内容等。

一是预警级别。预警级别是在预警信息发布时根据分级预警机制确定舆情信息的影响性级别。预警级别的确定直接决定预警信息的发布对象、响应内容等。

二是预警对象。不同舆情信息内容,不同预警级别的舆情信息,其需要预警的对象也不同。预警对象需要依据舆情信息所涉及的政务主体、舆情信息的敏感程度及相应预警级别等来确定。在日常政务舆情回应工作中,应事先做好预警对象的分类和分级,这样在需要发布预警信息时,才能快速及时地发布。

三是预警内容。预警内容需要根据舆情发展的不同阶段而作出调整,但其都需要有一些基本要素:(1)舆情发展现状,即舆情截至预警信息发布的特定时间节点的演化情况,包括舆情热度、舆论焦点、公共情绪等内容。(2)舆情态势研判,即在现有舆情环境下舆情可能发生的走向、演化等。(3)建议响应措施,即为平息舆情的相关处置措施,包括事件层面的处置措施和舆情回应的处置措施。根据舆情涉及的相关问题领域、其监管的职能归属,对相关职能部门提供相应处置建议措施。

3.预警响应措施

舆情预警信息的发布是为了提示相关政务机构重视舆情信息,并根据相应职能进行必要响应,以降低舆情信息的负面影响程度。收到舆情预警信息后,舆情所涉及的政务主体需要启动相应的响应措施。一般来说,对预警信息的响应措施包括三种类型。

一是预案既定措施。此处的预案是一种广义上的定义,包括狭义上的已经成文的舆情处置预案和基于预警内容临时制定的舆情处置方案。成文的舆情处置预案主要解决的是舆情处置时相关职能部门的分工问题,预案一经启动各部门就可以各司其职地进行响应。基于预警内容临时制定的舆情处置方案,重点要解决的是舆情信息所承载的,通过成文舆情处置预案解决不了的问题,并可根据舆情实时发展进行调整。

二是领导指示措施。舆情回应是政治层面的问题,不同层级的管理者对相同舆情信息所关注的角度、所考虑的重点皆不同。一般而言,越高层级的管理者所考虑的舆情政治影响性的内容越多,对舆情影响的全面把控也越平稳。在对舆情预警的响应中,管理者常常会在预警内容建议的舆情响应措施基础上加上其所认为重要的指示内容,这也是舆情预警响应的重要措施之一。

三是会议决定措施。在针对重大事件的舆情预警中,由于事件的影响力较大,往往需要召开专题会议研究事件应对措施,并基于事件应对措施进行舆情响应工作。在这种情况下,会议研究决定的措施则是舆情响应的主要依据。

4.避免相关误区

和舆情监测工作一样,舆情预警工作同样存在着一些误区,要注意避免。

误区之一:舆情预警是一次性工作。舆情发展瞬息万变,形势随时随地可能发生变化。舆情预警是根据舆情形势发展及舆情回应工作的需要而发布的,舆情发布并不是一次性就结束的,它是一个随着舆情变化而进行的、多次的、动态的过程。

误区二:舆情预警表示舆情一定会朝着预警的内容方向发展。不像台风、暴雨等自然灾害,一旦条件成熟,自然灾害的发生具有不可抗拒性,灾害预警方向与灾害的发生呈现出正相关的趋势,舆情的发展在预警之后是可以发生方向的改变的,而且舆情预警的目的也在于通过快速及时地干预降低舆情恶化的风险。因此,舆情预警之后并不意味着舆情的发展一定会朝着预警内容的方向发展,舆情的发展取决于预警之后所采取的响应措施的有效性。

误区三:舆情预警的级别是一成不变的。由于形成舆情的条件不断发生变化,舆情响应对舆情发展的干预、对舆情所造成的影响也是随时波动的,可重也可轻。舆情预警级别也应当根据舆情可能造成的影响的变化而变更,升级或者降级。一成不变地保持舆情预警级别无法动态地呈现舆情的变化,也不利于舆情响应的科学性和有效性。

第六章　分析研判:舆情回应需有据可依

科学的舆情回应工作需要建立在舆情研判的基础上。没有研判的舆情回应,特别是不基于研判地快速回应,很可能漏洞百出,造成舆情扭曲性发展。

舆情研判不是一次性行为,而是贯穿于舆情回应工作的全过程。但对于舆情研判本身而言,它是一个封闭的系统,是一个从对事件的定性分析,到对舆情的定量分析,到回应目标的定调,再到舆情回应方案的定位的过程(见图 6-1)。

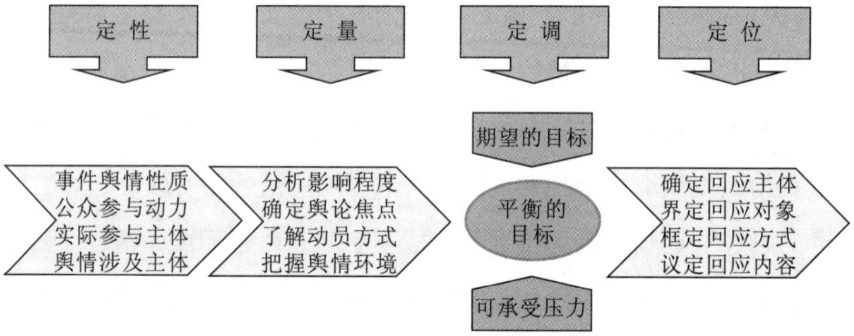

图 6-1　舆情研判的流程

一、定性:舆情载体厘定

所有的政务舆情都有载体,即公共事件、突发事件或公共政策。对舆情载体的厘定,包括对事件的舆情性质、事件参与主体和事件责任主体的定性,是舆情分析研判工作的第一步。

1.事件舆情性质

不同性质的事件，需要不同政务主体介入，进行事件处置和舆情回应。例如，不同类别的突发事件，如自然灾害、安全生产事故、公共卫生事件、社会安全事件等，需要介入处置的主体不同。

不同公共事件具有不同的舆情性质，舆情性质直接决定事件舆情的“易燃性”程度，可根据事件形态和事件的公共福祉性两个维度进行考量。事件形态主要考察公共事件是新事件或以往很少发生的事件，还是旧事件或以往经常发生的事件。一般来说，事件形态越新，公众的猎奇心理越强，舆情蔓延的可能性越大；反之，事件形态越旧，舆情越难以蔓延。公共福祉性指的是事件类型所影响的公众范围，影响范围越大，则公共福祉性越高，公众参与舆情传播的可能性越大，舆情蔓延度越大；反之，公共福祉性越低，舆情蔓延度越小。根据事件形态和事件公共福祉性这两个维度，可将公共事件的舆情性质划分为四种类型（见图 6-2）[①]。

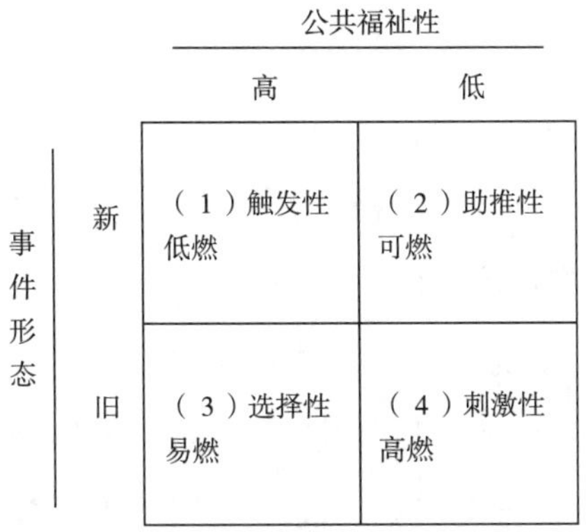

图 6-2　公共事件的舆情“易燃性”类别

（1）触发性低燃事件

这是新出现的、涉及公共福祉高的事件。由于人们对新兴事物都充满着好奇心，一个新型事件发生之后，公众都会争先恐后地关注和讨论。如果这个新

① 张磊.中国网络治理与公共舆情发展[M]//龚维斌.中国社会体制改革报告（2015）.北京：社会科学文献出版社，2015：272-275.

型事件还涉及广泛群体的公共福祉,影响多数个体的利益,那么将很容易掀起公众的热烈讨论。因而,此类型是燃点最低、一触即发的事件。例如,2018 年 8 月 27 日发生的江苏省昆山市当街砍人被“反杀”案件,此前没有发生过,属于典型的新型事件,而且“当街”砍人涉及每一个人的人身安全,公共福祉性很高,因而此事件一经传播立即引发了强大的关注,迅速成为重大舆情事件。

(2)助推性可燃事件

这是新出现的、涉及局部人群的利益的事件。虽然是新型事件,能够迎合公众的猎奇心理,但由于只是局部人群的问题,因此这类事件的关注量通常难以很高,除非有“助燃性”的焦点,即特别的舆论焦点,才可能引发大量关注,成为舆情事件。2017 年 8 月 9 日的南航西安分公司为政务考察团“护航”事件就属于这一类型,其事件形态很新,此前没有出现过,但公共福祉性较低,不影响到大范围公众,需要“助燃性”因素才能推高舆论,而此事件的“助燃性”因素在前期为“拍马屁”式的过度宣传,在后期则为涉嫌“官僚主义作风”。

(3)选择性易燃事件

这是常见的、涉及公共福祉高的事件。由于是常见事件,公众多数都陷入了关注疲劳,但是这类事件涉及广泛群体的公共利益,如果有专门群体进行舆情动员和现实推动,则有可能将事件推到舆论风口。例如,2018 年 9 月 12 日在湖南省衡阳市衡东县发生的开车撞人并恶性砍人案件,无论是开车撞人,还是砍人,其事件形态都属于旧型,但此事件因发生在公共聚集场所——广场,其所涉及的公共福祉性很高。推动舆论走高的“选择性”因素为一开始就确认的造成 9 人死亡、46 人受伤的后果。此事件最终造成了 12 人死亡,43 人受伤。

(4)刺激性高燃事件

这是常见的、涉及公共福祉低的事件。此类事件在网络上每天都数以万计,但需要特别的刺激性的焦点才能引发舆论强烈关注,因而能演变为舆情事件的很少。例如,2018 年 9 月 27 日网络上所传播的航天 601 所张小平离职风波。作为离职事件,其事件形态显然很旧,且很难影响到更多人,公共福祉性很低,但因“直接影响中国登月”的刺激性因素,点燃了公众对于事业单位及国有企业人才待遇问题的讨论，从而转化为重大公共舆情事件。

2.公众参与动力

除了利益驱动之外，公众参与舆情的动力还来自自身对舆情议题敏感性以及参与舆情的风险性评估。经过网络治理之后，现阶段，公众的网络言行变得谨慎化，对发表评论的议题更具选择性，在评论之前至少会简单地评估转发行为的风险性。以“议题敏感性”和“转发风险性”两个指标作为考量的话，公众参与舆情的行为类型可以划分为四种（见图 6-3）①。

		议题敏感性：高	议题敏感性：低
转发风险性	高	（1）暗度型	（2）围观型
转发风险性	低	（3）灌水型	（4）偏好型

图 6-3 公共舆情公众参与行为类型

（1）暗度型：针对议题敏感性高、转发风险性高的事件

议题的高敏感性激发了公众的广泛关注，但转发评论的高风险性又削弱了网民转发的可能性。因而对于这类议题，网民在转发评论时往往选择“暗度陈仓”，即以间接、委婉、暗指的方式评论。这种评论虽然是“暗度陈仓”的，但在特定的时期内，评论所指的对象却是公众所共知的。在公共舆论场上，所有涉及意识形态的议题，公众的舆情参与都是“暗度型”的，在参与过程中很少有直接、明确性的评论。

（2）围观型：针对议题敏感性低、转发风险性高的事件

虽然是低敏感事件，关注的公众依然会较多，但转发存在高风险，更多人选

① 张磊.中国网络治理与公共舆情发展[M]//龚维斌.中国社会体制改革报告（2015）.北京：社会科学文献出版社，2015：272-275.

择的是观望,以围观的方式关注事件进展。对于此类事件,有关部门通常还会采取一些技术手段对网络信息进行处理,因而基本上很难成为舆论热点。例如,2018 年 5 月安徽省六安市教师讨薪事件,仅就教师讨薪议题本身,其议题敏感性较低,但因引发了群体性事件,网络监管部门介入,转发和评论风险变高。因此,在这一事件中,大多数公众都采取围观的态度参与舆情讨论。

(3)灌水型:针对议题敏感性高、转发风险性低的事件

由于转发风险低,又是高敏感事件,这一类型往往都会成为网络热点事件,是最典型的公共舆情事件的来源。这类事件出现频率最高的往往是重大突发事件,特别是社会安全类突发事件,南航西安分公司为政务考察团“护航”事件属于这一类型,事件议题涉及官僚主义作风,涉及政府中高级官员,但因公众转发评论此事件的风险性很低,此事件就出现了全网络“灌水”的现象,连众多中央主流媒体都积极参与进来。

(4)偏好型:针对议题敏感性低、转发风险性低的事件

这类事件每天都以不同的方式发生,能成为舆情热点事件的却很少。只有在公共舆论整体平静,又有至少能引发部分群体兴趣的事件的时候,其才可能成为舆情热点,因而网民对这类事件在行为上是具有选择性、偏好性的。2014 年 11 月 26 日“瓜子哥公交上被暴打事件”就是这类事件的典型。

3.实际参与主体

对舆情载体的定性研判中,了解舆情参与主体也是核心内容。不同事件的舆情参与主体不同,如第一章所述,按照距离利益的远近分类,驱动参与舆情的利益又可以划分为微观利益、中观利益和宏观利益。每个层级利益都有其具体载体,一般而言,可以依据参与者在事件中的利益关联度划分为七种参与主体,因其所依据的利益诉求不同,所以在舆情参与中行为方式各异(见表 6-1)。

表 6-1 不同利益相关者及表现形式

利益相关者类别	行为体形式	现实载体	利益诉求	行为方式
微观利益相关者	当事者	舆情涉及主体	利益保障	任何可能形式
	次级当事者	舆情涉及主体的亲戚、朋友、同学、老乡等	情绪宣泄	扩大事态以引起关注

续表

利益相关者类别	行为体形式	现实载体	利益诉求	行为方式
中观利益相关者	搭便车者	有与舆情承载问题相近经历的群体	利益表达或情感表达	深入评论，同类信息推送与叠加
	信息加工与扩散可获益者	网络写手	提升自身平台知名度并以此获益	蹭热点
	信息搜集与中转者	大众传媒	保障公众知晓权，稳定与扩大受众范围	采访报道 新闻挖掘 新闻评论
宏观利益相关者	意见引导者	公众人士或网络知名公众号	获得观念认同并引导公众	评论、解读与引导
	围观者	关心舆情承载问题的普通大众	社会和谐	转发、评论

第一，事件当事者。当事者是事件影响的直接主体，如征地拆迁中的被拆迁户，其利益诉求是最大化保障在事件中的自身利益。这种希望利益最大化的诉求有时候是合法权益，有时候也不尽然。为了获得利益最大化，事件当事者在舆情参与中会采取任何可能的形式，只要这种形式能够引来舆论声援。

第二，次级当事者。次级当事者不从事件中直接获利者，但因其与事件当事者存在一定程度的联系，往往会基于情感而同情事件当事者，因而其利益诉求是表达情绪，甚至有时候会受情感和情绪的影响而无视事实，一味地去表达和宣泄情绪以扩大舆情发展的势态。从概率上来讲，在事件舆情的传播过程中，次级当事者相对来说可能会编造和传播谣言。

第三，舆论搭便车者。从舆论搭便车者开始，舆情参与主体都与事件本身没有直接利益关系。舆论搭便车者之所以参与舆情传播，是希望借助正在发酵的此事件舆情去传播彼事件的信息，而通常彼事件会与此事件具有一定的相似之处。例如，2018 年 8 月高铁霸座男事件发生并成为舆情事件之后，“霸座”一词在很长时间内变成一个舆论热词，期间不少舆论搭便车者借霸座男事件来传播其他霸座事件。舆论中的搭便车行为旨在进行利益表达或者情感表达，其中利益表达的搭便车者是彼事件中的当事者，如彼霸座事件中的受害者；情感表达的搭便车者则是以往经历过或了解过此类事件的人。舆论搭便车者通过对事件的深入评论或者同类信息的推送,形成舆情叠加性传播效应。

第四,信息加工与扩散可获益者。在新媒体时代,信息加工与扩散可获益者主要以自媒体平台的网络写手为主,他们也是政务舆情传播的重要主体之一,其利益诉求是通过加工事件信息,如进行深度网络评论,在其自媒体平台对事件信息进行传播,以获取公众对其平台的阅读量或点击量,从而提高其自媒体平台的知名度、影响力和传播力,并在此过程中获益。信息加工与扩散可获益者常常出现于诸多重大舆情事件之中,由于其主要专注于网络评论写作,对网民情绪痛点的把握以及网络写作文风的把握都有较大优势,时常能实现通过蹭热点的行为方式追求所谓"10 万+"传播量的目标。

第五,信息搜集与中转者。信息搜集与中转者以大众传媒为主,其利益诉求是在保障公众知晓权之余,稳定与扩大受众范围,以在多元媒体竞争的时代求生存和发展。作为新闻媒体,其行为方式主要是发挥新闻监督的职能,包括采访报道、新闻挖掘、新闻评论等。

第六,意见引导者。在舆情传播中,意见引导者包括公众人士和网络知名公众号。前者由于本来就有较高知名度,本身对信息传播就有较大影响力,因而在舆情传播中具有天然的引导公众的作用。网络知名公众号则是通过账号长期经营产生了较大的信息传播力,而其账号在经营过程中所使用的方式常常会引导公众意见的形成。意见引导者在舆情传播中的利益诉求是获得公众的观念认同并引导公众,行为方式是基于某种价值观或评判标准对事件进行评论或解读,从而引导公众意见的形成。

第七,围观者。在任何一个公共事件中,舆情参与的最大主体都是围观者,即关心舆情承载问题的普通大众。普通大众参与舆情传播的利益驱动是希望社会更加和谐平安,不希望今天发生在别人身上的事件明天发生在自己身上,其行为方式是转发或者评论事件,以期引起政务监管主体的重视,从而减少类似事件的发生。

以上是一般情况下的舆情不同利益参与者。对于不同类型事件而言,利益相关者的表现会有区别,需要具体加以分析和判定。以"邻避"事件为例(见表 6-2),中观利益相关者还多了立场表达者这一行为体形式,现实中包括环保

NGO、维权律师等。对于不同类别的"邻避"事件，利益相关者也并非完全相同。在反对垃圾建设事件中，当事者主要为垃圾场项目周边的人群；而在反对PX项目建设事件中，当事者除了项目周边人群之外，还有项目投资方，二者是一种利益博弈关系。

表6-2 "邻避"事件利益相关者及表现形式

<table>
<tr><th>利益相关者类别</th><th>行为体形式</th><th>反垃圾场事件</th><th>反PX事件</th><th>利益诉求</th><th>行为方式</th></tr>
<tr><td rowspan="4">微观利益相关者</td><td rowspan="2">当事者</td><td>项目周边人群</td><td>项目周边人群</td><td>环境安全、利益补偿</td><td>任何可能的形式</td></tr>
<tr><td></td><td>项目投资方</td><td>项目落地</td><td>依靠政府博弈</td></tr>
<tr><td rowspan="2">次级当事者</td><td>次周边人群</td><td>次周边人群</td><td>利益补偿</td><td>扩大事态以引起关注</td></tr>
<tr><td>周边人群亲戚等</td><td>周边人群亲戚等</td><td>情绪宣泄</td><td>扩大事态以引起关注</td></tr>
<tr><td rowspan="6">中观利益相关者</td><td rowspan="2">搭便车者</td><td>房地产开发商</td><td>房地产开发商</td><td>保价获利</td><td>暗地助推</td></tr>
<tr><td>有其他不满或诉求者</td><td>有其他不满或诉求者</td><td>情感或利益表达</td><td>深入评论，同类信息推送与叠加</td></tr>
<tr><td rowspan="2">立场表达者</td><td>环保NGO</td><td>环保NGO</td><td>环境安全</td><td>立场陈述
技术支持
实地声援</td></tr>
<tr><td>维权律师</td><td>维权律师</td><td>程序正义</td><td>法律支持
实地声援</td></tr>
<tr><td>信息加工与扩散可获益者</td><td>网络写手</td><td>网络写手</td><td>提升自身平台知名度并以此获益</td><td>蹭热点</td></tr>
<tr><td>信息搜集与中转者</td><td>大众传媒</td><td>大众传媒</td><td>保障公众知晓权，稳定与扩大受众范围</td><td>采访报道
新闻挖掘
新闻评论</td></tr>
<tr><td rowspan="2">宏观利益相关者</td><td>意见引导者</td><td>知名人士或网络知名账号</td><td>知名人士或网络知名账号</td><td>获得观念认同并引导公众</td><td>评论、解读与引导</td></tr>
<tr><td>围观者</td><td>关心舆情承载问题的普通大众</td><td>关心舆情承载问题的普通大众</td><td>社会和谐</td><td>转发、评论</td></tr>
</table>

4.舆情涉及主体

确认舆情承载事件所涉及的政务主体，也是舆情载体研判的重要内容。舆情涉及主体可以根据主体类型和责任类型两个维度进行划分。主体类型包括责任主体和监管主体两种，前者指的是对事件承担直接责任的主体，后者则是对直接责任主体负有监管责任的主体。责任类型包括直接责任和衍生责任两种，前者指的是需要直接承担的事件主要责任；后者指的是非事件主要责任，但负有连带责任。根据主体类型和责任类型这两个维度，可以把舆情承载事件所涉及的主体划分为四种类别（见图 6-4）。

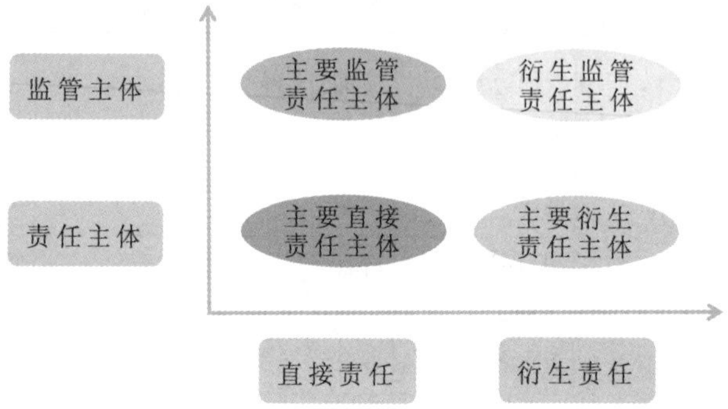

图 6-4　舆情涉及主体的类别

一是主要直接责任主体。这是事件处置和舆情回应最核心的主体，也是舆论首先主要关注的对象。在舆情发展初期，主要直接责任主体担负着回应舆情的首要责任，需要在快速处置事件的同时，及时地进行初期舆情回应。

二是主要监管责任主体。主要监管责任主体肩负的是对主要直接责任主体的监管职能。当主要直接责任主体陷入舆论漩涡，成为舆论质疑和诟病的对象之后，其就失去了舆情回应的公信力，所回应的内容已不足以平息公众的质疑和情绪。这时就需要主要监管责任主体的介入，通过对主要直接责任主体的履职正常性与合规性调查之后进行回应，在还原事件真相的同时，帮助主要直接责任主体重塑公信力。

三是主要衍生责任主体。主要衍生责任主体承担着对舆情信息内容中涉及的，但并非舆情核心焦点内容的回应职责。衍生舆情信息往往随着舆情的发展,在更多的事件信息被挖掘出来之后才出现。如第一章所述,由于“蝴蝶效应”的存在,公共舆情发展过程中可能出现对任何一个政务主体的衍生舆情信息,因此需要在舆情发展过程中进行准确的研判。

四是衍生监管责任主体。衍生监管责任主体是主要衍生责任主体的上一级主体。在主要衍生责任主体陷入舆论漩涡而不再具有舆情回应的权威时,衍生监管责任主体则需要及时介入,通过调查舆情所指涉的主要衍生责任主体的相关问题之后进行回应,在澄清事实之余,帮助主要衍生责任主体重塑舆情回应的公信力与权威性。

二、定量:舆情走势判定

对舆情载体进行厘定之后,舆情研判的第二个阶段就是测量舆情的可能走势,包括对舆情影响程度、舆论焦点、舆情动员方式等的判定以及对舆情环境的分析。

1.分析影响程度

对舆情影响程度的判定至少需要关注五个方面。

一是舆情信息的传播量。舆情信息传播量可通过新闻的点击量、文章的阅读量、视频的观看量、公众的评论量等多个指标进行测量。其中,公众的评论量相对于其他指标更为重要,因为点击量、阅读量、观看量等指标可能存在水分。这种水分大体产生于三个方面:第一,有些网友只是点开了新闻、文章或者视频,但并没有实际阅读或观看,而点击量和观看量已经产生。第二,有些点击量是舆情涉事主体自己点击产生的,因为点击量的统计中并不区分点击者的身份。第三,现阶段有些网络营销公司会组织人员刷点击量,可以虚造点击量,但这种虚造并不真实反映舆情信息的传播量。公众的评论量则相对客观,尽管有时不乏有些舆情涉事主体的网络评论员参与评论,但总体能够反映舆情的热度情况,而且网络评论员的评论内容大多数情况下也是可以甄别出来的。

二是舆情信息的传播渠道。一方面,舆情信息传播渠道越多元,意味着舆情的影响程度越大。另一方面,不同传播渠道对于不同舆情信息的传播作用力和影响力不同,需要具体观察不同传播渠道的舆情信息传播量、评论量,加以综合之后确定舆情信息在传播渠道上的影响程度。

三是媒体参与舆情的程度。媒体的舆情参与度可通过四个指标进行测量:第一,参与的媒体类型。不同媒体的影响力不同,直接决定舆情影响程度的大小。第二,媒体的报道视角。需要具体观察媒体在报道过程中是否为中性,有无价值取向或者观点预设,有无标签化等。第三,媒体的评论情况。它包括评论的角度、评论的深度、评论的指向、评论的影响力等。第四,媒体的内容挖掘情况。如所挖掘内容的舆情敏感性、所涉及的政务主体、对舆情发展方向的影响等,都需要具体去观察和分析。

四是舆情信息的传播范围。舆情信息的传播范围是判断舆情影响程度的重要维度,其所判定的是舆情影响是全国性的还是局部性的。传播范围的判定需要结合舆情传播渠道、媒体参与程度以及舆情传播量等指标进行综合分析。

五是上级部门的关注程度。对于政务舆情研判而言,对舆情影响程度的判定除了舆情传播过程中的基本要素之外,还需要考察上级政务部门对舆情的关注程度。有些时候,舆情本身的传播量不大,媒体关注度也低,但因为上级部门的关注度大而变得影响力大。在新媒体时代,由于舆情信息传播的无中心化,其传播的方向也非特定。在一些情况下,例如突发事件发生之后,正常的突发事件信息报送系统尚未能获取到事件信息,舆情信息就已经扩散出去,甚至到了很高层级管理者的手中并引起其关注,形成自上而下的压力传导,此时涉事政务主体来自上级的压力往往大于来自舆情本身。显然,越高层级的政务部门或管理者重视,舆情信息的影响程度就越大。

2.确定舆论焦点

舆情回应需要有的放矢,这个"的"就是舆论焦点。因此,对于舆论焦点的分析极为重要,是舆情研判的核心内容之一,也是政务舆情回应的前提和基础。

一是确定阶段性舆论焦点。确定阶段性舆论焦点就是要研判在特定时间之内舆论所关注的问题领域,具体分析每个问题领域的舆论影响力、关注群体等,并对问题领域可能影响的广度和深度进行预测。

二是跟踪舆论焦点的变化。舆情是一个动态发展过程,舆论焦点也是动态变化的。在舆情发展的不同阶段,舆论所关注的内容也是不同的,需要进行动态跟踪,实时把握舆论焦点的变化,防止因对焦点的把握不准而回应失焦。以2017年8月9日发生的南航西安分公司为政务考察团"护航"事件为例,在舆情的不同阶段,从舆论的突发期,到爆发期、高温期、回落期,每一个阶段的舆论焦点都不同(见图6-5)。在舆情突发期,舆论焦点主要有五个,分别为:违反常识性宣传、"拍马屁式"邀功、涉嫌"隔离"游客、提供特权式的"特殊服务"以及涉嫌泄露客户信息。在舆情爆发期,舆论焦点主要有四个:西安政务考察团疑似存在官僚作风、南航宣传员能力存在问题、同类事件交织发生以及事件被意识形态化。在舆情高温期,舆论焦点主要存在于四个方面:中央媒体质问、南航回应失焦、西安方面回应"掩耳盗铃"以及同类案例汇总。在舆情回落期,舆论焦点表现为四个主要方面:事件过程还原、如何传播正能量、航空公司"要客"制度以及治理体系现代化。

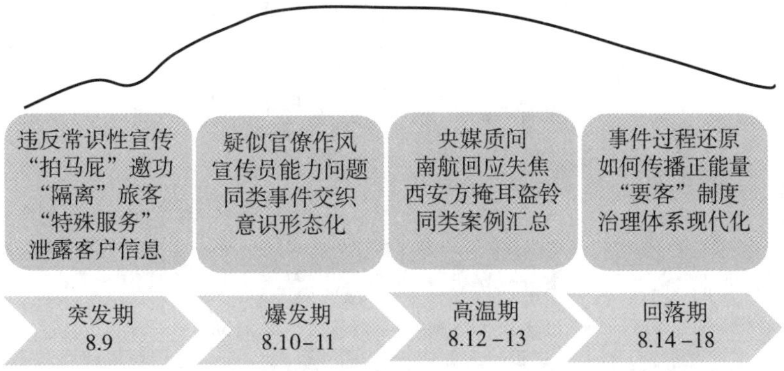

图6-5　南航西安分公司为政务团"护航"事件舆论焦点变化

三是排序焦点的影响程度。每个事件的舆论焦点都不是单一的,在重大舆情事件中,舆论焦点更是多元的,需要对复杂多元的舆论焦点进行影响程度排序,确定哪些焦点的影响力更大,哪些影响力更小,以明确对舆情反映问题的调查以及回应的轻重缓急顺序。

四是辨识焦点的可回应性。在当前复杂的舆论生态系统下,对不同政务主体而言,舆论焦点有直接的,也有衍生的,但并非所有舆论焦点都是其应该回应或者有能力回应的,有些舆论焦点可能是在其职能范围或者权限范围之外的,是其没有能力回应的。因此,在对舆论焦点进行可回应性分析时,我们需要识别哪些焦点是政务主体职能范围之内的、应该回应的,哪些是在职能范围之外的、需要回避的,或者需要通报其他主体,上报更高层级政务主体进行舆情响应的。

3.了解动员方式

每个事件的舆情动员方式不同,需要有针对性地进行分析研判,以判定舆情可能的走势,提前对舆情回应进行布局。

一是判定舆情动员方式的类型。如第三章所介绍的,舆情动员有很多种方式,对公众情绪的激发各有作用,在不同阶段可能使用的动员方式也不相同。例如,在南航西安分公司为政府考察团"护航"事件中,在舆情的不同阶段共计出现了七种舆情动员方式,分别为:恶搞调侃、同类叠加、舆论"搭便车"、议题意识形态化、公开质问、翻"老账本"以及网络投票(见图 6-6)。

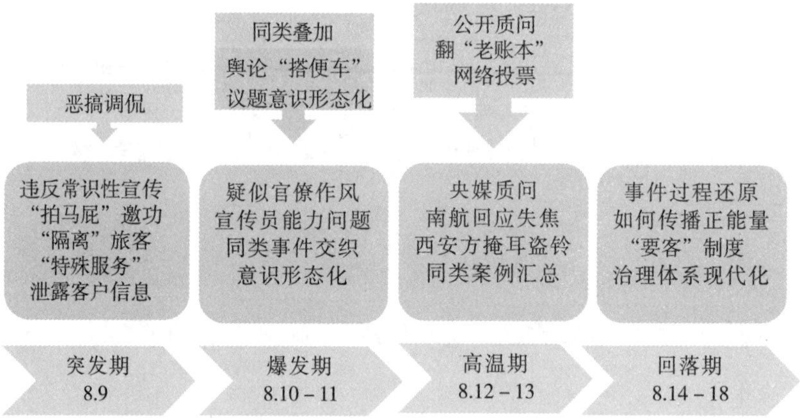

图 6-6　南航西安分公司为政务团"护航"事件舆情动员方式

二是分析舆情动员方式的层级。如第三章所述,舆情动员方式可以划分为常见型、激进型和极端型三个层级。在研判舆情动员方式的过程中,需要对不同舆情动员方式进行分级,以评估不同动员方式可能产生的舆情影响。例如,在南航西安分公司为政府考察团"护航"事件中,有常见型和激进型两种层级的舆情动员方式存在,其中,舆论“搭便车”和议题意识形态化这两种方式为激进型,对舆情在爆发期的走势产生了十分重要的影响。

三是了解不同类型动员的主体。不同舆情动员方式的使用主体偏好不同,这是评判舆情参与主体参与程度的一个重要内容。在南航西安分公司为政府考察团“护航”事件中,七种类型的舆情动员方式共涉及四种舆情参与主体:第一,围观者,使用的动员方式为恶搞调侃、翻“老账本”和网络投票;第二,搭便车者,使用的动员方式是舆论“搭便车”和同类叠加;第三,信息加工与扩散可获益者,使用的动员方式为议题意识形态化;第四,信息搜集与中转者,使用的动员方式为公开质问。

4.把握舆情环境

舆情发展的走向,除了受舆情本身的敏感性、舆情参与主体的动员程度等因素影响之外,还与舆情出现时间节点的舆情环境有关系。舆情环境包括内部环境与外部环境。

内部舆情环境指的是除了当前正在发生的为舆论所关注的事件之外,舆情涉事主体以前是否发生过重大舆情事件,该重大舆情事件与当前的舆情关系程度如何,或者现阶段有没有其他的负面事件的可能性。一方面,如果政务主体以前发生过重大舆情事件,那么该政务主体的内部舆情环境会很差,特别是如果再次发生此前重大舆情事件领域的问题,那么这一事件的舆情恶化的可能性就很大。另一方面,如果一个政务主体在同一时期发生不同的负面事件,那么不同负面事件会交织形成叠加效应,舆情传播效应将变得更大,舆情回应工作将变得更加困难。例如,2018 年 9 月 1 日,湖南省衡阳市耒阳市因教育资源分布问题引发的群体性事件,舆论关注度很大,成为重大舆情事件。9 月 12 日,衡阳市衡东县又发生开车撞人砍人恶性案件。前后两起事件形成舆情叠加效应,衡阳市内部舆情环境变得很差,舆论纷纷质问衡阳市的社会治理问题。

外部舆情环境指的是正在发生的舆情在整体公共舆情系统中所占的位置。在舆情研判中,需要具体对比同期整体公共舆情系统所发生的重大公共舆情事件的热度和敏感性,以及是否有与本政务主体所发生的舆情同类的事件。一方面,外部重大公共舆情事件的热度越高,事件本身越敏感,越可能分散公众关注度。另一方面,如果外部公共舆情系统有发生和本政务主体正在发生的舆情同类的事件,那么舆情就会形成叠加效应,本政务主体的外部舆情环境就会恶化。

以南航西安分公司为政府考察团“护航”事件为例(见图 6-7),此事件舆情出现于 2017 年 8 月 9 日。在此之前,8 月 7 日,山西省政协副科级干部在微信群索要红包事件成为重大舆情事件。红包事件与南航西安分公司为政府考察团“护航”事件同样存在涉嫌“官僚作风”问题的焦点,对西安市当时较为不利,容易被舆论进行关联,形成更大的传播效应。果不其然,8 月 11 日,《人民日报》发表评论《“邢老师”和“前 11 排座位”:哪来的底气违反八项规定?》,将这两个事件进行关联。评论写道:“小小的民航机舱隔出一块,显示出的是一种‘拒群众于千里之外’的态度,显然不是走群众路线的态度。更重要的是,以公务员的身份提出来,难免让人觉得当中有特殊身份、特权思想,那道‘隔开党和人民的无形之墙’也难免显得格外触目。”①对南航西安分公司为政府考察团“护航”事件的外部舆情环境不利的还有另外一件事。8 月 10 日,网络上传出贵州省黔东南州检察院微信公众号一篇文章的截图。截图内容是文章的第二个小标题“善思者智”的部分内容。文中列举了两个事例,以此宣传“游走在杭州市检察院优秀的公诉队伍中感人的公诉故事”。文中提到,公诉人王某为在办好案件的同时总结办案经验,放弃了拟订的怀孕计划,吃住几个月在单位;公诉人吴某为了加班办案,将年仅 4 岁的儿子置于家中,导致其爬上窗台坠楼身亡,而他只是简单为儿子处理完后事后,拒绝了院党组让其休假的决定,毅然回到工作岗位。② 这种过度宣传的方式与南航西安分公司为政府考察团“护航”事件的宣传稿如出一辙,很快舆论把这两个事件进行了叠加。随着南航对事件的直接回应和西安方面对事件的间接回应,外部舆情环境开始转好,但非关联性外部重大舆情事件接二连三地发生。8 月 10 日,陕西秦岭一号隧道发生死亡 36 人的特大交通事故并在 8 月 11 日开始转化为重大舆情事件;8 月 12 日,南京

---

① 人民日报评论.“邢老师”和“前 11 排座位”:哪来的底气违反八项规定? [EB/OL].(2018-08-11)[2018-11-23].http://www.sohu.com/a/163910599_617281.

② 王翀鹏程.“公诉人加班致儿子坠楼身亡”文章作者承认内容失实[N/OL].新京报,2018-08-10[2018-11-23].http://www.bjnews.com.cn/news/2017/08/10/453830.html.

南站候车厅发生女童被猥亵事件;8 月 14 日,舆论关注重庆一医院大厅男子猥亵女童事件;8 月 15 日,山西和顺矿难瞒报事件燃爆公共舆论场。

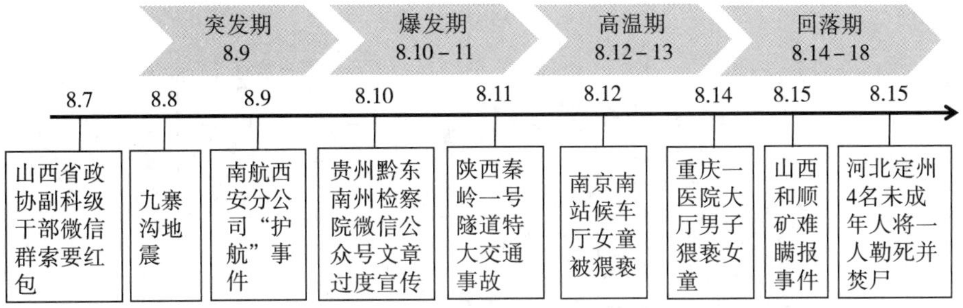

图 6-7　南航西安分公司为政务考察团“护航”事件外部舆情环境

三、定调:回应目标确定

定性和定量判定的是舆情及其走势。定性和定量完成之后,需要做的是定调,即根据自身实际情况确定舆情回应的目标和基调。定调工作需要确定期望通过舆情回应达到的目标,而不同目标需要承受的舆情风险和压力也不一样,因而需要测量自身可承受的压力,并在期望的目标和可承受压力之间寻找平衡的目标。

1.期望的目标

期望目标的确定需要依据舆论焦点的敏感性和舆情回应的风险性。一般来说,对舆论焦点的敏感性回应程度越高,舆情回应的透明度就越高,回应主体所承受的舆情风险性也越高。以南航西安分公司为政府考察团“护航”事件为例,在涉事主体回应之前,舆论的主要焦点回应的透明度和风险性可以划分为三个层级(见图 6-8):(1)低级,包括“拍马屁”邀功、违反常识性宣传、宣传员能力问题等;(2)中级,包括航空公司的“要客”制度、航空公司对不同对象的“特殊服务”、是否存在“隔离”旅客等;(3)高级,包括西安政务代表团疑似官僚作风、航空公司涉嫌泄露客户信息、议题意识形态化等。舆论焦点回应的风险性越高,成功回应所获得的受益也相应越高。对于不同决策者而言,其风险喜好不同,能承担的风险程度不一,所愿意选择的舆论焦点风险性层级截然不同,期望的回应目标也就各异。

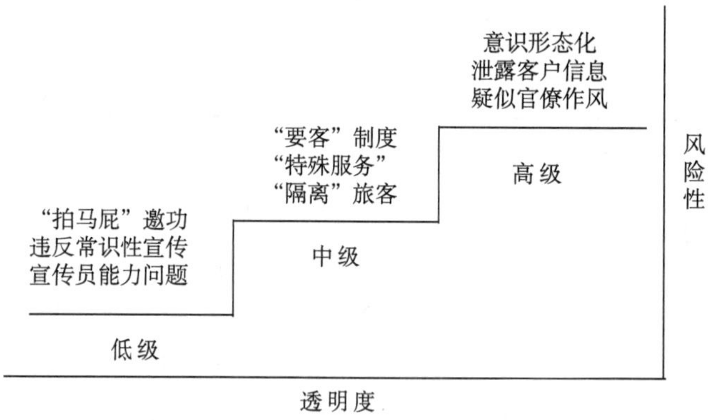

图 6-8　南航西安分公司为政务考察团“护航”事件回应风险性分级

2.可承受压力

舆情回应期望目标的确定取决于多重因素,其中之一是决策者可承受的心理压力。影响决策者心理压力的因素包括:来自系统内部的行政领导压力、其自身的舆情管理经验、对整体舆情状况的把握程度、对舆论焦点的风险性认定程度等。仅就舆论焦点的风险性而言,不同层级舆论焦点所带来的决策风险不同,对决策者所产生的心理压力也不一样。

以南航西安分公司为政府考察团“护航”事件为例,决策者根据其可承受压力,所回应的舆论焦点在三个层级都有分布(见图 6-9)。南航对所有低级焦点问题进行了回应,并回应了中级焦点中的是否“隔离”旅客问题。对于高级焦点,只有西安政务代表团“疑似官僚作风”问题得到了回应,但回应主体是南航。也就是说,在此次事件中,涉事主体的舆情风险性接受程度是“高级”这个层级的。

3.平衡的目标

舆情回应目标的确定是一个寻找平衡点的过程,需要在期望的目标和可承受的压力之间进行平衡,在特定的舆情环境和决策环境下找到相对合理的结

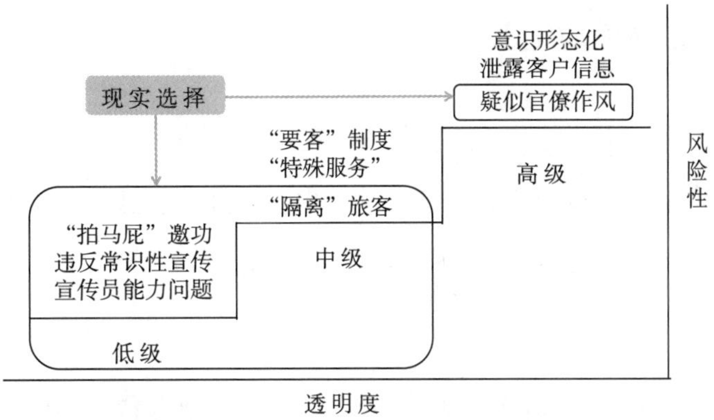

图 6-9　南航西安分公司为政务团"护航"事件现实回应焦点

合。经过平衡之后的目标是舆情回应的理性目标,是特定环境下在公众信息需求和涉事主体应该回应范围之内的最大公约数,是舆情涉事主体在特定环境下的利益最大化。

在南航西安分公司为政府考察团"护航"事件中,涉事主体可承受的舆情风险性是高层级的,但却没有对应该回应的高层级舆论焦点进行全面回应,甚至没有对高层级以下的舆论焦点进行应有的回应。实际上,在此事件中,按照涉事主体可接受的舆情风险性程度,除了被意识形态化的议题之外,事件初期其他所有舆论焦点都是可以回应的,也是应该回应的(见图 6-10)。当然,根据不同舆论焦点的回应主体,回应应有所区别。

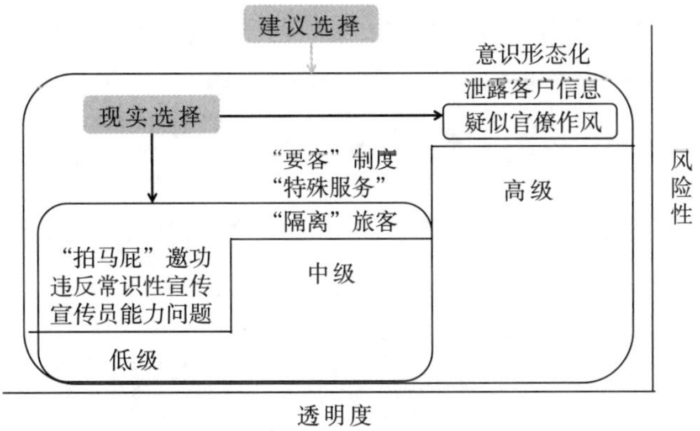

图 6-10　南航西安分公司为政务考察团"护航"事件合理回应目标

四、定位：回应方案敲定

经过定性和定量分析与判定，再基于定调阶段的回应目标确定，即可制定舆情回应方案。在舆情回应方案制定过程中，确定回应主体、界定回应对象、框定回应方式、议定回应内容是基本的要素。

1.确定回应主体

回应主体的确定，既取决于舆情涉及主体，还要依据希望回应的舆论焦点。不同涉及主体需要根据各自职能范围进行回应。

以南航西安分公司为政府考察团“护航”事件为例，事件的主要直接责任主体是南航西安分公司，主要监管责任主体是南航总部，主要衍生责任主体是西安市委，衍生监管责任主体是陕西省委或陕西省纪委（见图 6-11）。根据前文所确定的平衡性回应目标，不同层级的舆论焦点实际上可归由三个主体来回应（见图 6-12）：(1)南航西安分公司。作为主要直接责任主体，由于内部信息发布机制问题导致了此事件的发生并引发舆情，其权限范围内应该回应的焦点为“拍马屁”邀功、违反常识性宣传、宣传员能力问题。(2)南航总部。作为西安分公司的上级监管单位，是此事件中的主要监管责任主体，需要对下级单位所出现的问题进行核查、处理并回应，同时对下级没有权限回应的问题进行回应，包括是否“隔离”旅客、是否提供“特殊服务”、如何完善“要客”制度、是否存在泄露客户信息的行为等。(3)陕西省委或陕西省纪委。对于西安政务代表团是

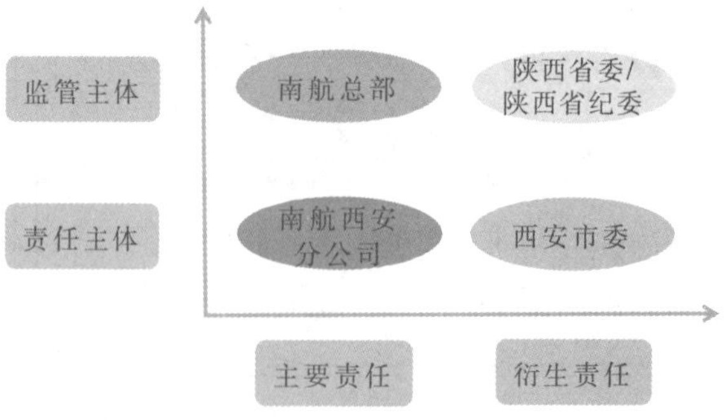

图 6-11 南航西安分公司为政务考察团“护航”事件舆情涉及主体

否存在官僚作风问题,西安市委不能为自己解释和澄清,因为这样的解释没有足够的权威,只会被认为是辩解,因而只有上一级监管主体,即陕西省委或陕西省纪委,才有权限和权威进行调查并回应。

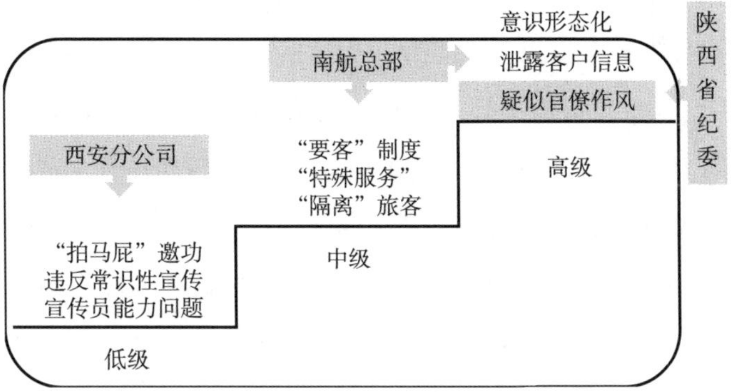

图 6-12　南航西安分公司为政务考察团"护航"事件合理回应主体

2.界定回应对象

舆情回应要有的放矢。针对每个事件中不同的舆情参与对象、沟通的形式,舆情回应的内容也都应该有针对性。前文阐述了舆情一般性参与中的七种行为体。在事件沟通和舆情回应中,针对每一种行为体的利益诉求的回应方式和回应内容也要有对应性(见表 6-3)。

第一,针对当事者。当事者的利益诉求是权益得到保障,因而需要对其进行利益沟通,尽量保障其合法权益。此过程的关键点在于合法性的维护,包括当事者利益的合法性和政务主体对当事者利益沟通的合法性。不能为了一时平息事件而做出超出合法性的承诺,否则将为以后相关事件的处理埋下隐患。

第二,针对次级当事者。由于其利益诉求是情绪宣泄,所以当次级当事者采取一些极端手法扩大事态时,应与其进行事实沟通,告知其事件的真实情况,并请其尊重事实。如若次级当事者采用违法性极端手法,例如传播不实信息或发布网络谣言,可依法进行调查与处置。

第三,针对搭便车者。搭便车者在行为方式上常常采取不同事件叠加的形式推高舆情,以进行利益表达或情感表达,对其的沟通应坚持就事论事,不能讨论与舆情涉事政务主体无关的问题,从而将搭便车者希望叠加的事件或者信息进行隔离。

第四,针对信息加工与扩散可获益者。这一行为的诉求是提升自身平台知名度,但其对舆情的推动往往又很重要,对其的沟通方式是密切关注其行为动态,只要其发表的内容不存在违法内容就不需要直接进行回应,因为其发布和传播的内容往往都与事件本身无关,更多的是衍生舆情信息,无法也无须进行回应。

第五,针对信息搜集与中转者。这一行为体主要是新闻媒体,对其的沟通方式可使用媒体沟通方法,包括提供新闻通稿、召开新闻通气会或新闻发布会、协调接受媒体采访或新闻访谈等。

第六,针对意见引导者。意见引导者关心的问题是事件本身的事实性、程序性和正当性,对其的沟通与回应方式是让事件信息尽量公开,以事实公开化让其接受。在必要情况下,可通过私信或者线下方式与其进行沟通,在告知其基本事实的情况下,争取赢得其谅解,至少使其在舆情中保持中立态度。

第七,针对围观者。由于围观者都是普通大众,规模大,无法做到一对一地沟通与回应,因此只能通过信息公开,借助政务新媒体或者新闻媒体等渠道发布信息,以引导公众意见的改变。

表 6-3 针对不同利益行为体的沟通内容

利益相关者类别	行为体形式	利益诉求	行为方式	沟通内容
微观利益相关者	当事者	利益保障	任何可能形式	利益沟通,依法保障合法权益
	次级当事者	情绪宣泄	扩大事态以引起关注	事实沟通,定向沟通,依法查处不实信息
中观利益相关者	搭便车者	利益表达或情感表达	深入评论,同类信息推送与叠加	就事论事,隔离舆情
	信息加工与扩散可获益者	提升自身平台知名度并以此获益	蹭热点	密切关注,无违法不直接回应
	信息搜集与中转者	保障公众知晓权,稳定与扩大受众范围	采访报道 新闻挖掘 新闻评论	媒体沟通
宏观利益相关者	意见引导者	获得观念认同并引导公众	评论、解读与引导	信息公开,必要时私信沟通
	围观者	社会和谐	转发、评论	信息公开,媒体引导

3.框定回应方式

框定回应方式是舆情回应中的重要环节。在新媒体时代，通常的回应方式大体可划分为九种。每一种回应方式借助的渠道以及渠道特点不同，其所直接影响的受众不同，所需要承担的风险性和相应的收益也各不一样(见表6-4)。

表6-4　不同回应方式及其特点、风险性和收益性

回应方式	渠道特点	直接受众	风险/收益
与当事者沟通	线下利益沟通，直接，扩散性低	事件相关方	低
政务网站发布	单向传播，内容主导性强，受众较少	本地区/本行业关注者	低
媒体发通稿	单向传播，无互动，传播范围取决于事件敏感性	媒体受众	低
接受媒体采访	单向传播，互动性低，可准备	媒体受众	中
政务微信发布	单向传播，可反馈，内容主导性强，平台内互动性、可控性高	微信公众号关注者	中
邀请媒体调查	单向传播，内容全面而有深度	媒体受众	中
新闻发布会	互动沟通，时间和空间较小	媒体受众	高
政务微博发布	互动沟通，高反馈，内容主导性强，互动可控性低	微博上的事件关注者	高
微访谈	高度互动，高度参与，高度传播	微博上的事件关注者	高

第一，与当事者沟通。这属于直接性沟通，主要是线下的利益沟通，在舆情上扩散性低，直接受众为事件相关方。由于受众群体小，影响的范围也小，信息扩散范围有限，舆情风险性很低，适用于舆情初期的利益沟通阶段。

第二，政务网站发布。这是一种单向传播的方式，传播内容具有可主导性，但受众范围小，只针对本地区或本行业的关注者，舆情风险性低，舆情回应效应也低。通常情况下，政务网站发布适用于保守型决策，只希望单方面回应，不希望回应信息传播范围太广，也不希望与公众进行互动。

第三，媒体发通稿。这也是一种单向传播方式，政务主体与公众之间没有形成互动，传播范围取决于媒体本身的受众范围以及事件本身的敏感性，事件敏感性越高，传播度会越大。相对而言，这一回应方式的舆情风险性和产生的效应也偏低，更多地适用于媒体沟通，即对媒体报道或关注的内容进行回应。

第四，接受媒体采访。虽然可以与媒体进行互动，但对于整体舆情回应而言,这仍然属于一种单向传播的方式,而且媒体的互动性也并不高。由于可以提前准备和沟通,加上直接受众范围并不广,这种回应方式的风险性虽然增加,但总体不算高,属于中等级,只要接受采访过程中没有出现重大问题,基本上风险还是可控的。

第五,政务微信发布。这是一种既可单向传播,也可双向传播的方式,可根据需要设定,因而内容的可主导性较强,在平台内进行互动的可控性较高,直接受众主要是政务微信公众号的关注者。由于可反馈,公众就有了表达情绪的机会,因而回应的风险性和收益性也有所增强,属于中等风险性和收益性。

第六,邀请媒体调查。这种回应方式也是媒体沟通的一种,仍然属于单向传播方式,但在回应内容上更为全面且有深度,更能有效回应社会关切,平息社会情绪,适用于需要第三方中立地还原事实时。在回应的风险和收益上,这种方式属于中等级,风险来源主要在于媒体调查过程中可能出现的政务主体没有了解或未认知到的次生信息。

第七,新闻发布会。这是一种常见的舆情回应方式,也是媒体沟通的重要方式,其优点是可进行互动沟通,沟通过程的时间和空间较小。由于众多媒体汇聚,每个媒体关注的问题不同,发问的方式不同,需要进行一定的事先准备,并且在聚光灯下小问题也容易被放大,因此对于发布者而言,这是一种压力较大的方式,是风险性和收益性都高的方式。

第八,政务微博发布。这是一种高反馈、高互动的舆情回应方式,由于是自身平台,回应内容的主导性较强,但互动的可控性较低。这种方式适用于舆情本身主要在微博中传播,且微博关注度较高的事件。

第九,微访谈。目前而言,微访谈即通过政务微博与公众进行直接互动。这是迄今最高层级的互动方式,公众参与度极高,信息传播力也很高,但舆情的风险性和收益性也最高,目前仅有少数个案使用过,如在处置2012年5月26日发生在深圳的飙车案时,深圳交警使用了这种方式,赢得了广泛认同并提升了公信力。

对舆情回应方式的框定,也是决策风险接受度和目标收益的一种平衡。以南航西安分公司为政务考察团“护航”事件为例,合理的回应方式有两种(见图

6-13):其一,政务微博发布,主要适用于南航西安分公司和南航总部的回应,因为其所需要回应的舆论焦点大多出现在微博上。其二,媒体发通稿,主要适用于陕西省纪委对西安政务团是否存在疑似官僚作风问题的回应,因为这一焦点的敏感度较高,且只需要进行单向传播而无须互动沟通,选择官方媒体发通稿既显权威性,又可降低风险。

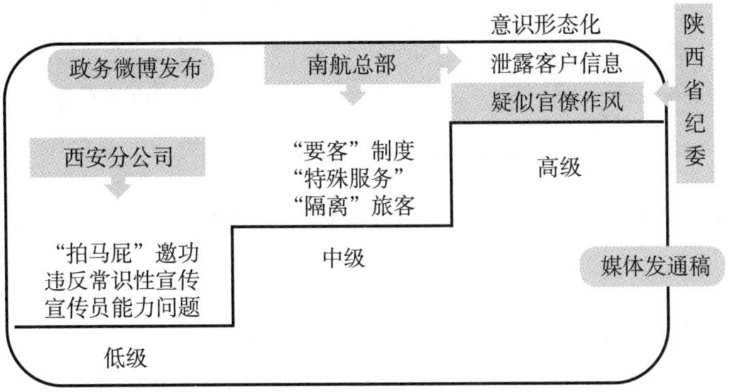

图 6-13　南航西安分公司为政务团"护航"事件合理回应方式

4.议定回应内容

定位的最后一个环节是议定舆情回应的内容。显然,回应内容需要根据拟定回应的舆论焦点来确定,但在回应过程中需要把握好尺度。①

以南航西安分公司为政务考察团"护航"事件为例,针对不同回应主体依据其职能所要回应的舆论焦点,其回应内容也应该是具体化的和有针对性的(见图 6-14)。(1)南航西安分公司:对于"拍马屁"邀功、违反常识性宣传和宣传员能力等问题,应该勇于承认自身存在的错误并就此公开道歉,然后表示将如何改进工作。(2)南航总部:针对"要客"制度、存在"特殊服务"、涉嫌"隔离"旅客等质疑,需要回应的内容是公布对西安分公司遵守规程情况的调查,如存在违反规程的情况,将采取何种问责措施以及下一步如何加强管理。(3)陕西省纪委:就其需要回应的西安政务团疑似官僚作风问题,回应内容应为核查过程与信息,还原事件基本过程,认定事件过程中是否存在违反相关规定的情况,以及如有违规情况的处理措施等。

① 关于把握尺度问题,下一章将另行阐述。

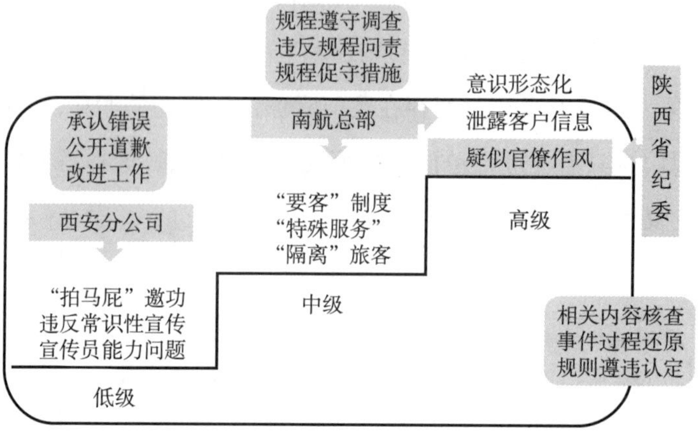

图 6-14　南航西安分公司为政务考察团"护航"事件综合回应过程

综上,舆情研判是一项系统性工程,需要从整体和宏观上进行把握,而非割裂式地进行处理,被舆论牵着走。在南航西安分公司为政务考察团"护航"事件中,一个合理的综合性舆情回应方案应该是如图 6-15 所示的。

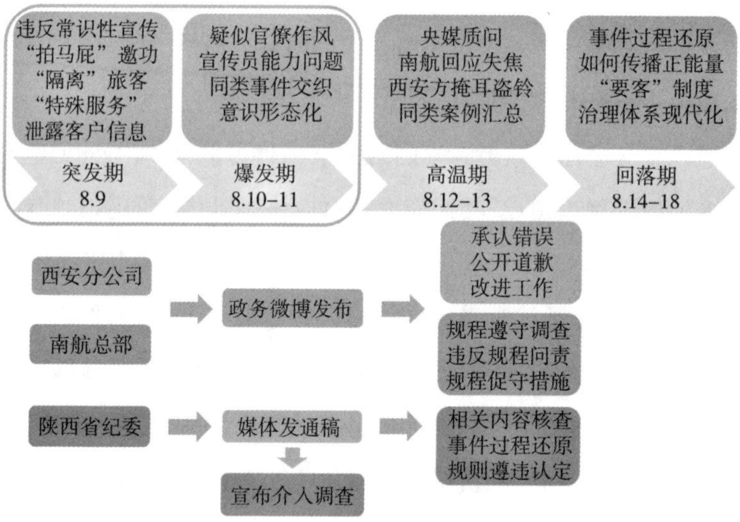

图 6-15　南航西安分公司为政务考察团"护航"事件综合回应方案

第七章　回应过程:忙而不乱提升有序性

在新媒体时代,每一起政务事件都充斥着海量信息,各方利益和诉求相互交织。在政务舆情回应过程中,每一个细节都需要进行斟酌,避免不必要的疏忽产生次生舆情。政务舆情回应应做到有序回应,忙而不乱。如何在政务舆情中做好有序性管理,需要把握好"四个度"。

一、面对质疑要有气度

对于绝大多数政务舆情而言,在舆情形成初期,都是对涉事政务主体在日常政务服务中存在的一些瑕疵或不足所表达的不满意见或批评性信息。对于这种批评,涉事政务主体应当有气度,否则可能将批评性信息激化为重大舆情。正如习近平总书记所强调的:对广大网民,要多一些包容和耐心,对建设性意见要及时吸纳,对困难要及时帮助,对不了解情况的要及时宣介,对模糊认识要及时廓清,对怨气怨言要及时化解,对错误看法要及时引导和纠正。①

1.包容客观的批评

政务部门的基本职能是提供公共服务,公众有权利对政务部门在提供公共服务中存在的不足提出意见,包括批评。面对批评,政务部门应当做到"有则改之,无则加勉"。特别是对于客观、中立、中

① 习近平:对广大网民要多一些包容和耐心[EB/OL].(2016-04-20)[2018-11-27].http://www.cac.gov.cn/2016-04/20/m_1118679350.htm.

肯的批评,政务部门以及相关公务人员要有基本的包容态度。

2016 年 5 月 21 日,深圳市公安局宝安分局一名警察在盘查两个女孩身份证过程中使用了十分不规范的语言。6 月 10 日,当事女孩之一通过其个人微博账号“Dai-sy-梦冰”对该警察的不规范执法过程进行了描述,并且附上了其所录制的视频。很快,一则“两女孩逛街遭警察查身份证、强制传唤”的视频就刷爆了网络。视频中警察与女生发生言语冲突。警察有“对,没错,我看你长得漂亮,没错的,我就把你关起来。把你跟那些艾滋病(患者),跟小偷,跟强盗关在一起,我让你慢慢去享受我告诉你,你看着吧”“你以为我是你什么人,我就是警察,我在执行我的公务,懂吗?你就必须配合我,你就记住这一条,今天是你自己犯贱”等言语。当天 15 时许,深圳市公安局宝安分局官方微博回应此事:“我局已关注到网上转发的流塘所民警执法不规范的视频。市局、分局督察部门目前已展开对该情况的全面调查。感谢社会各界对宝安警方的执法工作予以监督和关注。”当日下午,宝安公安分局局长周兆翔对《南方都市报》记者称,该民警在车上的行为让人大跌眼镜,满口胡言乱语,连一个公民的形象都不如,公务员队伍用这种语言和群众讲话是极其不文明的行为,在派出所还恶语相加。周兆翔称,设卡盘查没有错,“但是上车之后及到派出所之后不文明的行为是绝对不能原谅的”。6 月 11 日 0 时 30 分,深圳市公安局宝安分局官方微博“平安宝安”发布微博称,分局流塘派出所民警陈某在执勤过程中言语失当,存在过错。根据公安机关实施停止执行职务的规定,该民警已被停职。分局领导和当事民警已向两名当事人作出了诚恳道歉,当事人表示理解。①

然而,在涉事警察所在的深圳市公安局宝安分局局长已经正确表达立场和态度的情况下,一个叫“小孙警官”的微博账号,其实名认证是广东公安民警,于 6 月 10 日 20 时 13 分发了一条评论:“警察依法盘查你怎么了?你以为你是谁?你不出示身份证有理了?口头传唤你去派出所核实你的身份有什么问题?哪条法律规定女人就不能盘查?你以为你是谁?长得漂亮就可以不守法?别忘了《中华人民共和国治安管理处罚法》第五十条,阻碍人民警察依法执行职务

---

① 邢丙银.深圳两女孩称未带身份证遭警察强制传唤并辱骂,民警已被停职[EB/OL].(2016-06-11)[2018-11-27].https://www.thepaper.cn/newsDetail_forward_1481755.

的，处5日以上10日以下拘留，可以并处500元以下罚款。警察态度过于严厉，有瑕疵，有发泄情绪的嫌疑，但警察积极履职盘查行为合法，无过错！”这一条微博内容引来了网友的强烈质疑。《钱江晚报》的评论称：“反观那些自以为神一样的队友，表面上是在为警察队伍的形象贴金，实际上在舆情危机中表现出智商与法治观念的严重‘缺氧’，是在给公安队伍的形象抹黑。民众是希望看到警察队伍用正确的三观来纠错，看到这支队伍的自净能力和自律状况，从而化危机感为安全感。偏偏这些洗地者，总能在社会面对警察不规范执法所表现出的正常三观中，反而找出民众的‘瑕疵’，不惜在铁板钉钉的事实面前抵死不认错，结果让官方正式的道歉、正确的处理效果，反而打了折扣。”①

微博账号“小孙警官”评论的核心问题在于其所言的“你以为你是谁？”的逻辑基础。这意味着存在一部分叫作“你是谁”的人，是可以不接受警察依法盘查的，是可以不遵守法律的。正如凤凰网评论员所指出的：“担心警察执法权得不到保障，根本就是个伪问题，现实问题是怎么保证警察规范执法。没有谁否认警方有执法权，问题是权力的边界和执法的规范。面对争议执法，不讨论细节是非，只以‘有瑕疵’一笔带过，而去高调宣扬理论上的执法权，有极大的洗地之嫌。”②

正是“小孙警官”在面对公众对警察进行客观性批评时没有基本的包容态度，才使得该事件产生了次生舆情，而“小孙警官”也因此遭到了网络暴力，被人肉搜索。新华社也对这样的没有包容气度的做法进行了批评，称“有的警察自媒体‘帮亲不帮理’，不管三七二十一，一味护短，片面和错误地理解‘正能量’的含义”③。

2.反思出现的质疑

在政务舆情中，多数的批评和质疑是中肯的，但质疑也不一定都有道理，有些甚至是一味地宣泄情绪。无论是否中肯、有无道理，对于政务部门而言，一旦

① 刘雪松.执法不规范，为何总有洗地的声音[N].钱江晚报，2016-06-12.

② 敬一山.比威胁过路女孩更可怕的是那些“洗地警”[EB/OL].(2016-06-12)[2018-11-27].https://mp.weixin.qq.com/s/cKwczC779w10ihdu6KBPCw.

③ 求解执法争议之“结”[N].新华每日电讯，2016-06-17.

出现质疑，首先需要对自身进行反思，自我检查当前或以往是否有哪些工作存在不足导致或积累了公众的不满情绪。

2016 年 6 月 1 日，甘肃省陇南市成县卫生计生局政务微博管理员发现《成县隆重举行“5 · 29”计生协会主题活动》的微博被个别网民转发的同时，配以文字及漫画图片，表达了对计划生育政策的不同意见。该局微博管理员发现后用评论的方式进行劝导，在劝导过程中，该微博管理员对攻击国家计生政策的言论进行了驳斥，但语言过激。随后，个别网民将微博管理员与网民的对话截图，将对话的顺序重新组合，并配以攻击国家计生政策的文字，将截图和文字处理后，重新发布，引发部分不明真相的网民的不满，导致相关内容在网络上肆意传播，造成了不良影响。例如，有网友在微博中称“扒房、抢粮、牵猪、拉羊也是国家让你们做的？”该官方微博回应：“说得很对，当时就是政府让我们做的，我们是依法办事。”该官方微博甚至在回应其他网友的质疑时称，“我们是按国家政策办事，有什么不妥也是制定政策的人”“你年幼无知啊，本事大了去中央反映去，你敢吗？”[①]仿佛群众到了中央就要被抓起来似的，把中央跟群众进行了对立。本来是一次正常的政务宣传，在此过程中，个别公众表达了不同意见，这种意见的形成有其特殊历史性，也不见得是正确的，但官方政务微博与网友的公然“掐架”却严重损害了政府的形象。

近年来，类似甘肃省陇南市成县卫生计生局官方微博与网友“口水战”的现象并不少见，《新京报》对此做了一定程度的梳理。[②] 这种现象在本质上反映的是一些政务部门、公务人员面对质疑没有反思的能力，无法有效理解公众质疑的原因，不善于从公众质疑中去寻找问题的根源并引以为鉴。

3.正视存在的问题

包容和反思公众的批评和质疑只是一种态度，是避免产生次生舆情的必要前提。但是，公众诉诸舆情的最终诉求是要解决问题，舆情所承载的问题却并

---

① 韩佳耀.官微与网友较劲——谁缺了媒介素养？[EB/OL].(2016-06-15)[2018-11-27].https://mp.weixin.qq.com/s/7WFLiQAfWUn3R2rjGwuzsg.

② 林斐然，程媛媛，李馨，等.“官方微博与网友掐架”甘肃陇南回应称已批评[N].新京报，2016-06-12.

不能只靠包容和反思而自然解决。因此，对于政务部门来说，还需要寻求对舆情反映问题的实质性解决，如果有条件，还应该寻求根本性解决。如果仅有包容态度，而不去解决问题，任由问题继续存留，则可能给更大舆情爆发留下空间，政务部门自身的舆情环境也会恶化。

2018年1月2日，一段“毛振华控诉亚布力管委会”的视频开始在网络上强势传播。在视频里，中诚信集团创始人、中国人民大学经济研究所所长毛振华以一个成功民营企业家的身份控诉在亚布力“被欺负、被愚弄”，企业土地被非法侵占，旅行社前往景区遭威胁拦截。毛振华称管理委员会来了之后，是亚布力最黑暗的日子。视频很快引起了一些企业家的共鸣和舆论的关注，包括在网络上影响力很大的潘石屹连发三条微博声援毛振华：“喊冤！是为社会进步。”黑龙江省的营商环境问题，特别是雪乡的营商环境问题成了舆论诟病的对象。当天，黑龙江省委对外宣传办公室通过媒体回应称，此前省里并不知道亚布力的情况，视频出来后，黑龙江省委省政府高度重视毛振华反映的问题，目前已经专门派出省委省政府环境整治办、省政府企业投诉中心赴亚布力开展深入调查，会尽快公布调查结果。①

借助毛振华控诉亚布力管委会事件的舆情“发酵”，1月3日，一篇原本在2017年12月发布的微信文章《雪乡的雪再白也掩盖不掉纯黑的人心！别再去雪乡了！》②被网友再次翻出，进行“搭便车”式的动员与传播。该文章痛诉雪乡的赵家大院存在宰客行为。关于雪乡的营商环境问题出现叠加式舆论传播效果，黑龙江省在当时承受了巨大的舆论压力。

1月3日，关于“雪乡宰客”问题，黑龙江省大海林林业地区旅游局局长刘忠才表示，经查，文章中提到的赵家大院确实存在价格欺诈行为，按照规定已对其处罚5.9万余元，同时发现赵家大院在卫生及消防方面也存在问题，已责令其限期整改。③

---

① 金缕春，颜世龙.毛振华控诉黑龙江亚布力管委会 潘石屹声援：喊冤是为社会进步[EB/OL].(2018-01-02)[2018-11-27].http://www.cb.com.cn/zjssb/2018_0102/1218781.html.

② 雪乡的雪再白也掩盖不掉纯黑的人心！别再去雪乡了！[EB/OL].(2017-12-29)[2018-11-27].https://mp.weixin.qq.com/s/4mOFBNuOjeDx20ZiRVITw.

③ 钟荷.“雪乡宰客”涉事店家被罚款5.9万元！黑龙江有关部门回应：确实存在价格欺诈[N].新民晚报，2018-01-03.

1月4日,黑龙江省政府公布了对毛振华视频反映问题的调查与处理结果:第一,对亚布力管委会负责人给予处分,由亚布力管委会向阳光度假村道歉;第二,对亚布力管委会下属机构和人员自2017年10月以来出现的严重违纪违规行为,干扰阳光度假村正常经营活动的相关责任人,责成省森工总局党委,按照干部管理权限,予以严处;第三,由省国土资源厅公开选择第三方土地评估机构,依法依规对已占用的土地进行价格评定并依法处置;第四,关于亚布力管委会体制下一步将结合全省国有重点林区体制改革,做相应调整和进一步规范。①

在上述两个事件中,无论是道歉,还是对相关单位和干部的处理,或是责令商家整改,都只是回应舆情的权宜之策,公众在根本上关心的是雪乡亚布力的营商环境问题如何得到有效治理。按照这一诉求,黑龙江省接下来需要研究的是如何通过有效治理提高营商环境,修复雪乡已经出现的负面形象。然而,负面形象并没有就此止损。1月14日,网络上曝光的一段视频"疑似雪乡女导游让游客购买1,680元游乐项目"。在视频中,导游直言雪乡"九个月磨刀,三个月宰羊,大家都是羊"。导游还劝游客"宁可钱遭罪,也不要选择人遭罪,如果选择人遭罪,那么今天,你是真遭罪了"②。雪乡的营商环境问题再次成为舆论的中心。

诚然,"冰冻三尺非一日之寒",可以理解的是雪乡营商环境的恶化也不是监管缺位一天两天的结果,对营商环境的治理和改善也难以通过短短的十几天调查整改就能见效。经过接二连三的同类负面事件之后,1月17日,黑龙江省人民政府办公厅以一号文的形式发布了《黑龙江省人民政府办公厅关于切实加强全省冬季旅游市场综合监管的通知》,要求切实加强对冬季旅游市场整治工作的领导,认真研究、周密部署冬季旅游市场综合监管工作,建立健全旅游工作联席会议、旅游案件及线索转办督办、旅游案件联合查办机制,统筹旅游市场秩

---

① 黑龙江公布"毛振华视频"调查结果:管委会严重违纪[EB/OL].(2018-01-04)[2018-11-27].http://news.ifeng.com/a/20180104/54814580_0.shtml.

② 刁明康.疑似雪乡女导游称游客是"羊":九个月磨刀,三个月宰羊[EB/OL].(2018-01-14)[2018-11-27].http://www.thecover.cn/news/558544.

序整治工作。[1] 4月4日，黑龙江省人民政府法制办公室发布《关于征求〈黑龙江省优化营商环境条例〉起草工作意见和建议的通告》，面向社会征集拟采取的措施以及如何优化营商环境的其他对策等内容的意见和建议。[2] 此外，以机构改革为契机，黑龙江省还专门设立营商环境建设监督局。[3] 所有这些措施，都表明了黑龙江省政府正视营商环境恶化问题的态度，并下定决心加以改善，值得称赞。不过，对于营商环境恶化这一长期形成的"硬骨头"，要真正有效治理起来并非易事。2018年11月底，网络传播一幅雪乡景区酒店"明码标价"公示表，由于该图片显示的收费标准偏高，网友们纷纷吐槽雪乡这是"明码宰客"。一些网友算了一笔账，"一家三口去雪乡玩要准备2万元"[4]，经过整改后的雪乡再一次陷入舆论漩涡。

4.接受中肯的意见

政务舆情在一定程度上是连接政务部门和公众直接的纽带，起到下情上达的作用。政务部门对于质疑的包容更深一层的表现是能够接受通过舆情所表达的中肯意见，理解公众之所想，缩小政务服务与公众期待之间的差距。

2018年6月20日，微博网友"鋼筆樣子"爆料称，上海小学二年级的语文课本第24课《打碗碗花》（李天芳著散文），原文中的"外婆"全部被改成了"姥姥"。此内容很快引起了网络的热议，成为重大公共舆情。有网友找出了去年上海市教委针对这一问题的答复，上海教委认为，"姥姥"是普通话语词汇，而"外婆、外公"属于方言。在许多网友看来，"外婆"和"姥姥"都是方言，真正的书面语应该是"外祖母"。舆论批评：不尊重文本，对文本的任意删改，都是对原有信息系统的破坏，这不仅仅是文字问题，更是态度问题。更有媒体调侃，小学

① 黑龙江省人民政府办公厅.黑龙江省人民政府办公厅关于切实加强全省冬季旅游市场综合监管的通知：黑政办规[2018]1号[A/OL].(2018-03-13)[2018-11-27].http://www.hlj.gov.cn/wjfg/system/2018/03/13/010865626.shtml.

② 黑龙江省人民政府法制办公室.关于征求《黑龙江省优化营商环境条例》起草工作意见和建议的通告[EB/OL].(2018-04-04)[2018-11-27].http://www.hlj.gov.cn/zwfb/system/2018/04/04/010867953.shtml.

③ 黑龙江省人民政府机构设置表[EB/OL].(2018-10-20)[2018-11-27].https://heilongjiang.dbw.cn/system/2018/10/20/058090955.shtml.

④ 倪伟龄.雪乡：都说好不宰客了，你们咋就是不信呢？[N].经济日报，2018-11-28.

语文把“外婆”改成“姥姥”，以后是否要改唱《姥姥的澎湖湾》了？①

面对舆论客观的质疑和所提出的中肯意见，上海市教委还是表现出了较高的舆情素养，虚心接受了舆论的意见。6 月 23 日，上海市教委通过微信公众号“上海教育”对此事进行了回应，提出了四条处理意见：一是责成市教委教研室会同上海教育出版社迅速整改，向作者和社会各界致歉，并与作者沟通，将该文中“姥姥”一词恢复为原文的“外婆”一词，同时依法保障作者权益。二是按工作计划，今年 9 月起，小学二年级将使用国家统编语文教材，停止使用上海教育出版社出版的小学二年级语文教科书。三是要求全市教材编写工作要从中吸取教训，充分尊重作者原文原意，切实依法维护作者正当权益。四是将进一步加强教材编制的管理与指导，提高教材审查能力，提升教材质量。②

实际上，在政务工作中难免出现瑕疵或不足，出现问题并不可怕，可怕的是存在侥幸、执拗和自闭心理，不去面对和改正问题。从近年来的实践来看，只要正视并改正舆情所反映的问题，基本都能得到公众的谅解，舆情危机也能有效化解。

二、回应立场要有高度

好的政务舆情回应并非简单地就事论事，被舆论牵着走，而是要提高立场站位，在尊重客观事实的前提下，捍卫政府形象，维护公平正义，凝聚社会共识。

1.尊重客观事实

在舆情回应中，尊重客观事实的重点是要做到不包庇、不护短，但也不迎合。基于扎实的事件调查，如果属于政务主体或公务人员自身存在的问题，应当勇于承认和正视问题，向公众公开道歉，并表达将努力改正的态度和措施。与此同时，也不能为了在短期内平息舆情而去迎合舆论，给事件的后续处置和舆情引导留下“后遗症”。

---

① 赵清源.小学语文把“外婆”改成“姥姥”，以后要唱《姥姥的澎湖湾》了？[N/OL].新京报，2018-06-21[2018-12-10].https://baijiahao.baidu.com/s? id=1603895510558450414&wfr=spider&for=pc.

② 上海市教育委员会.上海市教育委员会关于上海小学语文教科书“外婆”改“姥姥”一事的处理意见[EB/OL].(2018-06-23)[2018-12-10].https://mp.weixin.qq.com/s/f84kjmlXJCMVQC31-Dqr3g.

2018 年 11 月 15 日，云南省楚雄州委组织部发布一批州管干部任前公示公告，其中拟提名为大姚县政协副主席候选人的李忠凯引发关注，其公示简历显示："李忠凯，男，汉族，1980 年 8 月生，大学学历，中共党员，1999 年 10 月参加工作。历任大姚县湾碧乡人大主席等职。现任大姚县湾碧乡党委书记。"在公示的照片上，李忠凯两鬓苍苍，头发花白。有网友据此认为李忠凯照片和年龄差距较大，质疑其年龄不真实，甚至有网友留言称"还以为是'60 后'"。楚雄州政府新闻办就此发布说明称，李忠凯的出生年月在全国干部档案专项审核中已作过核实，在提拔前再次作过审核确认。针对网友的质疑，楚雄州委组织部又迅速进行深入核查，经再次复核李忠凯的干部档案和户籍资料，确定公示中的照片为李忠凯本人，出生年月为"1980 年 8 月"，现任楚雄州大姚县湾碧傣族傈僳族乡党委书记。该乡位于金沙江干热河谷傣族和直过民族傈僳族聚集区，是楚雄州深度贫困乡镇之一。李忠凯于 2012 年 7 月以来一直在该乡工作，今年 10 月还获评"楚雄州担当作为的优秀基层干部"。针对有网友质疑"李忠凯 19 岁参加工作，为何是大学学历"，楚雄州委组织部相关人员介绍，李忠凯 1999 年 7 月从楚雄农校林学专业毕业，中专学历，2008 年 3 月到 2010 年 7 月在西南林大函授本科学习并毕业。①

在上述事件的回应中，楚雄州委组织部通过四种方式做到了尊重客观事实：一是声明程序合规。组织部称在公示前已做过核实和审核确认，也就是说，公示前的程序是符合规定的。二是再次进行调查。组织部称经再次调查，确认公示内容无误。这一回应内容实际上是针对公众对组织部门的质疑，例如，是否存在公示内容与档案本身有误。三是回应核心关切。在这一事件中，公众核心关注的是为什么一个"80 后"干部长得却像"60 后"。楚雄州委组织部对此进行了间接回应，称该干部所工作的大姚县湾碧傣族傈僳族乡是楚雄州深度贫困乡镇之一。该干部于 2012 年 7 月以来一直在该乡工作，2018 年 10 月还获评"楚雄州担当作为的优秀基层干部"。这一回应内容解释了为什么一位"80 后"干部会满头白发，那是因为基层工作的艰辛，而该干部又担当作为，并且还用了

① 吉哲鹏，丁怡全."满头白发的 80 后干部"火了！云南楚雄称照片与年龄均属实[N].新华社，2018-11-17.

其获得“楚雄州担当作为的优秀基层干部”称号作为佐证。四是直面敏感问题。针对有网友质疑“李忠凯19岁参加工作,为何是大学学历”,楚雄州委组织部通过事实阐述和数据支撑进行了回应,称李忠凯1999年7月从楚雄农校林学专业毕业,中专学历,2008年3月到2010年7月在西南林大函授本科学习并毕业。

正是因为站在尊重客观事实这一立场,楚雄州才没有在这一事件中被舆论牵着走,既回应了舆情,又向公众呈现了基层工作之苦,基层干部之艰辛。更重要的是,还传递了组织部门在干部任用上的积极导向,即不畏质疑、坚决使用担当作为的好干部。

2.捍卫政府形象

维护政府公信力和形象,既是政务舆情回应的目的之一,也应当是舆情回应过程中应有的基本立场。在政务舆情回应过程中,需要做到捍卫政府依法行政、积极作为、担当负责的形象。

2018年10月16日,一篇网传文章爆料:10月16日上午8点多,湖南省株洲县育红小学三年级某班27岁女教师被该县渌口镇派出所几个警察直接从教室带走,在审讯室里被关了7个多小时,下午3点左右才被放出。事情的起因是班里的一个女学生迟到,老师让她在教室前面站了几分钟。被罚站的女学生很快通过电话联系到家长,女学生爸爸随即报案,跟着警察到学校将女教师带到派出所。而女学生的父亲则是渌口镇派出所的副所长。这一文章很快被大量转发,媒体也纷纷跟进。这一事件的核心问题在于派出所副所长涉嫌滥用权力,严重损害了当地公安部门和政府的形象。

在上述事件的舆情回应上,尽管在速度上略显迟滞,但当地政府和相关部门还算是表现出了积极作为、担当负责的形象。一是正视问题,多方积极表态。10月18日下午,株洲县委宣传部相关负责人证实,女教师因罚站学生被带到派出所调查一事属实,目前县纪委已介入调查。株洲县教育局和县委宣传部分别向媒体证实,带队抓女教师的副所长即为被罚站女学生的父亲。育红小学校长晏春华告诉新闻媒体,针对此事,学校正在调查中。株洲县教育局办公室主任易智文告诉记者,教育局和公安局都已成立小组调查此事。18日20时13分,株洲县公安局官方微博发布警情通报称，县公安局已经对涉事派出所副所长赵某作出停止执行职务的决定，县纪委派驻纪检组和市公安局警务督察支队等相关部门正对此事件作进一步调查。[①] 二是还原事件过程并公正处理。经过调查，株洲县纪委监委于10月19日下午公布了调查和处理结果。在还原事件的基础上，基于事件的事实，株洲县纪委监委做出依规处理决定："赵明众（涉事派出所副所长）作为共产党员、公安干警，在处理师生关系、家校关系的过程中，违规使用公权力。违反公安机关办案回避规定，违规派警处理涉及本人家庭成员与他人的纠纷，且处置不当。株洲县纪委监委决定：给予赵明众记大过处分，由县公安局免去副所长职务，由组织人事部门将其调离公安系统。同时，对县公安局、渌口派出所等相关人员给予问责处理。"[②]三是声明将开展类似事件的预防教育活动。在10月19日下午对事件的调查和处理结果的通报内容中，株洲方面还表示："下一步将举一反三、加强教育，在全县干部队伍特别是政法部门和执法执纪部门开展作风集中整顿和法纪法规教育，严明工作纪律；要求教育部门加强学校管理，加强师德师风建设，营造尊师重教的良好氛围。"[③]

3.维护公平正义

如果说尊重客观事实和捍卫政府形象是政务舆情回应的基本立场，那么更高层级的立场则是要通过政务舆情回应来维护公平正义。从广义的政府概念出发，政府的存在本身就是为了维护社会秩序，而社会秩序的维护有赖于在维护过程中体现出公平正义原则。在负面事件处置和政务舆情回应中，不能为了快速平息事件而罔顾事实，甚至用公权力来压制一方去迎合另外一方，违反公平正义原则。

2018年10月16日，一段"哈尔滨摩托车土与的哥起争执后突发心脏病死亡"的视频在网络上流传。该视频内容发生在6月27日，视频内容显示，哈尔滨市一名摩托车司机与出租车司机起争执，双方发生口角，摩托车司机准备离

① 臧海平.警察、家长、教师群体形象的多输——"女教师罚站学生被带入派出所"舆情解析[EB/OL].(2018-11-05)[2018-12-10].http://www.dzwww.com/yuqing/yqfx/201811/t20181105_18030577.htm.

②③ 张斌，戴鹏.株洲县"女教师罚站学生被带入派出所"事件处理结果公布[EB/OL].(2018-10-20)[2018-12-10].http://hunan.voc.com.cn/mobile/article/201810/201810200749328136.html.

开时，心脏病突发身亡。当地出租车司机称，涉事出租车司机当时参与了施救，但男子不幸离世。一份《拘留通知书》显示，6 月 28 日 2 时，涉嫌过失致人死亡的滕某被刑事拘留。另一份《鉴定意见通知书》显示，吴某某符合生前在争吵、过度疲劳等状况下，冠心病急性发作死亡。哈尔滨市公安局南岗分局工作人员称，9 月上旬，南岗区检察院批准逮捕出租车司机。此新闻一出，迅即引发了网络的热议，很多网友为出租车司机“喊冤”。①

在此事件中，公众核心关注和讨论的是当地公安机关对出租车司机进行刑事拘留以及检察机关对该司机进行批捕的合法性问题。10 月 18 日，哈尔滨市南岗区人民检察院发通报称，针对社会关注的南岗区人民检察院审查批捕的滕广江过失致人死亡案，哈尔滨市人民检察院高度重视，现已责成南岗区人民检察院进行复查并报告结果。② 10 月 19 日，哈尔滨市人民检察院官方微信公众号发布《关于滕广江一案审查情况的通报》，在还原事件的基础上，称“根据我国刑法规定，构成过失致人死亡罪，主观上应存在过失，客观上应有导致他人死亡结果发生的行为。本案中滕广江、吴某某素不相识，双方发生口角时吴未表现出病状，依正常人的判断，滕广江难以预见吴某某患有心脏病。滕下车后，二人虽有争吵，但在双方妻子的劝阻下，并没有发生直接的肢体接触。纵观全案，滕广江在主观上没有罪过，客观上没有实施加害行为，不构成犯罪，依法不应予以逮捕。”通报同时称，哈尔滨市人民检察院指令南岗区人民检察院撤销对滕广江的批捕决定，南岗区人民检察院已于 2018 年 10 月 19 日撤销原批准逮捕决定，送达公安机关执行，同时建议公安机关撤销案件。③ 10 月 20 日 11 时许，南岗公安分局通过官方微博发布通报称：“南岗公安分局于 2018 年 10 月 19 日 22 时许，接到南岗区人民检察院关于撤销该院批准逮捕滕广江的决定书(哈南检刑撤强【2018】1 号)和撤销案件建议书(哈南检刑撤强【2018】60 号)。依据南岗区人民检察院法律文书，南岗公安分局立即依法对滕广江解除强制措施，并撤

① 嘤嘤.男子与的哥斗狠心脏病发身亡，的哥被批捕，网友热议[EB/OL].(2018-10-18)[2018-12-10].http://www.haijiangzx.com/2018/1018/1996916.shtml.

② 李涛，张月朦，李伟欣.哈尔滨市检察院回应摩托车主与出租车司机争执后死亡：责成区检察院复查[N].北京青年报，2018-10-18.

③ 李涛，张月朦，李伟欣.哈尔滨市检察院通报出租车司机过失致人死亡案：不构成犯罪 不应予以逮捕[N].北京青年报，2018-10-19.

销案件。”①

检察机关对滕广江批捕决定的撤销和公安机关最终对滕广江解除强制措施并撤销案件,是在事件层面对其进行了亡羊补牢,维护了一定程度的公平正义,还涉事出租车司机滕广江应有的公平。然而,在政务舆情回应的立场层面,此事件的回应立场并没有达到维护公平正义的高度,而仅仅是就事论事地进行了回应。如果是站在维护公平正义的立场,在此事件的处置和回应中,还应当至少包括以下四项内容:一是公安机关做出刑事拘留决定的过程和原因调查,过程中有无不正当执行公务的违纪违法行为。二是检察机关做出批准逮捕决定的过程和原因调查,过程中有无不正当执行公务的违纪违法行为。三是如果存在违法违纪行为,如何进行处理,或者并没有存在违法违纪行为,如何提高执法水平和能力。四是下一步通过何种措施避免类似事件的发生。

4.凝聚社会共识

好的政务舆情回应,除了回应当前舆论正在关注的事件之外,还应当通过回应和立场的表达,来凝聚社会共识,共同维护社会的基本价值体系。

2018 年 11 月 26 日,南方科技大学的科学家贺建奎宣布,一对名为露露和娜娜的基因编辑婴儿于 11 月在中国健康诞生。这对双胞胎的一个基因经过了修改,这使她们出生后即能天然抵抗艾滋病。这是世界首例免疫艾滋病的基因编辑婴儿。这一消息给全世界带来了重磅冲击,包括不少医学工作者在内的绝大多数公众对此产生怀疑。百余科学家联合声明表示这项所谓研究生物医学伦理的审查形同虚设,直接进行人体实验,只能用疯狂形容。

贺建奎的这一直接进行人体实验的做法实际上触碰了医学伦理和科技伦理的底线,甚至触碰了社会共识的底线。多个相关政务主体都对此表达了明确的态度。国家卫健委在获知事件后第一时间回应称,对此事高度重视,立即要求广东省卫生健康委认真调查核实,本着对人民健康高度负责和科学的原则,依法依规处理,并及时向社会公开结果。10 月 26 日晚间,深圳卫计委在微信公

---

① 周琦.“的哥与人口角致死案”批捕决定撤销,当事人今晨被释放[EB/OL].(2018-10-20)[2018-12-10].http://k.sina.com.cn/article_5044281310_12ca99fde01900mdao.html? cre=tianyi&mod=pcpager_focus&loc=33&r=9&doct=0&rfunc=27&tj=none&tr=9&wm=.

众号发布落款为“深圳市医学伦理专家委员会”的消息称，已启动对深圳和美妇儿科医院（疑似参与项目医院）伦理问题的调查，对媒体报道的该研究项目伦理审查书的真实性进行核实，有关调查结果将及时向公众公布。①

11 月 28 日，中国医学科学院发表声明称：“我们反对在缺乏科学评估的前提下，违反法律法规和伦理规范，开展以生殖为目的的人类胚胎基因编辑临床操作。在发展迅速的基因编辑技术研究和应用中，学术共同体更应强调遵循技术和伦理规范，开展负责任的医学研究与应用，维护国家科学形象，维护人类生命的基本尊严，维护学术共同体的集体荣誉。”“医学工作者是人类健康的坚强守护者，必须奉守科学精神，恪守科学原则，遵守法律法规，严守学术道德，真切把握好科技创新与伦理规范之间的关系，保证医学科技能够真正地为人类健康谋取福祉。”②同一天，国家卫生健康委员会和科学技术部也发表联合回应：“我们高度关注 11 月 28 日第二届国际人类基因编辑峰会有关‘免疫艾滋病基因编辑婴儿’信息，相关部门正在进行调查核实。我们始终重视和维护人民的健康权益，开展科学研究和医疗活动必须按照有关法律法规和伦理准则进行，对违法违规行为坚决予以查处。”③

相关政务主体的上述回应都是基于维护和凝聚社会共识的立场，即医学、科学的目的都是造福人类而非祸害人类；医学研究应遵从医学伦理底线和法律底线。

三、回应支撑要有力度

政务舆情回应的立场决定了回应的高度，而回应的成效则在很大程度上取决于回应所依据的支撑的力度，包括事件调查过程的周全程度、法规依据的准确程度、数据形式的丰富程度和依据的使用技术的规范可靠程度等。

---

① 深圳市医学伦理专家委员会启动“首例基因编辑婴儿”事件调查[EB/OL].(2018-11-26)[2018-12-10].http://tv.cctv.com/2018/11/26/VIDEqaB6E4aXKPYwl4zdJ2ww181126.shtml.

② 中国医学科学院.中国医学科学院关于基因编辑婴儿出生事件的声明[EB/OL].(2018-11-28)[2018-12-10].http://www.pumc.edu.cn/blog/中国医学科学院关于基因编辑婴儿出生事件的声明/?from=singlemessage&isappinstalled=0.

③ 国家卫生健康委员会，科学技术部.国家卫生健康委员会 科学技术部关于“免疫艾滋病基因编辑婴儿”有关信息的回应[EB/OL].(2018-11-28)[2018-12-10].http://www.moh.gov.cn/zhuz/ttyw/201811/3b74225f44e046cba3614f0a3777e8fc.shtml.

1.调查过程应周全

舆情回应以事件的客观事实为基础，而事件的客观性取决于对事件调查过程和取证的周全性。在舆情反映的问题调查过程中，政务主体应当尽可能周全地开展调查，以保证事件层面的数据经得起推敲，事件过程得到最大限度的还原。

2018 年 10 月 2 日，北京丰台区大红门某商场“抢孩子”风波引发舆论高度关注。丰台区警方接到报警后立即展开调查，认为“抢小孩”的老人(李某)系因为其儿媳拒绝李某见其孙子，思念心切，才到北京寻找孙子，从而发生了“抢孩子”的误会风波。丰台区警方将调查结果告知被抢孩子的父母时，父母并不能接受警方的这一结论，并诉诸网络寻求得到满意的答复，此后引发了重大舆论关注，北京市公安局随后介入。

经过调查，10 月 7 日，北京市公安局通报了事件的调查情况。在这一通报中，北京市公安局详细披露了调查取证的过程：一是涉案人员的背景情况，是否有犯罪前科。二是涉案人员的家庭情况，寻找老人抢孙子的原因。三是还原李某与其他涉案人员结伴寻找孙子的过程，进一步验证误会的可能性。四是事件现场走访，对多方证人进行取证。所有这些过程的还原都验证了事件发生之初丰台区警方积极介入和作为，所下的案件结论也是准确的，在还原事件真相的过程中，也还丰台区警方以公信力。

关于大红门某商场内孩子被抢一案调查的情况通报①

2018 年 10 月 2 日，丰台区大红门某商场孩子被抢一案引发社会高度关注，市公安局组织专班对案件进行了复核，现将相关情况予以通报：

10 月 2 日上午，女事主张某携其子(14 个月)在丰台大红门某商场内购物时，遇到 3 名女子阻拦，其中一名女子将躺在婴儿车内的孩子抱起欲离开，另两名女子对张某进行阻拦，事主呼救后，商场工作人员制止了 3 名女子的行为，并将孩子还回张某，3 名女子遂离开现场。后事主向丰台分局大

① 关于大红门某商场内孩子被抢一案调查的情况通报[EB/OL].(2018－10－06)[2018－12－10]. https://www.sohu.com/a/257931962_118019.

红门派出所电话报警,民警迅速处警,对事主进行访问,并同步开展查找涉案人员、询问证人、调取监控录像等工作,在此期间,涉案人员两次到商场营运部,称商场工作人员抢走了自家的孩子并要求归还,民警发现后,将上述几人控制,带回派出所审查。

因此案涉及未成年人,丰台分局立即部署刑侦支队和派出所共同开展工作,调取了案发现场的监控视频,询问了相关证人,对涉案人员进行了讯问,并与其户籍地公安机关取得联系,了解家庭及职业等相关情况(涉案人员均无违法犯罪前科)。现场监控视频、涉案人员供述及证人证言等证据能够互相印证,并还原事发过程。

经丰台分局工作查明,李某(女,62 岁,山东人),其子(男,39 岁,山东人)与儿媳张某某(女,38 岁,本市人)感情不和,其儿媳拒绝李某见其孙子(14 个月),双方自 2017 年 7 月孩子出生后就曾因李某想带孩子回老家抚养等原因而产生纠纷,之后李某就没有见过儿媳和孩子。期间,双方曾屡次发生矛盾,分别于 2017 年 8 月,2018 年 3 月、7 月、8 月在北京报警求助。2018 年 6 月 18 日,李某儿媳张某某到李某儿子户籍地法院起诉离婚,2018 年 8 月 21 日法院判决不准双方离婚。

李某及老伴因儿子与媳妇关系不合,一直见不到孙子,其多次向在从事销售工作中和外出旅游中结识的朋友沙某某(女,39 岁,内蒙古人)、高某某(女,68 岁,天津人)、运某某(女,63 岁,天津人)等人诉说以上情况,在日常交往中,几人关系较为密切,沙某某等同情李某的遭遇,愿意为李某找其儿媳要回孩子提供帮助。此次,李某与暂住在燕郊的沙某某及家住天津的高某某、运某某等相约于 10 月 2 日来到李某的儿媳所居住的丰台区角门东里某小区,准备找李某儿媳讨要孩子。上午 10 时许,李某从远处看到女事主张某推婴儿车出小区,从侧脸及体型上,错将张某认成自己的儿媳,在追赶过程中李某摔倒,其让沙某某、高某某和运某某继续去追赶“儿媳”,沙某某、高某某、运某某等人紧跟事主张某进入附近商场,并有强行抱走孩子的行为,被商场工作人员制止并报警,沙某某等人遂离开商场找到李某,并两次到商场营运部,对于商场人员阻止自己"带回孩子"表示不满,向商场讨要说法,后被现场工作的民警带回派出所询问。

对于李某等人的供述,办案民警先后走访了李某的儿子和儿媳,证实婆媳双方及夫妻双方确因感情不和、抚养权等问题有较深矛盾;走访了事发现场的商场员工和目击群众,证实了李某、沙某某等人有针对商场员工阻止"奶奶要回孙子"表示不满,要讨说法的情况;通过照片比对,证实事主张某与李某儿媳均配戴眼镜,身高、体态、脸型存在相似之处,且除李某远距离观察将人认错外,来"帮忙"的沙某某等人都没有见过李某儿媳本人;通过居住情况查询,事主张某与李某儿媳二人同住在一个小区内;通过调取监控视频,能够印证沙某某在小区东侧铁门徘徊,后沙某某等人尾随事主张某进入商场并抱走孩子且被制止的情况,以及李某等人事后到商场营运部,找商场工作人员"要孩子"的情况。

2018 年 10 月 3 日,丰台分局依据调查情况作出不予立案决定,并以扰乱公共场所秩序对李某、沙某某、运某某、高某某等 4 人作出行政拘留 5 日的处罚决定,其中高某某因患有心脏病、脑梗、糖尿病等多种疾病,依据《中华人民共和国拘留所条例》第十九条,停止执行拘留。

因对公安机关工作有异议,2018 年 10 月 4 日,事主张某的爱人到丰台分局提请复议,分局已经受理。目前案件正在进一步办理中。

2.法规依据需准确

依法行政、依法执法、依法作为是政务部门在所有工作中都需要始终坚持的。在政务舆情回应中,回应内容所依据的法律法规也应当做到准确,体现公平公正,不渎职,不滥用权力。

2018 年 6 月以来,艺人范冰冰涉嫌偷逃税问题引发舆论高度关注,税务机关也及时介入调查。经过数月的调查,10 月 3 日,税务部门通过媒体通报了依法查处范冰冰"阴阳合同"等偷逃税问题。① 这一通报在公布了范冰冰偷逃税

① 税务部门依法查处范冰冰"阴阳合同"等偷逃税问题[N].新华社,2018-10-03.

的事实的前提下，做出了对范冰冰的依法处罚决定，并对处罚决定所依据的相关法规进行了明确阐述。

首先，对于偷逃税的罚款，依据的是《中华人民共和国税收征管法》和《中华人民共和国税收征管法实施细则》。“依据《中华人民共和国税收征管法》第三十二、五十二条的规定，对范冰冰及其担任法定代表人的企业追缴税款 2.55 亿元，加收滞纳金 0.33 亿元；依据《中华人民共和国税收征管法》第六十三条的规定，对范冰冰采取拆分合同手段隐瞒真实收入偷逃税款处 4 倍罚款计 2.4 亿元，对其利用工作室账户隐匿个人报酬的真实性质偷逃税款处 3 倍罚款计 2.39 亿元；对其担任法定代表人的企业少计收入偷逃税款处 1 倍罚款计 94.6 万元；依据《中华人民共和国税收征管法》第六十九条和《中华人民共和国税收征管法实施细则》第九十三条的规定，对其担任法定代表人的两户企业未代扣代缴个人所得税和非法提供便利协助少缴税款各处 0.5 倍罚款，分别计 0.51 亿元、0.65 亿元。”

其次，关于听证程序的合法性，依据的是《中华人民共和国行政处罚法》和《江苏省行政处罚听证程序规则》。“依据《中华人民共和国行政处罚法》第四十二条以及《江苏省行政处罚听证程序规则》相关规定，9 月 26 日，江苏省税务局依法先向范冰冰下达《税务行政处罚事项告知书》，对此范冰冰未提出听证申请。”

再次，限定其按期缴纳税款、滞纳金、罚款，依据的是《税务处理决定书》和《税务行政处罚决定书》。“9 月 30 日，江苏省税务局依法已向范冰冰正式下达《税务处理决定书》和《税务行政处罚决定书》，要求其将追缴的税款、滞纳金、罚款在收到上述处理处罚决定后在规定期限内缴清。”

最后，对于刑事责任的追究与否，依据的是《中华人民共和国刑法》。“依据《中华人民共和国刑法》第二百〇一条的规定，由于范冰冰属于首次被税务机关按偷税予以行政处罚且此前未因逃避缴纳税款受过刑事处罚，上述定性为偷税的税款、滞纳金、罚款在税务机关下达追缴通知后在规定期限内缴纳的，依法不予追究刑事责任。超过规定期限不缴纳税款和滞纳金、不接受行政处罚的，税务机关将依法移送公安机关处理。”

由于法规依据清晰，尽管少数公众对于“由于范冰冰属于首次被税务机关按偷税予以行政处罚且此前未因逃避缴纳税款受过刑事处罚，上述定性为偷税的税款、滞纳金、罚款在税务机关下达追缴通知后在规定期限内缴纳的，依法不予追究刑事责任”这一决定存留不同意见，但并不能在法律上产生根本性质疑。实际上，税务部门的这一依法决定恰恰是依法行政的表现。如若为了迎合舆论而逾越了法律范畴，税务部门就涉嫌违法了，反倒会遭到舆论的更大质疑。

3.数据形式可多元化

在新媒体时代，舆情信息的表现形式以及舆情动员的方式都是多元化的。为了获得更好的回应效果，舆情回应过程中也可以采取多元化的数据支撑形式，如图片、视频、3D 动画等。

2018 年 10 月 28 日上午，重庆市万州区一辆公交车与一辆小轿车在万州区长江二桥相撞后，公交车坠入江中。事件发生后，在引发舆论重大关注之余，关于事件发生原因的讨论也出现了多个版本，例如，有人自以为是地将肇事责任归结为小轿车上的女司机；还有人传言公交车司机在前一天晚上喝了酒，言下之意系公交车司机酒后驾车所致。11 月 2 日，相关部门召开新闻通气会，[①]在对事件原因的调查过程中，相关政务机关采取了非常理性的态度，拓宽调查渠道，对整个事件发生过程做了周全的调查，并且通过多元数据形式还原了事件真相。

一是电子数据，包括监控录像、行车记录仪及 SD 卡。“公安机关先后调取监控录像 2,300 余小时、行车记录仪录像 220 余个片断，排查事发前后过往车辆 160 余车次，调查走访现场目击证人、现场周边车辆驾乘人员、涉事车辆先期下车乘客、公交公司相关人员及涉事人员关系人 132 人。10 月 31 日凌晨 0 时 50 分，潜水人员将车载行车记录仪及 SD 卡打捞出水后，公安机关多次模拟试验，对 SD 卡数据成功恢复，提取到事发前车辆内部监控视频。”[②]公交车内的监

---

①② 黄宇.重庆通报公交车坠江原因：乘客与司机互殴[EB/OL].(2018-11-02)[2018-12-10].https://news.sina.com.cn/c/2018-11-02/doc-ihmutuea6238882.shtml.

控视频[①],一经披露后就在网上形成了巨大传播,直接有效地还原了事发当时的情况。

二是实地调查数据。"公安机关对22路公交车行进路线的36个站点进行全面排查,通过走访事发前两站(南山岔路口站、回澜塔站)下车的4名乘客,证实当时车内有一名中等身材、着浅蓝色牛仔衣的女乘客,因错过下车地点与驾驶员发生争吵。经进一步调查,该女乘客系刘某(48岁,万州区人)。综合前期调查走访情况,与提取到的车辆内部视频监控相互印证,还原事发当时情况。"[②]对于网传的公交车驾驶员前一天喝酒的内容,也通过实地走访调查数据进行了回应。"对驾驶员冉某事发前几日生活轨迹的调查显示,其行为无异常。事发前一晚,驾驶员冉某与父母一起用晚餐,未饮酒,21时许回到自己房间,精神情况正常。"[③]

三是必要性第三方数据,包括天气情况、车辆安全性情况等。"事发时天气晴朗,事发路段平整,无坑洼及障碍物,行车视线良好。车辆打捞上岸后,经重庆市鑫道交通事故司法鉴定所鉴定,事发前车辆灯光信号、转向及制动有效,传动及行驶系统技术状况正常,排除因故障导致车辆失控的因素。"[④]

四是还原性动画视频。在相关部门逐步通报和还原事件的过程中,不少媒体纷纷根据通报的信息以动画形式对事件进行了还原,[⑤]更进一步辅助了政务主体的舆情回应。

所有调查过程和结论综合在一起就得出了事件发生的原因,且很强有力。

4.技术规范要可靠

除了调查过程、法律法规和数据支撑之外,在一些政务舆情的回应过程中,还需要根据相关技术规范对一些事件进行认定,而技术规范的可靠性是事件真相可靠性的前提。当然,对于部分政务部门,特别是基层政务部门而言,对技术

---

① 呱呱看天下.【真相】重庆万州公交车坠江事故:车内监控曝光 事故原因已查明[EB/OL].(2018-11-03)[2018-12-10].https://www.iqiyi.com/w_19s3i859ah.html.

②③④ 黄宇.重庆通报公交车坠江原因:乘客与司机互殴[EB/OL].(2018-11-02)[2018-12-10].https://news.sina.com.cn/c/2018-11-02/doc-ihmutuea6238882.shtml.

⑤ 重庆万州公交车坠江事故:动画还原事故全过程[EB/OL].(2018-10-30)[2018-12-10].http://v.china.com.cn/news/2018-10/30/content_69011925.htm.

规范及其可靠性的把握存在一定难度,此时可以借助第三方机构的技术力量,以保障技术规范依据的可靠性。

2018 年 11 月 28 日,河北省张家口市桥东区大仓盖镇盛华化工有限公司附近发生一起爆炸事故,导致 23 人死亡、22 人受伤。对于引发事故的原因,在事故之初,相关各方都认为和自己没有关系。为了回应公众关切,找到事故发生的直接原因,张家口市政府进行了大量努力。由于涉嫌危化品爆炸事故,当地政府为了确保技术规范依据的可靠性,引入了第三方机构的技术力量。“在应急管理部的精心指导和大力帮助下,事故调查组从中国化工协会、上海氯碱化工股份有限公司、应急管理部消防研究所等单位选调了 15 名行业权威专家,邀请公安部门国家级爆炸专家,组成事故调查专家组,通过事故现场勘察、查阅相关资料、调阅操作参数、询问有关人员、专家技术分析,现已初步查明,张家口市‘11 · 28’爆燃事故直接原因是:中国化工集团河北盛华化工有限公司氯乙烯气柜发生泄漏,泄漏的氯乙烯扩散到厂区外公路上,遇明火发生爆燃。”①这一可靠的技术调查,科学客观地界定了事故的原因,在有效回应舆情的同时,也为后续的善后安置提供了依据。

四、回应内容要有温度

回应内容是政务舆情回应工作的直接成果,直接体现政务主体的立场,表达政务主体的态度和观点,也直接决定舆情回应效果。《国务院办公厅关于在政务公开工作中进一步做好政务舆情回应的通知》要求,回应内容应围绕舆论关注的焦点、热点和关键问题,实事求是、言之有据、有的放矢,避免自说自话,力求表达准确、亲切、自然。② 政务舆情回应的内容要有一定的温度,以体现政务部门的服务宗旨。

---

① 张家口“11 · 28”爆燃事故直接原因初步查明[EB/OL].(2018-11-30)[2018-12-24].http://www.xinhuanet.com/legal/2018-11/30/c_1210006171.htm.

② 国务院办公厅.国务院办公厅关于在政务公开工作中进一步做好政务舆情回应的通知:国办发[2016]61 号[A/OL].(2016-08-12)[2018-12-24].http://www.gov.cn/zhengce/content/2016-08/12/content_5099138.htm.

1.供给足够信息

任何时候,无论舆情处于什么样的热度,阐述基本事实都是政务舆情回应的首要内容。政务部门应当客观、理性、中性地阐述舆论所关心问题的基本情况,不能有任何的不实内容。当然,在突发事件舆情回应过程中,由于事件初期对信息掌握得不够精确,允许阶段性地根据所掌握的信息进行披露,并且不断补充和完善,但一定要保证每次披露的信息是真实的,且是在当时情况下尽量满足公众知晓需求的信息。

2018 年 11 月 4 日凌晨,福建省泉州市码头的一艘石化产品运输船发生泄漏,69.1 吨碳九产品漏入近海,造成水体污染。事发当日,泉港区农林水局发布《通知》,不过内容相当简短,只是要求暂缓捕捞、销售和使用污染水域的水产品,对泄漏物可能致害的后果,没有任何风险提示,甚至连泄漏物的名称也未通报。而在涉事石化公司的《承诺书》中,同样没看到基于化工品对身体、环境的明确警示,让渔民无法以正确的方式及时止损。泉港区环保局当天也发布通报,称事件调查已全面展开,已委托专业机构对水质、海产品进行取样检测。据悉,碳九泄漏海域清理工作已经基本完成,相关赔偿事宜也将在调查及评估后有序开展。11 月 5 日,泉港区农林水局发布《关于暂缓起捕、销售、使用辖区肖厝村海域水产品的紧急通知》,称待水产监测报告出来后再作决定。当天,泉港区农林水局局长又提到,“油污已全部清除完”。[①] 然而,所有这些回应内容,都由于信息供给不足而没有得到公众的认可。与此同时,网络中当地居民提供的一些现场图,呈现了污染程度严重的画面,构成了对上述回应内容的反驳。由于信息供给的不足,当地民众由此陷入了较大的恐慌,而其他公众也更加关注事故处置过程中是否存在瞒报的情况。正如有媒体所评论的,足够透明的信息公开,以及遵守环境污染事件应急流程的处理方式,才能让外界信服。不作风险提醒,不告知渔民如何应对,这不是对公共健康负责的善后逻辑。[②]

---

① 11·4 福建泉港碳九泄漏事故[EB/OL].(2018-12-16)[2018-12-24].https://baike.baidu.com/item/11·4 福建泉港碳九泄漏事故/23136075? fr=aladdin#reference-[2]-23695150-wrap.

② 余寒.光明时评:泉港碳九泄露,事实不该成谜[EB/OL].(2018-11-07)[2018-12-24].https://xw.qq.com/cmsid/20181107A1M4QD00.

因此，政务舆情在回应之前需要进行必要性评估，评估内容之一就是即将回应的内容是否有信息增量。没有信息增量的回应是多余的，不但不能有效满足公众关切，还会引致更多质疑。

2.表达诚恳态度

政务舆情回应的目的之一是通过回应澄清事实，得到公众对政务部门的谅解甚至支持。在回应内容中，态度诚恳十分重要，要通过回应传递虚心接受舆情对所指涉领域问题的批评的信息，有则改之，无则加勉。诚然，在一些政务舆情传播过程中存在着夸大其词的现象，即便如此，作为政务主体，也应当表现出适当的克制和理性，否则可能招致更多的质疑，甚至产生次生舆情。

2016 年 12 月 9 日，一篇题为《每对母子都是生死之交，我要陪他向校园霸凌说 NO》的文章在网上广泛传播。文章作者称，自己是一位母亲，儿子是北京市海淀区中关村第二小学的学生，刚刚满 10 周岁，在学校遭遇校园霸凌。文章写道，11 月 24 日，儿子在学校厕所如厕时，两名同班男生进入厕所。其中一人堵住门口提出“我要开门看你的屁股”，另一人则将有厕纸、尿液的垃圾筐扔下来，“正砸在儿子的头上，尿和擦过屎的纸洒了他一脸一身。那两个男生见状，哈哈哈一阵嘲笑跑走了，全程不到一分钟”。事发后，她的儿子满脸污秽，哭着进行了自我清理。①

12 月 10 日，中关村二小通过其官网发布声明，对事件进行了回应。然而，在这仅有四段话的声明中，却丝毫没能看出其面对质疑的诚恳态度，反而流露出了较为强烈的“店大欺客”的气息。有网友很快对其声明的四段话进行了语意解读：“第一段，我校很牛；第二段，我校已处理；第三段，再在网上议论我校，分分钟给你发律师函；第四段，快散了吧，虽然你们不能把我校怎样，但还是挺烦人的。”②更有媒体发表评论称“中关村二小的声明不是回应而是挑衅”“我们弄不明白的是，中关村二小这样做的底气究竟在何方？其自信到底来自哪里？按理说，欺凌行为发生在校园，面对家长的诉求与舆论的监督，学校最应该做

① 中关村二小校园霸凌事件始末介绍 老师称开了一个过分玩笑？［EB/OL］.（2016-12-10）［2018-12-24］.http://www.huanqiu.com/www/mobilenews/hot/2016-12/9796681.html.

② 见“游识猷”的新浪微博，发表时间 2016-12-10，17:06。

的，首先便是向大家就自己的管理失职道歉，然后再针对公众疑问，主动告知此事的最新进展，以及接下来的解决办法，而不是急匆匆地警告外界不要发布不实言论。”①

中关村二小关于“校园欺凌”事件的声明②

承蒙社会各界长期以来对学校的关注和支持，我校一直认真落实教育部、北京市以及海淀区教委文件精神，始终坚持立德树人，秉承二小的办学理念，关心、爱护学校的每一位学生，坚守教育责任，努力让每一位学生都能健康快乐成长。

近期，一起发生在我校三名中年级学生、家长之间的事件引发了社会的关注。从事发到现在，学校一直在积极努力协调，客观、公正地处理几方家长间的相关诉求和矛盾纠纷。本着保护好每一位未成年孩子的合法权益，特别是事件中提到的受伤害的未成年人原则，学校还将做持续努力，力争达到多方认可的结果。

此外，针对近期网络上出现的关于我校以及相关事件的不实言论，我校将保留通过法律途径维护学生及学校声誉，并追究相关主体责任的权利。

在此，我们真诚地呼吁：关心关注此事的媒体和公众，从保护未成年人健康成长、维护学校正常教育秩序的角度出发，让教育问题回归校园进行处理。我们诚恳接受社会各界的监督和帮助！

北京市海淀区中关村第二小学

2016 年 12 月 10 日

中关村二小这种态度不诚恳的回应是缺乏温度的，不仅起不到还原真相、安抚公众的效果，反而刺激了公众的情绪，招致更多的批评和质疑。不过，经过初次回应所收获的更多质疑和批评之后，中关村二小开始了认真反思。12 月

① 张剑.中关村二小的声明不是回应而是挑衅[EB/OL].(2016-12-10)[2018-12-24].http://view.k618.cn/wlgcy/201612/t20161210_9711406.htm.

② 中关村二小回应校园欺凌事件：对不实言论追责[EB/OL].(2016-12-10)[2018-12-24].https://news.china.com/domesticgd/10000159/20161210/30073319.html.

13日学校发布了《中关村第二小学关于"学生受伤害事件"的处理进展情况》,通报了对事件的调查过程,以及学校在事件发生后所采取的措施。更重要的是在这一通报内容一开始,中关村二小就表示"对该事件的发生,我们深深自责;对该事件给学生及家长带来的伤害,我们深表歉意"。并且在最后一部分表示"通过此事件,我们将汲取教训,以此为鉴,本着认真理性、客观公正的原则,妥善处理,同时严格学校日常安全管理,开展心理辅导,组织系列主题活动,通过师生互动、同伴交流等方式,引导学生建立平等友爱的同学关系,让每一位孩子在我们的校园里健康成长、全面发展"。[①] 这样理性、克制、自省的态度才最终得到了公众的接受。

3.善于换位思考

在政务舆情回应中,要做到有理有据,但在有些时候还要做到有情。如果仅仅有理有据,在一些舆情回应中可能没有大的问题,但在有些舆情回应中可能就会碰壁。对政务部门而言,在舆情回应中还需要深入舆情产生的具体原因中,寻找在特定背景下的具体回应策略和内容。这就要求政务部门在舆情回应中要善于换位思考,去分析和研究不同舆情参与主体的动力和诉求,去真正理解舆情产生的核心原因。

2018年10月10日上午,杭州市余杭区名位"山兔的小饼干"的网友发了一条微博称求助消防大队遭到拒绝。从文字上,这位网友用词相当不雅。事情其实很简单,这位网友的狗在小区门口被绞住了腿,随后他想到了找119求助,但显然,这样没有危及任何人员生命财产安全的报警,并没有被消防部门所接受。半个小时后,在邻居帮助下,小狗最终脱险。深感愤怒的他在网上@了杭州消防以及中国消防部门,痛斥消防部门"不作为",希望能得到一个说法。第二天,应急管理部消防救援局官方微博"中国消防"对此进行了回应:"你好,消防员依据国家法律承担重大灾害事故和其他以抢救人员生命为主的应急救援工作。基层消防队在不影响正常执勤战备情况下,也会参与社会救助,应急救援资源有限,解救小动物这种困难,我们并不能百分之百地满足。我们永远是人民消

① 中关村第二小学关于"学生受伤害事件"的处理进展情况[EB/OL].(2016-12-13)[2018-12-24]. http://www.xschu.com/xiaoshengchu/13/17723.html.

防队伍,这一点是不容置疑的!”[①]“中国消防”的这一回应有理有据,只陈述观点,不直接否定对方。在陈述观点的过程中,既阐述了法律赋予消防队伍的职能,还传递了应急救援中的“急”与“不急”,在保证先救急的前提下再满足救“不急”,同时清晰地表达了立场高度“我们永远是人民消防队伍”。这一回应内容既有效回应了质疑,也潜在地进行了一次公众教育,得到了公众广泛好评。

4.拥有人文关怀

政务部门是在其职能范围内提供公共服务的机构,政务舆情所指涉的问题大多都与公共服务有关。政务舆情回应的内容要有基本的人文关怀,即便做不到站在很高的立场“有所为”地去体现人文关怀,也要避免出现低层次的“有所不为”地缺乏人文关怀。政务舆情回应中一旦缺乏人文关怀,就很容易刺激公众情绪,因为公众都是由一个一个作为个体的人构成的。

2015 年 1 月 2 日 13 时 14 分,位于黑龙江省哈尔滨市道外区太古头道街的北方南勋陶瓷大市场的三层仓库起火,过火面积 1.1 万平方米。当晚 19 时许,外部的明火被扑灭,随后消防人员进入仓库内部继续清理火灾隐患。21 时 37 分,持续了 9 个多小时的大火导致仓库所在的居民楼塌方,多名消防战士被压在里面。有 2 名消防战士当场牺牲,15 名消防战士及 1 名保安人员被送到医院救治,有 1 名消防战士因为抢救无效牺牲,另外有 2 名消防战士失联。在大火烧了 13 个小时,消防战士牺牲和失联了近 7 个小时之后,本来就已经失去舆情回应第一时间节点的当地官方在 1 月 3 日凌晨 4 时 25 分通过公安官方微博“平安哈尔滨”发布了长微博《哈尔滨市道外区太古街 727 号库房火灾基本情况》,通报事件情况,对事件进行了首次回应。然而,这篇仅有 585 个字的通报,表达“领导高度重视”的内容却占了 258 个字,从黑龙江省委主要领导到哈尔滨市主要领导、分管领导细数罗列了一遍,引发网友对其官僚主义的强烈谴责。

① 杭州大学生微博怒斥消防不救狗 官方回应让网友点赞![N/OL].杭州日报,(2018-10-11)[2018-12-24].https://xw.qq.com/cmsid/20181011A1F2OW/20181011A1F2OW00.

哈尔滨市道外区太古街727号库房火灾基本情况①

2015年1月2日13时14分，哈尔滨市道外区太古街727号一日杂品仓库发生火灾，该仓库系非消防安全重点单位，钢筋混凝土结构，使用性质为批发零售小商品。

火灾发生后，黑龙江省委、省政府和哈尔滨市委、市政府高度重视。省委书记×××赴现场指挥；省长×××做出批示，要求省直有关部门要迅速调动力量进行救援救治，迅速查明被埋有关消防人员情况，迅速查明火灾原因；省委常委、省委秘书长×××和省政府秘书长×××到现场组织灭火、救援、救治；市委书记×××第一时间做出部署，市长×××，市委常委、常务副市长×××，市委常委、宣传部长×××，副市长×××等市领导现场指挥灭火、救援、救治工作；省委办公厅、省政府办公厅、省安监局、省公安厅、省卫计委、省公安消防总队等部门的负责人现场协助指挥。

火灾发生后，哈尔滨市公安消防支队第一时间组织集中警力，于13时23分赶到现场，开展灭火救援，及时疏散了群众，哈尔滨市公安消防支队共出动17个消防中队、110台消防车、指战员480人。消防部队到达后，发现靠太古街一侧二层中部起火，火势猛烈，该仓储情况复杂，给灭火救援带来相当大的难度，消防官兵英勇奋战，及时疏散、保护了群众。21时37分，大楼突然坍塌，造成消防队员伤亡，截至目前，有两名消防战士当场牺牲；15名消防战士及一名保安人员被送到医院救治，其中1名战士经抢救无效牺牲；另有两名消防战士失联；群众全部撤离无伤亡；火灾原因正在调查中。

这种官僚主义的舆情回应内容严重缺乏人文关怀，不但不能有效平息舆情，反而更进一步刺激了公众情绪。正如有媒体所评论的："事故发生后，无论领导如何高度重视，似乎都不能挽回失去的生命，也不能化解死者家人的悲痛。希望各地各部门要真正担负起职责，要在事前高度重视，而不能等到事故发生后才去高度重视。领导高度重视要做到常态化，不仅要在事中、事后有积极的

① 见"平安哈尔滨"的新浪微博，发表时间为2015-01-03，04：25.

妥善处置,更要在事前高度重视,积极预防各类安全事故的发生。”①

更令人遗憾的是当地政务部门似乎并未感知到公众的不满情绪,没有从挨骂中吸取教训,导致同样的错误再次出现。1 月 3 日晚上,在微博账号“平安哈尔滨”所发布的公安部领导慰问受伤消防员的内容中,旧习不改,再一次选择了官僚主义,也再一次选择了挨骂。在文字内容上,“平安哈尔滨”写道:“受国务委员、公安部部长×××的委托,公安部党委委员、政治部主任×××到哈尔滨医科大学附属第一医院亲切看望了受伤的消防战士,省委书记×××陪同。”这一内容若放在平时或其他背景下并没有什么问题,但在公众的愤怒还未从其首次回应的官僚主义中平息下来时,这么快又来一次“领导高度重视”,显然再一次揭开了公众的伤口。不少网友对此进行了批评。更加饱受质疑和批评的是这一微博内容所附的两张新闻图片。在图片中,受伤的消防员只露了半张脸,与此形成鲜明对比的是,前来“亲切看望”的几位领导百分之百入镜。

① 哈尔滨市道外区太古街 727 号库房火灾基本情况[EB/OL].(2015-01-03)[2018-12-24].https://weibo.com/harbinpolice.

第八章　机制建设:既定程序比人更靠谱

舆情回应不是某一个公务人员的工作,而是政务部门的工作内容之一,不能仅凭公务人员的工作热情和回应能力。政务工作需要建立机制,政务舆情回应工作同样应当依靠相应的机制。相对于公务人员个体,建立程序化的政务舆情回应机制,更有助于提高回应的有效性。《国务院办公厅关于在政务公开工作中进一步做好政务舆情回应的通知》和《国务院办公厅〈关于全面推进政务公开工作的意见〉实施细则》要求"建立健全政务舆情收集、会商、研判、回应、评估机制""建立与宣传、网信等部门的快速反应和协调联动机制""建立政务舆情回应激励约束机制"等。两个文件要求建立的相关政务舆情回应机制是从舆情回应流程的角度出发的。对于一级政府而言,需要建立的政务舆情回应机制至少应当包括常态政务舆情回应机制、突发事件信息发布机制、跨辖权舆情的联动机制和借助外脑支持决策机制等。

一、常态政务舆情回应机制

建立常态政务舆情回应机制,旨在通过机制对政务部门进行授权,在发现政务舆情时可以直接回应,减少舆情信息出现时的层层报批,提高政务舆情回应的时效性。常态政务舆情回应机制主要包括《国务院办公厅关于在政务公开工作中进一步做好政务舆情回应的通知》和《国务院办公厅〈关于全面推进政务公开工作的意见〉实施细则》所要求建立的政务舆情收集、会商、研判、回应、评估机制等。

1.舆情收集机制

现阶段,各级政府宣传和网信部门都建立了舆情信息收集机制。除此之外,每个政务部门也都有职责收集涉及自身职能范围内的舆情信息。因此,有必要建立自己的常态舆情收集机制,主动收集涉及本部门的政务舆情信息,以提高舆情回应的时效性。

2.信息通报机制

舆情信息通报机制是政务部门之间的相互报告机制,至少包括三个层面:

第一,宣传和网信部门向职能政务部门通报舆情信息机制。在宣传和网信部门的常态舆情监测中,发现舆情信息时要有相应的机制将信息通报给舆情涉及的相关部门,以便职能政务部门调查和解决舆情所反映的问题。

第二,职能政务部门向宣传和网信部门通报舆情信息机制。职能政务部门在通过自身舆情收集机制和渠道获取到舆情信息时,同样要有相应的机制将信息通报给宣传和网信部门,让宣传和网信部门周知舆情信息的同时,寻求宣传和网信部门的专业支持。

第三,舆情涉及的政务职能部门之间的舆情信息通报机制。在一些舆情中,其所反映的问题可能涉及多个政务部门,需要相关涉事部门之间互相合作才能有效回应。这就要求舆情涉及的政务职能部门之间也要建立舆情信息通报机制。

一般情况下,宣传和网信部门与职能政务部门之间都有联系,他们之间的舆情信息通报机制比较容易建立。而不同职能政务部门之间虽然在日常工作中可能有联系,但很难做到每个政务部门之间都有既定的舆情信息通报机制。这就需要宣传部门在其中发挥桥梁作用,可以通过开通和建立舆情信息微信群的形式,将不同政务部门都拉到群中来,在必要时政务部门之间可以搭建舆情信息通报机制。当然,宣传部门也可以主动搭建宣传部门和舆情涉及的相关部门共同存在的微信群,建立舆情信息多方通报与共享机制。

3.会商研判机制

笔者在前面章节中特别强调过,在舆情回应之前,对舆情信息的研判十分重要。因此,政务部门需要建立舆情会商研判机制,对收集到的信息加以研判,避免因为过于强调速度而在舆情回应中犯一些没有必要的或者低级的错误。

4.口径管理机制

会商研判机制的目的之一是准备舆情回应的口径,因此还需要建立口径管理机制,确保舆情信息的管理和出口统一化。政务部门的主要负责人应统一把握新闻发布或舆情回应的口径,亲自发布和回应或指定专门人员进行统一发布和回应,避免多头回应,口径不一,甚至是相互矛盾、相互冲突。指定的专门人员可以是本部门的新闻发言人,也可以是其他熟悉舆情所反映情况的人员。

5.分级回应机制

舆情的影响程度有大小之分,对不同影响层级的舆情回应主体也应当是根据权威性进行对应的。因此,常态政务舆情回应机制还应当包括分级回应机制,明确不同层级政务主体所需回应的舆情条件和程序,以便各层级政务主体能够各司其职,根据条件和程序实现自动响应。

6.效果评估机制

《国务院办公厅〈关于全面推进政务公开工作的意见〉实施细则》要求建立效果评估机制。“建立健全科学、合理、有效的量化评估指标体系,适时通过第三方评估、民意调查等方式,加强对信息公开、政策解读、回应关切、媒体参与等方面的评估,并根据评估结果不断调整优化政务公开的方式方法。评估结果要作为政务公开绩效考核的重要参考。”效果评估机制是常态舆情回应机制的内容之一,同时也是动态调整和优化舆情回应内容以及方式方法的重要保障。特别是对于重大舆情或者敏感程度较高的舆情,效果评估机制的建立更为重要,有助于在提升舆情回应科学性的同时,督促涉事政务主体重视政务舆情及舆情回应工作。

二、突发事件信息发布机制

对于所有政务部门来说,预防和处置突发事件都是一项必不可少的工作。

建立突发事件信息发布机制，及时有效回应社会关切，既是政务部门应对突发事件工作的重要组成部分，也是政务部门政务舆情回应机制建设的重要内容。

现阶段，各级政府都已经制定了各自的总体应急预案以及相关的专项应急预案和部门应急预案，对相关突发事件应对的主体、程序和责任等进行规定。但在突发事件应对实践工作中，这些预案往往都被束之高阁，很少真正发挥作用。还需要指出的是，由于不同预案之间缺乏衔接，不同预案所规定的相关机制在一定程度上还出现重复或者冲突的情况，未能有效地发挥作用。

根据《中华人民共和国突发事件应对法》（以下简称《突发事件应对法》）和《国家突发公共事件总体应急预案》①，突发事件信息发布机制包括四个方面的内容。

1.突发事件预警信息发布机制

《突发事件应对法》规定，“可以预警的自然灾害、事故灾难或者公共卫生事件即将发生或者发生的可能性增大时，县级以上地方各级人民政府应当根据有关法律、行政法规和国务院规定的权限和程序，发布相应级别的警报，决定并宣布有关地区进入预警期”。

《国家突发公共事件总体应急预案》则要求，“根据预测分析结果，对可能发生和可以预警的突发公共事件进行预警。预警级别依据突发公共事件可能造成的危害程度、紧急程度和发展势态，一般划分为四级：Ⅰ级（特别严重）、Ⅱ级（严重）、Ⅲ级（较重）和Ⅳ级（一般），依次用红色、橙色、黄色和蓝色表示”。“预警信息包括突发公共事件的类别、预警级别、起始时间、可能影响范围、警示事项、应采取的措施和发布机关等。”

《突发事件应对法》还规定，“发布三级、四级警报，宣布进入预警期后，县级以上地方各级人民政府应当根据即将发生的突发事件的特点和可能造成的危害，定时向社会发布与公众有关的突发事件预测信息和分析评估结果，并对相关信息的报道工作进行管理”，“及时按照有关规定向社会发布可能受到突发事件危害的警告，宣传避免、减轻危害的常识，公布咨询电话”。

---

① 国家突发公共事件总体应急预案[A/OL].(2005-08-07)[2018-12-25].http://www.gov.cn./yjgl/2005-08/07/content_21048.htm.

在政务舆情工作中,建立突发事件预警信息发布机制的目的在于满足公众对公共安全风险的知晓权,并通过预警信息的发布减少突发事件所造成的损害。突发事件损害程度的减少,则意味着事态的降低,在一定程度上也就降低了突发事件的舆情风险程度。

2.突发事件初始信息披露机制

《国家突发公共事件总体应急预案》要求,“事件发生的第一时间要向社会发布简要信息”。《国务院办公厅关于在政务公开工作中进一步做好政务舆情回应的通知》则对回应时间进行了具体规定:“对涉及特别重大、重大突发事件的政务舆情,要快速反应、及时发声,最迟应在24小时内举行新闻发布会,对其他政务舆情应在48小时内予以回应。”这即为突发事件初始信息披露机制。

突发事件初始信息披露机制解决的是公众对于突发事件知晓权的问题,属于政务信息公开的范畴,旨在降低因为权威信息供给缺位而引发的猜测、质疑,甚至是恐慌。

在突发事件初始信息披露机制建立方面,需要明确的是突发事件初始信息的披露,重在表达政务部门处置突发事件的决心以及公开透明地发布事件信息的立场。同时需要特别注意突发事件初始信息的披露要“重讲事实,慎讲原因”,即重点披露已经发生的情况以及截至通报时政务部门已经采取的措施,对事件性质和原因的认定则需要谨慎,除非是已经确定了事件的原因。

3.突发事件处置动态发布机制

《突发事件应对法》规定:“履行统一领导职责或者组织处置突发事件的人民政府,应当按照有关规定统一、准确、及时发布有关突发事件事态发展和应急处置工作的信息。”《国家突发公共事件总体应急预案》也要求在披露事件初始信息之后,“发布初步核实情况、政府应对措施和公众防范措施等,并根据事件处置情况做好后续发布工作”。

突发事件处置动态发布机制解决的是突发事件应对过程中信息公开透明程度的问题,应根据事件处置进展和舆情发展变化进行不同阶段、不同目的、不同主题的信息发布和舆情回应。除此之外,突发事件处置动态还包括突发事件应急响应的终止状态。在应急响应终止时,也需要向公众发布响应状态终止的信息,为突发事件信息发布画上句号。

4.突发事件虚假信息追责机制

《突发事件应对法》规定,"编造并传播有关突发事件事态发展或者应急处置工作的虚假信息,或者明知是有关突发事件事态发展或者应急处置工作的虚假信息而进行传播的,责令改正,给予警告;造成严重后果的,依法暂停其业务活动或者吊销其执业许可证;负有直接责任的人员是国家工作人员的,还应当对其依法给予处分;构成违反治安管理行为的,由公安机关依法给予处罚。"

从政务舆情回应的角度来看,突发事件虚假信息追责机制的建立,一方面是为了减少和降低虚假信息、不实信息或者谣言信息产生和传播的可能性,减少这些不法信息对突发事件应对工作的干扰;另一方面,则是通过机制手段督促政务部门和公务人员依法、及时、客观、准确、全面地开展突发事件信息发布工作,在克服其"家丑不可外扬"心理的同时,避免因为突发事件信息公开的不及时、不全面、不客观而造成对政务部门形象和公信力的伤害。

三、跨辖权舆情的联动机制

2015 年 8 月 16 日,在"8 · 12"天津港危险品爆炸事故发生五天后的第六场新闻发布会中,当记者问到事故救援总指挥是谁时,新闻发言人给出的回答是"这个问题下来以后我再尽快详细了解"①。此言一出,舆论哗然,网络质疑与调侃铺天盖地。之所以出现这一现象,在于发生跨辖权事件时组织处置事件与管理舆情的程度低下,各方行为主体都从自身利益出发行事。这种所谓的"各司其职"导致了舆情管理上的各自为政、自说自话。

政务舆情回应是要降低负面事件对公共机构的形象和公信力的损害。对于所有公共机构而言,出于维护自我形象和公信力的目的,管理者要调动一切

① 王和岩.天津官方:救援如何组织指挥待了解[EB/OL].(2015-08-16)[2018-12-25].http://m.china.caixin.com/M/2015-08-16/100840113.html.

可以调动的资源(并不意味着管制性资源)去对冲负面信息所产生的影响。在此过程中,如若负面信息所承载的事件是独立的、涉及单一主体的,则管理者尽力降低自身负面影响的行为所产生的效应是一种“全胜”。然而,当一个舆情事件涉及多个主体时,例如跨辖权或跨辖区事件,各个涉事主体之间继续沿用“理性思维”和“理性选择”,即依然仅从自我角度、自我形象和自我利益出发,对舆情进行回应,那么可能导致的结果是另一个方向的,不一定符合回应者的行为初衷和自身利益。

常见的跨辖权事件大体包括三类。一是跨行政区事件。这是最为常见的跨辖权事件,即不同行政区对同一个事件都有管辖权,或者在一个行政区发生的事件影响到其他行政区。在突发事件中,公共卫生事件是常见的跨辖区事件,起源于一个地区的问题影响到其他地区的公共卫生安全。例如,H7N9 禽流感疫情不但跨了某一个国家的行政区域,还跨了国界,非一国之力可以完全应对。二是跨流域事件。这类事件主要出现于自然灾害管理中涉及的流域性灾害或事件,流域性洪水是最为典型的表现,如 2016 年的长江流域防洪工作。2015 年的“东方之星”号客轮翻沉事件同样属于此类事件,涉及事件发生地周边的重庆、湖北、湖南等地。三是跨层级事件。此类别主要发生于重大突发事件的应对过程中。按照突发事件的分级标准规定,从县级政府到中央政府,随着突发事件从一般到特别重大而分级响应。与此同时,我国《突发事件应对法》还规定了“属地管理为主”的原则。因此,当更高级别政府响应时,跨层级之间的管辖权问题就成了事件应对过程中常常界定不清的问题。

在跨辖权事件中,涉事主体在舆情回应上的所谓“理性选择”行为包括:第一,回避或者退缩。作为“理性人”的管理者本身对舆情就习惯性地退避三尺,而跨辖权事件的管辖权一开始又往往界定不清,在事件发生之初选择回避或者退缩的行为就成了“理性人”习以为常的做法了,所谓“三个和尚没水喝”的效应就在于此。直至事件不断“发酵”和演化,舆情压力不断增大,在更高层级管理部门介入并厘清管辖权之后才形成倒逼效果。其结果是,本来可以在事件的萌芽阶段或尚在可控状态化解的舆情,最终因为“理性”回避或退缩而演变为舆情事件。第二,互相扯皮。跨辖权事件存在着管辖权的交织状况,谁来牵头或主导事件与舆情的管理往往在事件发生之初成为一个难题。由于是负面事件，在行政体制的思维惯性下，谁都不愿出头，从而导致事件处置与舆情管理的主体责任不清。“8·12”天津港危险品爆炸事故之所以出现在第六场发布会还不清楚救援总指挥是谁的问题，就在于事件主体责任不清，缺乏统一管理。该事件涉及天津市、天津市滨海新区、交通部、规划管理部门、环保部门、消防部门等多个管理主体。在主体责任不清的情况下，当媒体试图找到涉事的相关方了解情况时，“理性人”们都几乎无一例外地将责任推卸到其他涉事方，互相“扯皮”，互相“踢皮球”。又如，2015 年 9 月，有媒体在调查“南京巨资打造徽式建筑烂尾”问题时，遭到了多个管理主体的互相“踢皮球”。[①] 而这种“扯皮”和“踢皮球”的行为本身就是舆论的重要焦点，对舆情回应主体的形象损害不小。第三，互相“掐架”。同样由于管辖权的交织，事件责任可能分布在不同涉事主体之间，“理性人”的行为往往会是选择“切割”策略，即最大限度地撇清自己，将责任归咎到其他主体。然而，当所有涉事主体都选择这一策略时，就会出现不同主体之间的舆论“掐架”，甚至“厮杀”，其结果是各方都遍体鳞伤，而媒体和公众则乐于扮演“围观者”的角色，采取所谓的“吃瓜群众”的心态，对事件中相关责任主体或监管主体进行狂欢式地全体“围观”。各方在丑态败露的同时，其形象与公信力也损失殆尽。

实际上，跨辖权事件的舆情回应也并非都是“所得即所失”“利我排他”性的“零和”博弈结果，完全可以走出“零和”，走向“联合”，达到相对理想的结果。例如，同样发生在 2015 年的“东方之星”号客轮翻沉事件中，舆情管理和信息发布就十分有序，其主要原因就是因为中央政府在事件处置和舆情管理上的统一领导与协调，减少了各方基于自身利益出发的“互相残杀”。

所以，如何最大限度地减小跨辖权事件发生后“互斥性”舆情形态的出现，在舆情管理路径上，不可回避的选择是提高组织化程度。应当说，《突发事件应对法》所规定的“统一领导”和“属地管理为主”原则已经明确了突发事件处置中的组织化问题。然而，关于舆情管理的组织化问题，当前法律、规章和预案均没有涉及。在公共卫生事件舆情管理中，组织化的核心问题是解决跨辖权主体

---

① 张旭.南京巨资打造徽式建筑烂尾 记者调查多部门“踢皮球”[N].江南时报.2015-09-23.

间的统一行动和权威主体响应的规范问题。为此,需要建立相应机制进行制度化约束和规范。

1.事件信息即时通报共享机制

组织化管理和回应舆情的首要前提是不同主体之间所掌握的信息是相同的,即沟通是在相同的认知基础之上的。因而事件信息的即时通报与共享机制是跨辖权事件舆情管理组织化建设首先需要进行的。

应当说,现在移动互联信息技术手段已经完全解决了事件信息共享的技术性和制度性瓶颈问题,因此事件信息共享所需要的只是意识。跨辖权事件发生后,相关监管主体可以第一时间建立起舆情信息共享的"微平台",如微信工作群,各主体可将在线下处置事件获取到的信息以及在线上通过舆情监测发现的相关舆情信息即时转发于微平台之上,让所有参与事件处置和舆情回应的主体都可随时同步掌握事件处置最新进展和舆情最新发展情况。

建立事件信息即时通报共享机制的必要性,首先在于减少事件处置沟通成本。当所有事件处置参与主体都能获取同样水平的信息时,就可以根据各自职能决定下一步本部门应当开展的处置工作,提高事件处置和舆情回应的效率。其次,可以避免在媒体突然采访时不知所措。在舆情出现时,媒体可能随时通过电话或其他方式突然采访到某一个参与事件处置的公务人员,如果这一公务人员没有掌握到相对全面的事件处置和舆情信息,就可能不知所措,要么拒绝回应,要么回应中漏洞百出。而如果该公务人员通过信息即时机制了解到相对全面的情况,他就不会那么慌乱,就能在其权限范围内适当地向媒体通报和回应事件处置的阶段性信息。最后,该机制的建立有利于舆情回应口径的统一。舆情回应口径的统一管理首先就是要做到信息掌握的全面性,然后基于全面性信息确定回应内容、回应方式和回应渠道等。在跨辖权事件中,建立信息即时通报共享机制可以有效克服不同信息掌握部门之间互相隔离的问题,最大限度地提高信息掌握的全面性。

当然,在跨辖权事件处置过程中,可以根据工作需要建立多个信息共享平台,如:单个辖区范围内的共享平台,用以涉及辖区内的舆情信息共享;跨辖权舆情信息共享平台,用以不同辖区之间的舆情信息共享。

2.跨辖权事件的协同管理机制

“所谓协同,就是指协调两个或两个以上个体,共同一致地完成某一目标的过程或能力。协同的结果是各个获益,整体加强。”①虽然《突发事件应对法》要求政府应当提高合成应急、协同应急的能力,但在实践当中却普遍存在“信息报告有余,协调联动不足”的情况,在应急联动协同方面尚缺乏权威性和凝聚力。②公共卫生事件应对中的事件层面协同应当说还相对较为规范,但在舆情管理层面却存在着比较严重的机制缺位和能力不足的问题。

由于不同跨辖权事件涉及的监管辖区和监管主体不同,因而很难建立一个统筹协调机构,但在事件发生之后,舆情协同管理机制就应当即刻建立。协同管理机制可以随着事件的升级和发展而变化和完善,但在事件之初,可以遵循“属地管理为主”原则而建,即由第一事发地政府牵头,不同辖区监管主体共同配合,统一信息发布渠道与口径。

需要指出的是,提倡由第一事发地政府牵头协同管理舆情,并不意味着公共卫生事件中所有舆情管理都由牵头主体负责。在各自监管主体的辖区和辖权范围内,舆情管理的权力仍然归属本辖区。

3.舆情形势共同会商研判机制

任何舆情管理都需要建立在科学研判的基础之上。跨辖权事件协同管理机制也不意味着牵头主体独立应对,而需要各相关主体共同会商,分析研判事件在不同阶段的舆论焦点、舆情环境,管理困境等。因而,需要建立相应的舆情会商研判机制。舆情会商研判机制可依托于舆情信息共享平台实现,但需要相关监管主体在事件应对之初就以制度化的方式明确下来。当然,在舆情研判的理念方面,需要在理论和实践的学习之中提高认识,最基本的包括敬畏民众、信任民众、研究规律等。③

由于涉及多个政务主体,跨辖权事件尤其需要重视和建立舆情形势共同会

---

① 任立肖,张亮.食品安全突发事件网络舆情的分析模型——基于利益相关者的视角[J].图书馆学研究,2014(1):70.

② 曹海峰.重大突发事件应急管理联动机制建设路径探析[J].中州学刊,2013(12):16.

③ 丁柏铨.自媒体时代的舆论格局与舆情研判[J].天津社会科学,2013(6):42.

商研判机制，涉事政务部门之间共同分析研判不同阶段舆情的敏感程度及可能演化的趋势，分析不同舆论焦点对不同部门的影响程度，决定符合“最大公约数”的平衡性舆情回应目标，确定针对不同舆论焦点的回应主体，在有效回应舆情的同时，最大限度地降低跨辖权事件中的舆情回应风险。

4.权威主体回应舆情规范机制

权威主体积极响应、及时回应社会关切，对于舆情具有重要的“降温”作用，这已毋庸置疑。然而，“由于多种原因，在我国一些权威组织目前还存在着违背‘公共性’决策与行政的现象，这与经济学中将人视为‘理性经济人’是一致的，经济人在行事过程中往往会追求自身利益的最大化，因此，为了使决策的结果、政策的过程更有利于自己”①，在政务舆情回应中，权威主体的所谓“理性”则表现为甘当“鸵鸟”。这种看似理性的行为实际上严重损害了政府公信力，也最终损害到自身。因此，建立权威主体响应舆情的规范性机制十分必要而紧迫，特别是在跨辖权事件应对中。

“权威是一种特殊的影响力。它的特点在于权威客体对权威主体的认同，因而是一种合法的影响力。”②在行政体制中，权威主体是一个相对性的动态概念。针对不同问题、不同事件、不同主体，舆情回应中的权威主体也是多样化的，至少涉及六对舆情回应主体。

第一，个体 VS 组织。相对于某一个个体，组织是权威主体。某一个独立的个体，只能代表其自身，而不能代表组织，更不能代表组织对涉及政务部门的舆情进行回应。此外，个体并没有对政务舆情调查的权力，无法了解舆情反映问题的真实情况，并不具备回应政务舆情的条件、能力和权威。因此，在政务舆情回应中，任何时候都不应当出现个体代替组织的情况。当然，政务舆情回应工作也是由公务人员来具体履行的，但在此时，其代表的是组织，代表的是所在机构的公权力，而不是其自己。

第二，企业 VS 政府。包括国有企业在内的企业不掌握公权力，并不具备回应涉及公共管理议题舆情的权力。但在政务舆情中，有时常常会涉及企业，例

---

① 刘东杰.公共政策被动参与形成机理分析[J].安徽行政学院学报，2011(2)：18.

② 张喆.试论政治权威的合法性[J].中国青年政治学院学报，1988(1)：38.

如生产安全事故,其主体责任在企业。此时,企业在舆情回应上只能针对涉及其自身的部门。而政府则不同,其肩负着在辖区范围内的所有公共管理职能,因而具有回应所有政务舆情涉及问题的权力,也在其辖区范围内具有最高权威性。

第三,部门 VS 政府。在一级政府中,某一个政务部门只能在法律允许的职能范围内行使权力,包括政务舆情回应的权力,在舆情回应中也只能代表本部门,回应涉及本部门的舆论焦点。而本层级的政府则代表了其辖区范围内的所有政务部门,可以回应所有涉及其辖区内的政务舆情。因此,在同一个层级政府中,政府比部门更具有权威性。

第四,涉事主体 VS 监管主体。在政务舆情中,涉事主体指的是舆情所直接指涉的机构,监管主体则是具有对涉事主体进行监督和管理职能的机构。例如,在安全生产事故中,涉事企业是舆情的涉事主体,而企业所在地的政府及其安全生产监管部门是监管主体。由于监管主体掌握对涉事主体的调查权力,因而在政务舆情回应中更具有权威性。

需要特别指出的是涉事主体和监管主体也是一个动态的概念。有些时候,监管主体会随着舆情的发展转化成涉事主体。例如,在 2018 年 8 月 25 日发生的浙江省温州市乐清市女孩乘顺风车遇害事件中,一开始,乐清市公安部门是此事件的监管主体。在 8 月 25 日当天,乐清市公安局就及时通报了信息。然而,随着舆情的发展,有舆论焦点开始指涉乐清市公安局,部分网民质疑警方在侦破此案过程中接处警工作存在问题。在这个时候,乐清市公安局就成了此事件舆情中的另一个涉事主体,不宜再进行舆情回应工作,为其自身辩解。因为其公信力已经遭到了质疑,无论怎么回应,都不会为公众所接受。此时,乐清市公安局的上一级部门——温州市公安局,自然就成为事件的监管主体。温州市公安局在此事件中做得非常好,及时介入,对整个事件中乐清市公安局的接处警过程进行了深入调查,并于 8 月 26 日凌晨通过政务微博和政务微信进行了详细通报,取得了很好的效果。在回应舆论关切的同时,有效维护了乐清市公安局的形象和公信力。

关于乐清"滴滴顺风车"司机杀人案警方接处警工作核查通报①

乐清"滴滴顺风车"司机杀人案发生后,社会各界高度关注。针对部分网民对警方在侦破此案过程中接处警工作存在问题的质疑,温州市公安局非常重视,立即组织人员开展调查。经询问报案人朱某某和受害人家属、调阅接警大厅视频和报案记录、相关通讯记录等,现将有关情况通报如下:

8 月 24 日 16 时 22 分,被害人的永嘉朋友朱某某到永嘉县上塘派出所报案,称其朋友赵某某 13 时许从乐清乘坐一辆顺风车出发来永嘉上塘,但是期间赵某某电话关机失联且未到永嘉;同时朱某某称此前已与滴滴平台客服联系,客服称 1 小时内回复。民警随即通过公安信息平台查询赵某某的轨迹,并通过自己手机拨打赵某某手机号码但显示已关机。16 时 41 分许,该所民警利用朱某某手机与滴滴客服沟通,在表明警察身份后希望向滴滴客服了解更多关于赵某某所乘坐的顺风车车主及车辆的相关信息,滴滴客服回复称安全专家会介入,要求继续等回复。17 时 13 分许,滴滴客服向该所民警反馈称赵某某在 13 时许预约了顺风车后已于 14 时 10 分许将订单取消,并未上车。民警质疑上车后还可以在中途取消订单,再次提出要求了解该顺风车司机联系号码或车牌号码以便于联系,未果。17 时 32 分,报案人朱某某向民警反映情况称,其另一个朋友在微信上有收到赵某某发出的求救信息,该所民警即通过朱某某手机与赵某某家人取得联系,得知其家属已在乐清当地派出所报案后,及时联系乐清当地接待民警,并表示将积极配合工作。17 时 44 分许,在确定乐清当地警方已介入调查后,朱某某离开上塘派出所。经查,在当日 16 时 22 分之前,永嘉、乐清警方未收到针对此案的电话或来人报警,对于网传"亲友接到女生求救后马上报警,警方说没有车牌号和司机电话不予立案"一事,经公安机关调查,不存在此情况。

① 温州市公安局.关于乐清"滴滴顺风车"司机杀人案警方接处警工作核查通报[EB/OL].(2018-08-26)[2018-12-25].https://mp.weixin.qq.com/s/pPZrYxZCycZM1rIe2ERpXQ.

当日17时30分许,受害人家属向乐清虹桥派出所报警称其女儿失联,经初步了解后,民警于17时36分用接警电话与滴滴平台进行联系,平台客服称需3至4小时提供查询结果,民警表示情况紧急后,滴滴公司同意加急处理。17时49分,滴滴公司回电称需要提供介绍信以及两名民警的警官证等手续,后民警于18时04分通过邮件发送至滴滴公司。18时13分,乐清警方收到滴滴公司发来的车牌(车牌号为川A31J0Z)及驾驶员信息。

乐清市局立即启动重大案事件处置机制,抽调刑侦、刑事技术、相关派出所等警力成立专案组开展全方位寻找调查,并向温州市局提请支持。鉴于该滴滴司机钟某有重大作案嫌疑,市县两级公安机关立即对犯罪嫌疑人开展布控,经合成作战,于25日凌晨4时许在柳市镇抓获犯罪嫌疑人钟某,并于25日上午9时在永嘉县岭口村查获车牌号为川A31J0Z的作案车辆。

据犯罪嫌疑人交代,8月24日14时50分许,犯罪嫌疑人钟某将受害人带至淡溪镇杨林线山路时,对受害人赵某某实施强奸,并用匕首刺其颈部,致大量出血,随后将受害人抛在道路护栏外的悬崖下,驾车逃离现场。经法医初步鉴定,其死亡原因为右颈部动脉断裂急性大出血致死。

目前案件正在进一步侦查中,鉴于案情重大,检察机关已提前介入侦查办案中。警方对赵某某的不幸遇害深感惋惜,并借此案提醒市民,乘坐"顺风车"等类似交通工具时,可向熟悉亲友发送乘坐车辆车牌、驾驶员姓名等信息。当事人亲属如遇到类似问题,应迅速到所在区域公安机关报警,以便公安机关第一时间采取行动。同时警方提醒广大网民不传谣不信谣,对恶意制造、传播谣言者,公安机关将依法处置。

温州市公安局

2018年8月25日

第五,配合主体VS主导主体。在跨辖区事件中,配合主体是在职能范围内配合事件处置牵头主体或主导主体调查和处置事件的,而主导主体则负有对整个事件处置的组织协调工作,所掌握的事件信息较配合主体也更为全面。因此,相对于配合主体,主导主体在舆情回应中更具有权威性。

第六,局部 VS 整体。在政务舆情回应中,政务主体对局部和整体的代表性也是相对的,需要具体分析舆情所指涉的问题。例如,温州市政府和杭州市政府分别代表了各自辖区内的整体,但相对于浙江省政府来说,他们又是局部的。在涉及浙江省层面的舆情,或者是既涉及温州市又涉及杭州市的舆情中,浙江省政府作为一个整体,更具有舆情回应的权威性。

总之,在跨辖权事件舆情回应过程中,需要对权威主体的回应进行具体规范,建立规范化的权威主体可转化机制。如此,一旦当前监管主体的公信力遭到质疑,权威主体可以自然转移到上一个层级的监管主体,从而及时有效地提高舆情回应的权威性。

四、借助外脑支持决策机制

政务舆情回应是一项专业性很强的工作。表面上看起来简单的一篇新闻通报或回应通稿,一次媒体采访,或者一次新闻发布会,在背后其实蕴含着很多专业知识和专业要求。在新媒体时代,舆情形成的复杂性要求舆情管理者和舆情回应者要具有较强的专业性。然而,很多时候,特别是在基层,繁杂性和临时性的各项工作本身就让公务人员疲于奔命,无暇反思和总结每一次舆情处置之后的经验和教训,更没有时间和精力去长期跟踪、观察和研究舆情。

专业的事可交由专业的人来干,在政务舆情回应工作中,政务部门亦可通过借助外部专业力量支持的方式来弥补自身专业性的不足。2015 年 1 月,中共中央办公厅、国务院办公厅印发了《关于加强中国特色新型智库建设的意见》,提出“建立政府购买决策咨询服务制度。探索建立政府主导、社会力量参与的决策咨询服务供给体系,稳步推进提供服务主体多元化和提供方式多样化,满足政府部门多层次、多方面的决策需求”。其中,该意见的第二十三条专门强调了可以引入智库的治理支持来“健全舆论引导机制”。“着眼于壮大主流舆论、凝聚社会共识,发挥智库阐释党的理论、解读公共政策、研判社会舆情、引导社会热点、疏导公众情绪的积极作用。”①

---

① 中共中央办公厅、国务院办公厅印发《关于加强中国特色新型智库建设的意见》[EB/OL].(2015-01-20)[2018-12-25].http://www.gov.cn/xinwen/2015-01/20/content_2807126.htm.

在舆情回应工作中,应当充分发挥专家和咨询机构参与决策支持的作用,包括技术型、法律型、管理型专家和咨询机构,针对事件处置和舆情回应工作中的相关技术、法律和管理类问题提供决策参考意见。其中,在管理型专家和咨询机构方面,尤其需要重视和引入专业的舆情管理咨询专家和机构参与决策咨询。

舆情管理专业咨询机构至少可以在舆情风险评估、舆情信息监测、舆情研判与咨询、舆情专题研究报告、舆情管理能力提升训练、舆情管理制度优化等方面提供专业支持。

1.舆情风险评估

从实际工作需要出发,政务部门可以借助舆情管理专业咨询机构开展舆情风险评估工作,其工作至少包括三个方面。

一是舆情风险源评估。舆情管理专业咨询机构通过其自身平台和专业资源,可对政务部门的舆情风险进行评估,梳理并排序政务部门的重大风险源。政务部门则可根据评估结果,加强常态化的舆情风险防范工作,最大限度地从源头上降低重大舆情风险发生的概率。

二是舆情环境评估。相同敏感程度的舆情信息对不同政务主体的影响程度却不一样,一个重要因素是政务部门的舆情环境。政务部门可借助舆情管理专业咨询机构对自身舆情环境进行评估,具体了解和把握自身舆情环境状况,以在舆情回应具体工作中减少风险性。

三是重大决策舆情风险评估。《关于加强中国特色新型智库建设的意见》要求“建立健全政策评估制度。除涉密及法律法规另有规定外,重大改革方案、重大政策措施、重大工程项目等决策事项出台前,要进行可行性论证和社会稳定、环境、经济等方面的风险评估,重视对不同智库评估报告的综合分析比较。加强对政策执行情况、实施效果和社会影响的评估,建立有关部门对智库评估意见的反馈、公开、运用等制度,健全决策纠错改正机制。探索政府内部评估与智库第三方评估相结合的政策评估模式,增强评估结果的客观性和科学性”①。

① 中共中央办公厅、国务院办公厅印发《关于加强中国特色新型智库建设的意见》[EB/OL].(2015-01-20)[2018-12-25].http://www.gov.cn/xinwen/2015-01/20/content_2807126.htm.

政务部门可借助舆情管理专业咨询机构对重大决策可能产生的舆论影响进行风险评估，降低重大决策的舆情风险。

2018 年 12 月 18 日，山东省菏泽市住房和城乡建设局网站公布了《关于推进全市棚户区改造和促进房地产市场平稳健康发展的通知》，宣布取消《菏泽市人民政府办公室关于进一步加强房地产市场调控工作的通知》（菏政办发〔2017〕42 号）中“对主城区和住房成交量高、房价稳控压力大的县区实行新购住房限制转让措施，即所购买的新建商品住房和二手住房取得产权证书至少满 2 年后方可上市交易，非本地居民购房限制转让时间不少于 3 年”的规定。这一政策引发了媒体的强烈关注，被舆论解读为 2018 年调控放松第一枪。19 日，证券时报 · e 公司第一时间致电发布该政策的菏泽市住房和城乡建设局，相关工作人员表示，这是根据当地情况制定的政策，没想到引起这么大的关注，局里领导正在开会研究。[①] 这一回应表明，菏泽市住房和城乡建设局在出台该政策之前没有对重大政策舆情风险进行评估。

现阶段，不少地方已经意识到建立重大决策舆情风险评估机制的必要性，纷纷开始尝试建立相关制度。例如，江苏省宿迁市经信委 2016 年建立了重大事项舆情风险评估制度，[②]规定了重大事项舆情风险评估的主要内容、实施步骤、工作要求等。

2.舆情信息监测

舆情管理专业咨询机构提供舆情信息监测是其基本专业服务之一，在前面的“监测与预警”一章已进行相关阐述，此处不再赘述。

3.舆情研判与咨询

借助舆情管理专业咨询机构协助研判舆情形势，并基于研判提供舆情管理和舆情回应决策咨询建议是借助外脑的核心举措。舆情管理专业咨询机构可

---

① 张骞爻，于德江.取消限售第一枪刷屏！菏泽住建局紧急回应：没想到引起巨大关注 这些股票已应声上涨[EB/OL].(2018-12-19)[2018-12-25].http://www.egsea.com/news/detail? id=338255.

② 宿迁市经济和信息化委员会.关于印发《市经信委重大事项舆情风险评估制度》的通知[EB/OL].(2017-12-27)[2018-12-25].http://www.suqian.gov.cn/sjxw/xxgk/201801/096c6afbe830401bb0ae7f45f095cba6.shtml.

以基于专业知识和长期从业经验,对事件在不同阶段的舆情敏感点、舆情环境、公众思维等提供中立、客观而专业的咨询建议。

一是舆情风险性研判。在出现舆情信息时,可借助舆情管理专业咨询机构研判该信息的舆情敏感性,判断可能产生的舆情风险等。

二是舆情影响力分析。舆情管理专业咨询机构可基于政务部门的舆情环境,具体分析在特定时空背景下舆情信息可能产生的传播力、公众及媒体对此舆情参与的动力、媒体可能报道的角度、公众的情绪敏感点等。

三是阶段性处置建议。在舆情分析研判的基础上,舆情管理专业咨询机构可以提供阶段性的舆情处置建议,包括舆情风险防范、阶段性工作重点、舆情处置措施、舆情沟通对象等。

四是对回应内容的把控。在需要公开舆情回应时,舆情管理专业咨询机构还可以帮助政务部门把握舆情回应的口径,协助审定回应的新闻通稿,并且开展回应效果评估工作等。

4.舆情专题研究报告

专题研究报告指的是借助舆情管理专业咨询机构对特定重大问题开展分析和研究,通过形成系统性报告,在反思某一个事件或议题的舆情回应工作的同时,形成经验累积,为后来者提供知识和经验。

一是重大突发事件。重大突发事件必然引发重大舆情。在重大突发事件处置结束之后,即时评估、总结突发事件处置的效果,包括舆情管理和回应的效果,对于经验积累具有十分重要的意义。政务部门可借助舆情管理专业咨询机构开展中立的、专业的重大突发事件舆情管理专题报告研究。

二是重大公共议题。重大公共议题的舆情专题报告研究包括对重大决策、重大事项、重大公共事件等的舆情回应进行专题研究。

三是重大舆情事件。重大舆情事件可能因任何一个公共领域问题而起,其产生的原因为何、相关政务主体对问题的处置和对舆情的回应如何,也需要开展专题性研究工作,为以后同类事件发生之后的舆情回应提供启示和经验。

5.舆情管理能力提升训练

提升政务舆情回应水平的一项重要渠道是提升政务部门和公务人员的舆

情回应能力。在此方面,借助舆情管理专业咨询机构的专业性,为各个层次、相关业务工作人员提供针对性的能力提升训练更为必要。

一是提升领导干部的舆情素养。舆情回应并不仅仅是宣传部门的工作,而是涉及所有政务部门,需要对所有干部开展舆情素养提升工作。对党委政府领导人及职能部门主要负责人开展舆情素养提升工作尤为重要,只有解决了领导人员的意识、素养和能力不足问题,具体从事舆情回应工作的人员才可以得到更大的资源支持。

二是提升新闻发言人的专业能力。近年来,各级政府按照新闻发言人制度建设要求建立了相应的新闻发言人队伍。有了队伍,就需要对其开展专业性的能力提升训练,以避免新闻发言人因为能力不足的问题而在舆情回应过程中产生不必要的次生舆情。

三是提升新闻通讯员的知识水平。“行为禁区”一章已经阐述了近年来因为新闻宣传员、新闻通讯员舆情素养不足问题而产生的不必要的重大舆情事件,因此借助舆情管理专业咨询机构的专业性提升新闻宣传员、新闻通讯员的业务水平,降低在新闻宣传工作中的舆情风险,也是十分必要的。

四是提升网络评论员的基本素养。随着网络舆情形势的发展,网络评论员队伍建设已经提上日程,不少地区也已开始建立网络评论员队伍。但总体而言,现阶段的网络评论员队伍的专业能力还是不高的,有必要借助舆情管理专业咨询机构提升网络评论员的基本舆情素养。

五是开展组织化舆情回应训练。前文已经讲述了建立组织化政务舆情回应机制的意义,除此之外,借助舆情管理专业咨询机构提升舆情管理和舆情回应水平还需要通过开展组织化舆情回应训练实现,而不是仅仅依靠新闻发言人的个人能力。

六是开展舆情回应即时性训练。新媒体技术在让舆情变得更加复杂的同时,也为舆情管理能力提升提供了技术支持。现阶段,可以借助舆情管理专业咨询机构的平台和新媒体技术,为领导干部和舆情回应工作者提供即时性能力训练,以当前正在发生的政务舆情事件为案例提供及时性训练。

6.舆情管理制度优化

现阶段,舆情管理制度建设水平在各级政府,在不同地区、不同部门是不同的。特别是对于基层政府和部门,舆情管理制度建设往往存在能力不足的问题,常常是通过“套制度”“套政策”,或者转发政策来完成制度建设,而缺乏符合本地区、本部门的制度体系。当然,这种现象的存在也并非是基层政府和部门的原因,而是基层确实缺乏这方面的专业能力。为解决这一瓶颈,政务部门可以借助舆情管理专业咨询机构的专业性资源来建设和优化舆情管理制度,包括舆情风险管理制度、政务舆情回应制度、新闻发布制度、新闻发言人制度、政务新媒体管理制度等。

后 记

从事公共舆情管理研究和教学工作多年以来，一直有一个愿望，即写一本关于政务舆情回应方面的系统性研究专著，但苦于年复一年的各种琐碎工作和自己的惰性而未能如愿。2016年，中共中央办公厅和国务院办公厅印发《关于全面推进政务公开工作的意见》之后，政务舆情回应工作被提到了更高层面，这一愿望变得更加强烈了，但依然没有付诸行动。

2017年年初，中国传媒大学出版社希望出版一套危机管理方面的丛书。丛书编辑蒋倩女士找到了我，希望我来撰写舆情管理、舆情回应方面的专著。那时，我正在全力撰写《网络舆情管理关键要素研究》一书（该书于2017年10月出版），对于蒋女士的这一邀请我略微踌躇。或许是出于实现上述愿望，又或是为了让压力推着自己前行，很快地，我还是欣然接受了邀请。

按照中国传媒大学出版社的想法，本书希望作为一部干部培训教材，而我也希望对自己多年在政务舆情领域的教学工作进行一下总结，因此本书的写作方向就确定为了教材。伊始，本书暂定的名称为《政务舆情回应十讲》，计划按照分专题讲授的形式阐述政务舆情回应工作中的十个方面内容。后在书稿撰写过程中，愈发觉得这种“十讲”的形式容易固化叙述方式，不利于将重要问题阐释清楚。

经过多轮沟通，本书最终确定的名称为《政务舆情回应实务》。在写作过程中，我主要是将日常讲授的课件转化为书稿形式，但这种转化过程并非一帆风顺，毕竟讲课不同于出书，课件也不同于书稿,后者更加强调结构性、逻辑性和体系性。正是基于结构性、逻辑性和体系性的考虑,本书最终确定了现在的八章内容,从认知层、经验层和实操层这三个层次来进行叙述(详细介绍见本书前言)。

根据与邀请方中国传媒大学出版社的约定,原计划书稿在2018年7月就应交付编排,然而,受各种主客观条件的约束,未能如期完成任务,直至2018年12月,书稿才基本完成并交付。为弥补时间扩大过长的不足,同时为提升书稿的时效性和可读性,写作过程中尽量采用了最新的数据和案例,全书大部分案例都是2017—2018年发生的政务舆情案例。

从写作意向的确定,到期间写作思路的转变,再到书稿的编辑出版,中国传媒大学出版社都给了我很大的包容,特别是没有在时限上给予压力,而是完全给我自由空间,为书稿写作质量的保证提供了重要支持。在此,特别对中国传媒大学出版社表示由衷感谢!尤其要感谢的是蒋倩女士,她的耐心、亲和与细致,是本书顺利出版的一个十分重要的保障。

尽管本书是基于多年教学研究基础上形成的,但这并不意味着本书的内容没有瑕疵,甚至是错误。欢迎同仁们以及政务舆情管理实践工作者们对本书的任何不足提出指正!所有指正都将成为我的观点修正和今后进一步研究的重要依据。

作　者

2019年7月于北京